D1392848

CORRESPONDANCE
(1855-1901)

ARTHUR BUIES

CORRESPONDANCE
(1855-1901)

Édition préparée, présentée et annotée
par Francis Parmentier

GUÉRIN

littérature

4501, rue Drolet
Montréal (Québec) H2T 2G2
(514) 842-3481

© Guérin littérature, 1993
4501, rue Drolet
Montréal (Québec)
H2T 2G2

Dépôt légal, 1er trimestre 1993
ISBN 2-7601-2573-4

Bibliothèque nationale du Québec
Bibliothèque nationale du Canada

IMPRIMÉ AU CANADA

Photographie de la page couverture:
fonds privé.

Nous désirons exprimer notre reconnaissance à
l'endroit de Madame Marcelle Pilon qui a corrigé et
révisé ce manuscrit, ainsi qu'à Mademoiselle
Guylaine Lemaire qui a effectué la mise en pages.

À Hélène et Marie-Agnès,
avec affection.

Remerciements

En premier lieu, je sais gré à tous les héritiers d'Arthur Buies d'avoir autorisé la publication de cette correspondance, ainsi qu'à sœur Suzanne Prince. En second lieu, je rends hommage aux pionniers en la matière, messieurs Léopold Lamontagne et Marcel-Aimé Gagnon, grâce à qui bien des lettres ont échappé à l'incendie du Manoir Tessier de Rimouski en 1950. En troisième lieu, je remercie tous les archivistes du Québec et d'ailleurs dont l'aide a été non seulement précieuse, mais indispensable, dans le cours de ces recherches.

Merci également à mes collègues Manon Brunet et Laurent Mailhot, qui ont relu le manuscrit avec sympathie et compétence.

Enfin, *last but not least*, ma profonde gratitude va à Madame Marie-Andrée Donovan, qui a dactylographié le manuscrit, et dont la générosité à toute épreuve m'a seule permis de mener le projet à terme.

Note au lecteur

Afin de conserver toute l'authenticité de ces lettres, nous avons tenu à les reproduire avec l'orthographe et la ponctuation de leurs auteurs. Le lecteur comprendra facilement que l'une et l'autre sont aussi le reflet de l'époque en question.

Quant aux fautes qui étaient manifestement des fautes d'inattention, nous nous sommes permis de les corriger.

Francis Parmentier

Présentation

Le présent ouvrage réunit trois types de lettres:
1° Lettres à caractère privé;
2° Lettres à caractère public;
3° Brouillons de lettres.
Toutes, néanmoins, ont Buies pour sujet ou pour objet et sont réparties dans des fonds d'archives publiques et privées, des revues, des journaux et des livres.

Si quelques lettres ont déjà été portées à l'attention du public, la plupart sont inédites. Signalons que certaines lettres ont pu être détruites par inadvertance tandis que d'autres l'ont été par incendie, occurrence fréquente au XIXe siècle.

Nous procédons dans les pages qui suivent à un bref rappel des principales étapes de la vie de Buies, de manière à éclairer le contenu de la correspondance[1].

---

1. Pour de plus amples informations, le lecteur pourra se reporter aux ouvrages suivants: Raymond Douville, *la Vie aventureuse d'Arthur Buies*, Montréal, Albert Lévesque, «Figures canadiennes», 1933; Léopold Lamontagne, *Arthur Buies, homme de lettres*, Québec, Presses de l'Université Laval, 1957; Marcel-A. Gagnon, *le Ciel et l'enfer d'Arthur Buies*, Québec, Presses de l'Université Laval, 1965; Charles ab der Halden, *Nouvelles études de la littérature canadienne-française*, Paris, F. R. de Rudeval, 1907; Laurent Mailhot, *Anthologie d'Arthur Buies*, Montréal, Cahiers du Québec/Hurtubise HMH, 1978, p. 3-25; notre propre introduction dans: Arthur Buies, *Chroniques I*, Montréal, Presses de l'Université de Montréal, «Bibliothèque du Nouveau Monde», 1986, p. 7-47, et Arthur Buies, *Chroniques II*, 1991, p. 7-25.

I 1840-1856

On sait peu de chose sur ces années. Orphelin à deux ans, élevé — avec sa sœur Victoria — par des grand-tantes dévotes[2], on peut penser que, très tôt, il devint indifférent en matière de pratique religieuse[3]. Renvoyé des trois institutions qu'il fréquenta[4], son père l'appela auprès de lui en Guyane britannique en 1856[5].

II 1856-1862

Le jeune Arthur refusa de se plier aux injonctions paternelles, et, après un bref séjour à Dublin, s'installa à Paris où il mangea de la vache enragée pendant cinq ans. Dès lors, il se brouilla définitivement avec ce père qu'il haïssait et dont il ne sera jamais fait mention dans ses écrits ultérieurs[6].

De ce séjour dans la capitale française, on peut surtout retenir le culte qu'il vouera désormais à la langue et à la culture françaises et la confirmation de son indifférence religieuse. Casault, Hamel et Jouby sont frappés tous trois par l'intelligence et l'esprit d'indépendance de leur protégé, mais aussi par ce côté «bohème» qu'il conservera toute sa vie. Les lettres révèlent un jeune homme affectueux envers sa sœur aînée, sérieux, conscient des difficultés qu'éprouve le français au Canada et déjà en proie aux affres de l'argent. Comme il l'écrira — prophétiquement — quelques années plus tard: «Je mourrai, je le crains, comme j'aurai vécu... en tirant le diable par la queue» (la Lanterne, 3 décembre 1868, p. 193-194).

---

2. Sur la famille Drapeau, voir DBC, t. V, p. 295-297. Les deux grand-tantes sont Louise-Angèle Drapeau, célibataire, décédée en 1876 et Luce-Gertrude Casault-Drapeau, veuve du notaire Thomas Casault, qui mourra le 27 novembre 1880.
3. Voir, à ce sujet, Anonyme, «Une bonne anecdote sur Arthur Buies», le Soleil, 4 février 1901, p. 8.
4. La seule lettre qui nous soit restée de cette période révèle, sous le style quelque peu ampoulé du romantique en herbe, un être souffrant de solitude et affamé d'affection, deux traits, certes, propres à l'adolescence mais qu'accentue son état d'orphelin.
5. Ce père, qui avait apporté trois mille livres de dot à Léocadie d'Estimauville en 1837 mais, remarié, trouva le jeune Arthur trop remuant et décida de l'envoyer faire ses études dans la catholique et anglaise Irlande.
6. Il n'est pas nécessaire d'être fin psychologue pour apercevoir dans cette révolte le germe de son hostilité à toute autorité arbitraire, et ceci jusqu'à sa mort.

Retenons également son engagement dans les troupes de Garibaldi, dont il ne nous reste malheureusement que le témoignage de tiers. Toutefois, la réputation de «chemise rouge» qu'il cultive soigneusement dès son retour au Canada — notamment par la publication de deux articles sur Garibaldi dans *le Pays* des 21 et 31 octobre 1862 — le classera définitivement aux yeux des Conservateurs dans la catégorie des dangereux révoltés.

III *1862-1870*

L'engagement au sein de l'Institut Canadien de Montréal, la collaboration au *Pays*, «ce cher vieux *Pays*, dans lequel», confiera-t-il trente ans plus tard, «j'ai vidé ma cervelle et mon cœur pendant huit ans[7]», l'affirmation d'un talent indéniable de polémiste dans *Lettres sur le Canada, la Lanterne* et *l'Indépendant*, le retour — décevant — à Paris, et un projet — avorté — d'installation à New York, voilà les principaux enjeux de cette décade décisive dans sa carrière.

IV *1871-1879*

C'est la période d'éclosion — et de floraison — de celui que l'on qualifie — à son grand dam d'ailleurs — de «l'un de nos plus spirituels chroniqueurs[8]». Trois recueils de chroniques voient le jour, et un journal de combat est lancé, *le Réveil* (1876), autant d'activités qu'entravent des problèmes d'argent et de santé. En 1879, c'est le retour brusque autant qu'inattendu à la pratique religieuse, qui n'entame en rien cependant son anticléricalisme militant.

V *1880-1887*

On peut dire que commence alors la période de malentendu avec le lecteur moderne. En effet, le chroniqueur — celui que nous considérons, à juste titre, comme *l'écrivain* — fait place à *l'écrivant*, le chantre de la colonisation. Or, ne nous y trompons point, aux yeux de Buies, le passage de l'écriture journalistique à l'écriture «géographique», constitue

---

7. *Réminiscences. Les Jeunes Barbares*, p. 43.
8. «Voilà plus de vingt ans, se plaindra-t-il, que l'on m'écrase avec cette platitude. Il a fallu bien assurément, ma parole d'honneur, que je fusse un chroniqueur très spirituel, mais pas «l'un de nos plus», pour n'avoir pas encore été intoxiqué par cette décoction d'aloès de commerce et de myrrhe frelatée, à l'usage des débutants dans le journalisme». «Chronique», *la Revue nationale*, août 1895-janvier 1896, vol. II, n° 8, p. 178.

le phénomène exactement inverse. Tous ses efforts — pathétiques — en vue d'asseoir sa réputation d'*écrivain*, découlent d'une conscience aiguë de l'indignité accordée alors à l'écriture journalistique[9].

D'ailleurs, comme cette correspondance l'illustre, les problèmes matériels auxquels est confronté l'écrivain au Québec sont immenses; en butte aux pressions de toutes sortes, il ne jouit d'aucune autonomie.

Il est vrai que les tentatives d'intégration à une vie «normale» — la norme étant alors celle de la petite-bourgeoisie, avec tout le *cant* propre au règne de Victoria — se heurtent à un problème d'alcoolisme sanctionné par deux séjours à l'hôpital Notre-Dame[10].

VI *1887-1901*

C'est la période du plus grand bonheur, assombrie toutefois par des deuils familiaux (perte de trois enfants en bas âge) et la mort du curé Labelle: «le meilleur ami que j'aie eu en ce monde, mon bienfaiteur, un frère plus cher que si nous avions eu une même mère tous les deux[11]», et le sentiment de l'échec au plan de l'écriture.

Grand bonheur, disions-nous, parce qu'il trouve en Mila la stabilité à laquelle il aspire depuis de nombreuses années. L'affection sincère est partagée; par ailleurs, il s'efforce, sans grand succès, de contrôler son alcoolisme. Il court, en tout cas, par monts et par vaux, pour assurer la subsistance de la famille, et s'épuise en démarches nombreuses autant qu'infructueuses — le plus souvent — pour placer ses ouvrages.

En rupture de ban, depuis longtemps, avec *l'appareil* du parti libéral — dont il critique les louvoiements depuis l'époque de *la Lanterne* — il est en guerre ouverte avec l'institution littéraire: «quand on pense à ce que la clique grotesque des prétentieux, des impuissants et des hâbleurs,

9. Sur ce sujet, voir l'intéressant article de Marc Angenot, «Ceci tuera cela, ou: la chose imprimée contre le livre», *Nineteenth Century French Studies*, vol. 12, n° 1-2, Fall-Winter 1983, p. 83-103.
10. Nous remercions monsieur Denis Goulet pour l'information suivante: Buies séjourna à l'Hôpital Notre-Dame — situé alors rue Notre-Dame à Montréal — entre les 18 et 23 décembre 1882 pour *delirium tremens*, et du 1er au 5 juillet 1883 pour alcoolisme aigu. Voir aussi: Arthur Buies, «L'hôpital Notre-Dame», *la Patrie*, 30 décembre 1882, p. 2; 3 et 9 janvier 1883, p. 2.
11. «Saint-Jérôme, Une page consacrée à la mémoire du regretté curé Labelle», *la Patrie*, 15 janvier 1891, p. 2.

qu'on a appelée "nos plus fines plumes", a pu faire gober au public depuis vingt-cinq ans, on reste stupéfait du nombre de jobards qu'il y a parmi les nôtres, et des effets que peuvent produire une réclame persistante et l'application continuelle, à haute pression, des plus ridicules et des plus épaisses flagorneries réciproques[12]».

Ce grand bonheur auquel nous faisions allusion plus haut n'en est pas moins assorti d'une certaine mélancolie: «[...] il ne me reste plus, après avoir perdu le curé Labelle qui m'a protégé pendant quatre ans contre tous les mauvais vouloirs, il ne me reste plus que le spectacle de mes ruines et de quelque gros ou petit scandale qui, de temps en temps, vient défrayer ma solitude[13]».

VIII *Postérité littéraire*

La critique est unanime à reconnaître en Buies un des meilleurs écrivains du XIXe siècle québécois, un de ceux dont l'influence a été grande tant au point de vue littéraire qu'idéologique. Mesurées à l'aune des écrits de ses contemporains, ses *Chroniques* et son œuvre de polémiste brillent d'intelligence et d'ironie. Dans la lignée d'Étienne Parent, dont il partage la vision de la littérature, il reste un des fondateurs de la littérature de combat. Son œuvre de géographe a été injustement décriée, et bien des descriptions du paysage québécois mériteraient un second regard.

IX *Importance de la correspondance*

Les lettres que le lecteur s'apprête à lire, en majorité inédites, présentent un double intérêt. D'une part, elles nous aident à mieux comprendre le fonctionnement de l'institution littéraire au XIXe siècle: relations auteurs-éditeurs, auteurs-critiques, et auteurs-auteurs.

D'autre part, elles soulèvent un coin du voile sur des aspects mal connus, voire controversés, de la personnalité de leur auteur. Soucis d'argent, problèmes de santé, retour à la pratique religieuse, vie amoureuse, autant d'éléments qui ont été négligés jusqu'à ce jour ou qui ont fait l'objet d'interprétations tendancieuses. Certaines lettres à sa femme sont particulièrement émouvantes et révèlent une sensibilité qu'avait réussi à cacher son ironie mordante.

---

12. «Chronique», *la Revue nationale*, vol. II, n° 7, août 1895, p. 21.
13. «Un autre scandale», *Canada-Revue*, vol. 3, n° 16, 8 octobre 1892, p. 243.

À ceux qui s'étonneraient de voir figurer dans ce recueil des lettres ouvertes, rappelons que Buies est aussi un homme public, et journaliste-écrivain de surcroît, et que par conséquent la lettre en tant que genre constitue une dimension importante de son talent.

Certains lecteurs seront certes déçus de ne pas trouver dans cette correspondance des réflexions dignes d'un grand critique, voire d'un moraliste, ou encore d'un observateur sagace de la scène littéraire et politique. La plupart de ces lettres ont été écrites à la hâte, par un homme pressé par les problèmes d'argent. En effet, l'argent est la préoccupation quotidienne de Buies, de sa jeunesse parisienne jusqu'à sa mort. Issu d'un milieu familial aisé, il n'a pas su jouer le jeu social qui lui aurait assuré un minimum de sécurité financière. De ce point de vue, cette correspondance est un drame dont Buies est le principal acteur. Elle constitue aussi une pièce singulière à ajouter au dossier littéraire du XIXe siècle.

Chronologie

1840
24 janvier   Naissance à Montréal (Côte des Neiges).

1841
Janvier   Installation de ses parents en Guyane britannique. Son père y est nommé maître de poste.

1842
29 avril   Décès de sa mère à Berbice.

1848-1853
Études au collège de Sainte-Anne-de-la-Pocatière.

1854-1855
Études au collège de Nicolet, qu'il quitte le 9 novembre 1855.

1856
Entre en rhétorique au Séminaire de Québec.

Séjour auprès de son père qui l'envoie étudier à Dublin.

1857

Rendu à Paris, contre la volonté de son père qui lui coupe les vivres. Ses grand-tantes, à leur corps défendant, lui enverront une maigre pension pendant les cinq années de son séjour.

Études au lycée Saint-Louis.

1859

Premier échec (qui sera suivi de trois autres) au baccalauréat.

1860

Travaille dans une étude d'avoué. Donne des leçons particulières d'anglais et de latin. Pressé par ses créanciers, il s'engage dans l'armée de Garibaldi et fait joyeuse vie jusqu'à son rapatriement en France (septembre), aux frais du gouvernement français.

1861

Sa sœur Victoria (1837-1898) épouse le notaire Édouard Le Moine à Québec.

1862

Rentre au Québec. Engagement aux côtés des «Rouges» de l'Institut canadien de Montréal.

26 décembre   Prononce sa première conférence: *L'avenir de la race française au Canada* (*le Pays*, 27 janvier 1863, p. 2; 29 et 31 janvier 1863, p. 1). Collabore au *Pays*.

1863

Poursuit ses activités de conférencier à l'Institut.

Mai   Élu secrétaire-correspondant du comité de régie.

1864

Octobre   Publication des deux premières *Lettres sur le Canada*.

1865

Novembre　　　Élu vice-président de l'Institut canadien.

1866

Reçu au barreau.

1867

Second et dernier séjour à Paris.

1868

Rentre à Montréal et redevient actif au sein de l'Institut canadien.

Mai　　　Rédacteur au *Pays*.

Septembre　　　Lance *la Lanterne canadienne*.

Novembre　　　Élu secrétaire correspondant de l'Institut canadien.

1869

18 mars　　　Dernier numéro de *la Lanterne canadienne*.

Avril　　　Songe à s'exiler en France ou aux États-Unis.

1870

Juin　　　Fonde *l'Indépendant*. Réclame la rupture du lien colonial.

1871

Chroniqueur au *Pays*.

1872

Chroniqueur au *National*.

1873

Publication de son premier recueil de chroniques: *Chroniques, Humeurs et caprices*.

1874

Juin　　　Départ pour la Californie. Retour en juillet.

Juillet	Publication de «Deux mille deux cents lieues en chemin de fer» dans *le National* et *l'Opinion publique* de juillet à octobre.

1875

Septembre	Publication de son deuxième recueil de chroniques: *Chroniques, Voyages, etc. etc.,* et conférence: «La presse canadienne-française et les améliorations de Québec.»

1876

Fondation du *Réveil.*

1877

Mai à septembre	Chroniqueur au *National.*
15 septembre	Écrit sa dernière chronique. Interruption de plus de six ans.

1878

Publication de *Petites chroniques pour 1877.*

1879

Avril	Retour à la pratique religieuse.
Novembre-décembre	Donne trois conférences sur le Saguenay et le lac Saint-Jean.

1880

Publication de *Le Saguenay et la Vallée du Lac Saint-Jean.*

1881

Février	Voyage à Boston.
Avril	Nommé agent général de la colonisation.
Août	Voyage dans l'Outaouais.

1882

Collabore aux *Nouvelles Soirées canadiennes.*

Décembre	Premier séjour à l'hôpital Notre-Dame de Montréal pour *delirium tremens*.

1883

Destitué de ses fonctions d'agent général de la colonisation.

Juillet	Second séjour à l'hôpital Notre-Dame pour *alcoolisme aigu*.
	Se rend dans l'Ouest canadien.
6 décembre	Donne une conférence à Montréal: «Une évocation».
19 décembre	Reprend sa carrière de chroniqueur dans *la Patrie*.

1884

Réédition de *la Lanterne* et de *Chroniques, Humeurs et caprices*.

1885

Lance *le Signal*, journal «radical» dont seul le numéro spécimen paraîtra.

Mai	Séjour d'un mois dans le Bas-Saint-Laurent.

1886

Conflit avec le cardinal Taschereau qui exerce des pressions auprès de l'Institut canadien de Québec pour que Buies ne puisse y donner une conférence.

1887

8 août	Épouse Marie-Mila Catellier à Québec.

1888

2 juin	Engagé par le curé Labelle comme agent de colonisation.
16 août	Naissance de son premier enfant.

31 mars   Décès de Marie-Joseph-Antoine-Alphonse. Publication de *l'Outaouais supérieur.*

14 octobre   Naissance de Marie-Victoria-Yvonne.

1890

27 décembre   Naissance de Marie-Éléonore Mathilde.

1891

4 janvier   Mort du curé Labelle.

1892

30 avril   Naissance de Marie-Joseph-Jules-Arthur Buies, qui sera inspecteur des postes à Québec.

Juillet   Destitué de ses fonctions.

1893

29 mai   Conférence: «Québec en 1900».

1895

Publication de *la Vallée de la Matapédia* et de *Chemin de fer du Lac Saint-Jean.*

1896

11 juillet   Naissance de Marie-Augusta-Corinne, qui mourra le 11 janvier 1899.

1898

28 septembre   Décès de sa sœur Victoria.

1900

Publication de *les Poissons et les animaux à fourrures du Canada; la Province de Québec.*

1901

26 janvier   Décède au 26, rue d'Aiguillon.

29 janvier   Inhumation au cimetière Belmont.

Collège Nicolet[1],
1ᵉʳ juillet 1855

À M. Tessier[2]

Mon cher et honorable monsieur,

J'étais pour ainsi dire noyé dans la tristesse et dans l'ennui. Pardonnez-moi si je vous entretiens de mes chagrins. Vous savez que mon existence n'a été qu'un tissu d'infortunes et de malheurs malgré des moments de folle gaieté qui me survenaient de temps à autre. Vous connaissez mon caractère, vous savez comme je suis porté à la mélancolie, vous savez comme j'ai l'âme sensible et quel baume c'est sur mes plaies que de trouver un ami tel que vous qui m'écoute avec plaisir afin de mieux me consoler.

Votre cousin reconnaissant et dévoué
[Arthur Buies]

Dublin[3]   1856

Ma chère tante[4],

Je sens un besoin au fond de mon cœur, un désir que suscite la reconnaissance jointe à l'affection, c'est celui de me rappeler les jeunes années de ma vie où j'ai vécu et grandi sous ta protection. Maintenant que le temps est passé, maintenant que ton aile bénie ne me couvre plus, il reste un souvenir auquel se dilate ma jeune âme et que la séparation ne saurait éteindre. La reconnaissance peut-être un peu comprimée chez moi jusqu'à ce jour réclame ses droits oubliés, et j'aime à croire qu'ils ne seront plus méconnus. Oui! ma chère tante, pendant le long trajet qui me sépare de ma

---

1. Buies étudia au Collège de Nicolet, de 1854 au 9 novembre 1855. Il reçut le 2ᵉ prix de dissertation et de version latine, et le 1ᵉʳ accessit de thème latin et de version anglaise.
2. Ulric-Joseph Tessier (1817-1892), cousin de Buies par alliance. Magistrat, homme politique et homme d'affaires. Premier professeur de procédure civile à Laval. Fondateur de la Banque nationale. Auteur d'un conte: *Emma ou l'amour malheureux. Épisode du choléra à Québec en 1832* (1837).
3. On ignore la durée de son séjour dans la capitale irlandaise.
4. Il s'agit de Luce-Gertrude Casault-Drapeau. Voir Introduction, n. 2.

famille, bien souvent ai-je pensé à toi, bien souvent me suis-je reproché mes nombreux torts, mes injustices, mon ingratitude, j'ose dire, trop souvent, répétés; et j'ai frémi aussi à l'idée qu'il ne me serait pas donné de les réparer un jour, car pour longtemps encore je serai séparé de toi, et qui sait s'il me sera donné d'embrasser jamais cette main qui guida mes jeunes pas dans les sentiers de la vie, de recevoir sa dernière bénédiction. Me voilà lancé seul au milieu d'un monde vaste et inconnu; je ne crains pas de m'y égarer; car j'ai confiance dans mes destinées, je crois que c'est la Providence qui m'y a appelé pour jouer quelque rôle futur, pour remplir un vide dans le monde, mais alors comment te reverrai-je si je dois être de longues années encore loin de ce que j'ai de plus cher au monde? Ah! laissons-là ce sujet; il me fait peine. Comment est Victoria[5]? A-t-elle reçu mes lettres? Pense-t-elle souvent à moi? Que dit M. Tessier? réponds-moi. Depuis cinq mois, je n'ai conversé avec personne de la famille, il me tarde d'avoir un mot de vous tous. Écrivez-moi, je vous en conjure, et les souvenirs se fortifieront, et l'espoir s'augmentera. Je me console à cette idée de pouvoir nous rapprocher au moyen des lettres, j'attends, Au revoir, Adieu.

Ton neveu chéri,

A. Buie

N.B. J'espère que tu as reçu ma lettre datée de la Guiane, et que tu l'as mise à exécution. Je te prie de faire un compte détaillé des revenus de mon partage[6], de prendre sur le profit autant que tu en auras besoin, et de m'envoyer le reste?

A. Buie

A. Buie Esquire

14 Molesworth St.

Dublin

---

5. Victoria, née à New York le 17 octobre 1837, épousa Édouard Le Moine, notaire, procureur des biens du Séminaire de Québec. Elle mourut à Québec le 28 septembre 1898.

6. D'origine écossaise, le père d'Arthur était marchand à New York au moment de son mariage. Il apportait à sa femme une dot de trois mille livres, dont la moitié aurait dû normalement revenir aux héritiers lors du décès de Mme Buië, en vertu d'une disposition du contrat de mariage.

[À Arthur Buies]

Mon très cher Arthur,

[...][7] Cependant le changement a été rapide et les circonstances se sont succédé avec vitesse puisque te voilà déjà rendu au lieu de ta destination à Dublin. Toujours est-il que ton imagination aussi vive qu'ardente a assez pour s'alimenter longtemps par toutes les nouveautés qu'elle a eu l'occasion de contempler et tu le vois, cher Arthur, par le soin que ton bon père apporte à te procurer et faire continuer ton éducation, tu vois combien l'étude est essentielle pour devenir comme tu le dis un homme brillant et j'espère que tu ne manqueras pas de mettre tout à profit pour devenir un grand homme savant.

Sois assuré que parmi les petits moments de consolation qu'il a plu à la Providence de me faire goûter que dans le nombre je compte avec joie l'espoir que je nourris que tu vas devenir un grand homme instruit, bien pensant, que dis-je plus que tout cela, religieux, oui dans ce pays si éminemment catholique que [sic] l'Irlande, notre Arthur va retremper son âme faite pour aimer et servir son Dieu, et sa bonne Mère la Très Sainte Vierge Marie qui a si bien veillé sur toi. Il ne faut pas douter, Arthur, le saint scapulaire que tu portes sur toi t'a mis au nombre des enfants de cette Protectrice puissante. N'oublie pas de la remercier et de te mettre chaque jour sous sa protection de même que moi-même je le fais chaque jour dans le «Memorare» que je récite pour toi.

Luce G. Drapeau Casault

---

7. L'original de cette lettre n'ayant pu être retracé, il s'agit d'un extrait. D'autres lettres du fonds Gagnon ont subi le même sort.

Mon cher Arthur,

C'est sous le poids de la plus vive somme de la plus sensible de toutes les douleurs dont ta pauvre sœur et moi avons été frappées comme d'un coup de foudre, ce matin à la réception de ta lettre datée du 23 décembre dernier, oui, c'est sous le poids insupportable de la plus aiguë de toutes les douleurs que je t'écris ces quelques lignes pour te dire que je désapprouve entièrement ta conduite envers ton père. Les expressions de ta lettre sont indignes du jeune homme bien né; et j'en suis affligée on ne peut plus. Ce n'est pas du tout ton père qui a tort, mais bien toi qui es blâmable de ne pas te soumettre à l'auteur de tes jours, à celui qui tient de Dieu même l'autorité qu'il exerce sur toi et le fait pour ton plus grand bien, tu es un ingrat de ne pas reconnaître ce que fait ton Père pour toi et de refuser de te soumettre à son intention et aux instructions données à son agent. M. Buie fait un grand sacrifice pour toi et tu aurais dû le reconnaître mieux que tu ne le fais. Moi aujourd'hui, ta pénible lettre me donne un devoir à remplir et je le remplirai. Voici ce que c'est. Mon enfant, mon devoir et ma conscience me font une loi de ne pas m'immiscer entre toi et ton père, et je ne le ferai jamais ni en t'encourageant d'argent ni en te recevant au Canada. Ainsi je te prie de te conduire en conséquence de cette détermination; car moi je suis bien décidée à ce que je te marque là; et je te préviens sérieusement que je ne t'enverrai pas d'argent et que je ne te recevrai pas en Canada; car ma conscience me défend de m'immiscer entre toi et ton père. Ainsi avant que de faire toutes les folies mentionnées dans ta lettre, réfléchis et plutôt songe à te réconcilier avec ton père et à te conformer à ses volontés en tout; car encore une fois pour moi ma détermination est prise et je dois t'en avertir afin que tu te conduises en conséquence. Adieu mon enfant, je ne puis en dire plus long suffoquée que je suis par une peine à laquelle j'étais loin de m'attendre, mon Dieu! mon Dieu! me fallait-il encore cette nouvelle épreuve. Éloignez de moi cette somme de maux, j'en suis accablée, mais tout à fait déterminée je suis à suivre ce que me dicte ma conscience et ne compte pas sur moi. Adieu.

Ta tante Luce G. Drapeau Casault

[À l'abbé Louis-Jacques Casault[8]]

Monsieur le Supérieur,

[...] Hier nous avons vu un jeune homme qui a fait sa rhétorique à Québec l'année dernière; son nom est <u>Buie</u>. Après avoir été voir son père dans l'Amérique du Sud (Guyane Anglaise) il a visité l'Angleterre, l'Écosse, l'Irlande et est enfin à Paris depuis cinq semaines. Il désire terminer ses études à Paris. Il doit aller voir chez les P. Jésuites à Vaugirard[9]. Ce jeune homme nous a paru assez aimable, du moins dans le temps qu'il a été avec nous; et j'ai auguré assez bien de lui en voyant qu'il cherchait à terminer ses études dans une maison religieuse. Dans tous les cas il faut croire que les ressources ne lui manquent pas. [...]

[L'abbé Thomas-Étienne Hamel[10]]

Québec, 27 mars 1857

[À l'abbé Thomas-Étienne Hamel]

Cher Monsieur,

On m'a demandé de vous prier de remettre au jeune Buie dix piastres, que sa sœur m'a livrées pour lui. Comme cet écervelé peut se trouver dans un embarras que ces dix piastres ne pourraient pas faire disparaître, je vous autorise à lui en prêter dix autres, mais pas <u>plus</u>. Il est bon que [vous] sachiez que ce jeune homme avait été envoyé à

---

8. Louis-Jacques Casault (1808-1862). Supérieur du Séminaire de Québec de 1851 à 1860. Fondateur et premier recteur de l'Université Laval. Cousin de la mère de Buies. Voir *DBC*, t. IX, p. 127-132. Dans la correspondance Casault-Hamel et dans d'autres lettres déposées aux archives du Séminaire de Québec, nous ne donnons que les extraits se rapportant à Buies.
9. Buies étudiera trois ans au Lycée Saint-Louis. Voir «Chronique», *l'Électeur*, 3 mars 1888, p. 1.
10. Thomas-Étienne Hamel (1830-1913), recteur et grand-vicaire. Passa quatre ans à l'École des Carmes (1854-1858). Décrocha une licence en mathématiques à la Sorbonne. Recteur de l'Université Laval de 1871 à 1880.

l'université de Dublin par son père et qu'il a eu la folie de quitter Dublin et d'aller à Paris sans le consentement de celui-ci, qui lui payait 125 [livres] par année à Dublin. À présent, au lieu de se réconcilier avec son père, il écrit à sa tante et la mienne, Madame Casault pour obtenir ce qui lui faut pour continuer ses études à Paris, où il se perdra infailliblement. Je vous prie de lui conseiller de travailler immédiatement à recouvrer les bonnes grâces de son père. Ne lui parlez pas du tout de moi.

Ma tante m'a demandé de vous recommander une lettre qu'elle lui a écrite, et c'est ce que j'ai fait. Si elle vous est remise, j'espère que vous voudrez bien la lui faire parvenir au plus vite.

Votre dévoué serviteur,

L.-J. Casault

Québec, 11 avril 1857

[À Arthur Buies]

Arthur,

Je te dirai que si je me sentais coupable de tous les reproches injustes que tu m'adresses dans cette missive, d'insulter à ton malheur, et de rire de tes larmes, ah! j'aurais honte de moi-même et j'irais m'ensevelir dans un coin obscur de ce monde. Mais le sentiment horrible que tu m'imputes, je ne l'ai jamais eu grâce au ciel, j'ai le cœur un peu mieux placé que cela. Oui sans doute quand je t'ai vu arriver heureusement à Berbice, reçu avec tant d'affection par l'auteur de tes jours, ton père, j'ai éprouvé et partagé sincèrement le bonheur dont tu paraissais jouir. Et de suite je t'écris tant pour répondre à ta lettre que pour te féliciter sur les épreuves que tu avais surmontées et le courage avec lequel tu t'étais rendu près de ton père. Plus tard, quand nous avons appris que ton père t'avait placé à Dublin avec la généreuse allouance de cent vingt livres par an, M. Tessier me disait: «c'est un véritable bonheur pour Arthur d'être placé dans un collège anglais et M. Buie a bien jugé de ce qui manque à son fils (l'absence de l'anglais). Et une fois qu'Arthur connaîtrait bien l'anglais et qu'il [connaîtra] un peu de latin, il reviendra au Canada avec une éducation bien avancée, il sera alors admis à l'université et il parviendra à une profession honorable. Je l'ai doté de tout mon pouvoir et s'il peut satisfaire son père par une bonne conduite et de l'application, son père fera beaucoup pour lui. Comme nous étions tous heureux ta pauvre sœur avec nous de penser qu'un jour tu pourrais réussir à occuper une situation honorable. Comme j'aimerai à lire dans l'avenir qui semblait te promettre la récompense toujours le fruit d'un fils soumis. Du jeune homme se conduisant bien et comprenant que sa mission est de devenir un homme de bien. Ah! aujourd'hui que tout est changé; et qu'est devenu cet édifice de bonheur que tu pouvais te créer; avec de la soumission à ton père et de la persévérance tu t'aurais défait de cette répulsion pour la langue anglaise qui, quoique tu en dises, est d'une nécessité essentielle et impérieuse. Édifice écroulé et ce par un souffle de ta volonté. Ah! tu peux penser de quelle profonde douleur j'ai été saisie et quel est mon mécontentement de te savoir brouillé avec ton père qui t'avait reçu avec une tendresse si affectueuse. Et comment as-tu pu fouler ainsi aux pieds l'autorité paternelle. Non je ne puis assez répéter la douleur immense dans laquelle cette nouvelle [m'a] plongée. Et encore tu viens me dire que c'est moi qui t'ai appris à te méfier de ton pauvre père, moi qui respecte M. Buie en qui je reconnais bien des qualités. Je sais bien qu'un jour qu'obsédée par tes demandes et fantaisies que je ne pouvais réussir à satisfaire attendu qu'une demande n'attendait pas l'autre qu'une fois dis-je je t'ai dit que je ne pouvais faire plus, attendu que M. Buie ne me venant pas en aide, que je n'avais que peu ou pas de moyens de faire plus et sur ce que tu me disais d'écrire à ton papa je te dis que lui ayant écrit une fois et n'ayant pas été bienvenue de l'avoir fait que je ne retournerais plus à la charge et était-ce une raison pour toi de te mêler de cela? Et le malentendu existant entre M. Buie et moi pouvait s'expliquer entre nous sans du tout ton intervention que je n'ai jamais demandée; et dis-moi, cela te donnait-il le droit de manquer à ton pauvre papa? C'est là un bon prétexte mais souviens-toi bien que j'en suis plus peinée que je ne t'en tiens compte et il te sied mal de te servir de cette raison pour excuser tes torts envers celui à qui je ne cesserai de te dire que tu dois amour et respect et envers qui tu n'as pas le droit de t'ériger en juge en aucune manière ni sur aucun point. Et tu dis encore mon père n'est plus mon tuteur. Mon Dieu, un jour tu payeras une pareille idée et qu'elle est déplorable? Eh bien moi je te dis oui Arthur, tu es dans l'erreur et ton père sera toujours l'auteur de tes jours et ton tuteur jusqu'à vingt et un ans. Et est-il possible que tu t'obstines à ne plus reconnaître le pouvoir de ton père sur toi et crois-tu que moi je veuille participer à cette révolte? Non, je deviendrais infiniment coupable aux yeux de Dieu et je mériterais les justes reproches d'un père offensé et qui me dirait lui: «Madame, comment, vous avez osé encourager mon fils à demeurer en révolte avec moi», en venant à ton aide pour demeurer dans un lieu de perdition et funeste aux mœurs d'un jeune homme [à] Paris. Je puis dire qu'il n'y a pas de ma faute et que si tu es malheureux, c'est ton propre ouvrage et que toi seul tiens en main le moyen de changer cet état de choses en te rendant à ton devoir et il me reste encore pour consolation que tout espoir n'est pas perdu et que tu peux en faisant les démarches voulues te réconcilier avec ton bon et généreux père et en rentrant en grâce avec ton père tu deviendras aussi dans l'amitié de Dieu qui bénira cet effort de ta part et fera que ton père se laissera toucher et oubliera ton erreur. Mais, n'y a-t-il que la loi de Dieu qui oblige tout chrétien à être soumis à l'auteur de ses jours? En regardant au temporel n'est-il pas de ton plus grand intérêt de te remettre dans les bonnes grâces de ton père? Comment peux-tu espérer réussir dans cette vie vivant loin de la bénédiction paternelle. Ah! Quel malheur, quel malheur! Hâte-toi de le faire disparaître et comment espères-tu aussi pouvoir te passer de ton père? Impossible, impossible, Arthur es-tu raisonnable et n'est-ce pas révoltant de venir demander à M. Tessier, père d'une nombreuse famille de te fournir cent livres, lui, M. Tessier, qui a acquis le peu qu'il a à force de travail et d'application à sa profession. Est-il raisonnable de faire une demande comme celle que tu as faite à M. Tessier qui ne sait pas s'il aura le moyen de faire passer son fils aux États-Unis pour lui faire connaître l'anglais quand son éducation sera terminée au Canada. Ah, réfléchis donc, pèse toutes tes actions et démarches pour en bien connaître l'inconséquence. Pour moi, je ne sais de quel côté donner la tête tant je suis embarrassée dans mes affaires par les sacrifices que j'ai faits au passé. Ainsi, tu vois clairement que tu ne peux compter sur moi car mes affaires sont trop dérangées. Ta sœur, dis-tu encore, regorge dans l'opulence. Où prends-tu toutes ces idées erronées? Ta sœur est bien mais vit modestement. Mais la pauvre enfant n'en a pas de reste. Cette missive comme la dernière est toute de ma dictée et pour le fonds et pour la forme. J'ignore ce que M. Tessier t'a écrit. Il peut bien se faire que le fonds soit le même que moi, car sur dix personnes qui t'auront écrit, toutes l'eussent fait dans le même sens. Car je ne pense pas qu'on puisse approuver ta brouille avec ton père; je te conseille encore de penser à ton âme et à tes devoirs de chrétien. Je demande au ciel qu'il t'accorde la volonté de solliciter le pardon de ton cher papa. Prie la sainte Vierge, cette bonne Mère de te venir en aide afin d'obtenir ta réconciliation avec ton père.

L. G. Drapeau Casault

Québec, 11 avril 1857

[À l'abbé Thomas-Étienne Hamel]

Cher Monsieur,

Ma tante Th. Casault est dans les plus grandes inquiétudes par rapport à son cher neveu Buie, qui lui écrit de Paris les lettres les plus folles. Craignant qu'il ne se porte à quelque excès, elle voudrait que vous eussiez la charité de lui avancer 12 à 15 [francs] par semaine durant une couple de mois; mais elle désire que vous le fassiez de manière à ce qu'il ne puisse soupçonner en aucune manière [illisible] qu'elle est pour quelque chose dans vos largesses. Son plan serait que vous ou quelqu'autre l'amenassiez à vous faire connaître sa situation, et qu'en conséquence vous consentissiez à lui prêter la somme indiquée ci-contre, à la condition qu'il se réconciliât au plus vite avec son père et qu'il vous rendît alors votre argent. Je vous autorise à vous conformer au désir de ma pauvre tante. Il faut vous faire connaître que Buie est un écervelé que ma tante a renvoyé à son père, parce qu'elle ne savait plus qu'en faire ici. Son père l'a envoyé à Dublin, avec un ordre à son agent de lui livrer cent vingt cinq livres par année; mais notre fou, ne se plaisant pas à Dublin a pris le parti de s'en aller à Paris sans consulter son père, à qui même, au lieu d'excuses, il a écrit des injures! Il comptait sur la faiblesse de ma tante, mais celle-ci quoique en pleurant, trouve le courage de lui résister pour l'obliger à se réconcilier avec son père, et à ne pas la [illisible]. Ne croyez pas facilement à ce qu'il vous dira; son père l'a traité mieux qu'il ne méritait! Ce qu'on peut dire de mieux de ce jeune homme, c'est qu'il est écervelé au suprême degré. S'il manquait de quelque vêtement absolument nécessaire, il faudrait lui avancer quelques shillings pour se le procurer. [...]

Votre dévoué,

L[ouis]-J[acques] Casault

Paris, 16 avril 1857

[À l'abbé Louis-Jacques Casault]

Monsieur le Supérieur,

[...] J'ai reçu votre lettre du 27 mars concernant le jeune Buie. J'en suis bien aise pour lui, car ce petit fou se trouve dans un état qui ressemble à de la misère. Il a été voir M. de Puibusque[11], lui a brodé une histoire en lui demandant sa protection, pour entrer dans quelque collège, s'est contredit, a prétexté des malheurs de famille; bref il a accepté avec reconnaissance, une première fois 20 francs, une seconde 10 francs que ce Monsieur lui a donnés. Je n'ai pas encore pu le voir depuis votre dernière lettre; je le verrai ce soir. Je n'ai pas reçu cette lettre destinée au jeune Buie et que vous m'annonciez. Je trouve que Madame Casault ne lui envoie pas énormément. Je tâcherai de ménager cette somme. Mais dois-je conseiller au jeune Buie de s'en retourner à Québec ou à Dublin? Je crois qu'un pareil fou serait mieux à Québec qu'ailleurs. [...]

[L'abbé Thomas-Étienne Hamel]

Paris, 23 avril 1857

[À l'abbé Louis-Jacques Casault]

Monsieur le Supérieur,

[...] J'ai vu le jeune Buie. Il est résolu, coûte que coûte, à rester à Paris, dût-il y mourir de faim. Il dit avoir des raisons secrètes et irrécusables d'agir comme il l'a fait et comme il le fait. Il a dû donner ces raisons à sa tante dans sa dernière lettre. Il paraît que ce n'est que poussé à la dernière extrémité qu'il s'est décidé à lui faire connaître ce secret. Il croit que cela va la terrifier et lui faire changer complètement d'opinion, à son égard. Il était temps que le peu d'argent que vous m'avez dit de lui donner de la part de

---

11. Adolphe-Louis de Puibusque (1801-1863), aristocrate français qui séjourna au Canada de 1848 à 1850, y fit la connaissance notamment d'Étienne Parent et de François-Xavier Garneau et, lors de son retour en France, se fit l'avocat des lettres canadiennes auprès du public français.

Madame Casault et de la vôtre arrivât, car je ne sais pas ce qu'il aurait fait. Il se trouvait tout-à-fait dans la rue. M. de Puibusque me disait à ce propos que sa tante, pour le punir d'une désobéissance, ne devait pas cependant laisser cet enfant mourir de faim; qu'elle n'envoie que le <u>quod justin</u>, mais qu'elle envoie quelque chose. [...]

[L'abbé Thomas-Étienne Hamel]

Paris, 7 mai 1857

[À l'abbé Louis-Jacques Casault]

Monsieur le Supérieur,

[...] J'ai reçu aussi la semaine dernière la lettre dans laquelle vous m'indiquez les intentions de Madame Casault, tante du jeune Buie. Il était temps qu'elle arrivât, car ce malheureux jeune homme s'est trouvé pendant plusieurs jours à vivre avec trois ou quatre sous de pain par jour pour toute nourriture, et il avait trop d'amour propre pour venir me demander quelque chose. Les 20 piastres que je lui ai données de votre part et de celle de sa sœur ont suffi avec quelques francs seulement de surplus à payer ce qu'il devait à un hôtel, où, sur sa parole, on l'avait admis jusqu'à ce que vinssent ses lettres d'Amérique. Le malheur était qu'il ne pouvait pas quitter cet hôtel sans payer, car on l'aurait fait prendre. Il en est résulté que cet argent lui a fait peu de profit. Il est sorti de cet hôtel aussitôt pour s'en aller aux environs de Paris où l'on peut vivre comme il a vécu pour quelques sous par jour. La dernière fois que je l'ai vu, mardi, il n'avait pas mangé de viande depuis huit jours.

Malgré toutes ces peines et ces privations il fait bonne figure, et il m'a fallu mettre le doigt sur chaque chose, lui montrer que je connaissais ses démarches pour obtenir ces détails. Il m'a dit que sans cela je ne les aurais pas eus. J'ai fait votre commission en me conformant aux intentions de sa bonne tante autant que j'ai pu. Ainsi j'ai fait comme si je prenais sur moi de lui avancer de l'argent, strictement pour vivre (ma bourse en ce moment ne me permettrait pas de lui faire de grandes largesses), et je n'ai pas nommé sa tante. J'ai cependant répondu de mon mieux aux invectives qu'il prononçait contre elle; il prétend qu'elle a démenti tout son amour passé, qu'elle veut le laisser mourir de faim, que la conduite actuelle de Madame Casault à son égard n'est qu'une dérision d'autant plus amère qu'elle connaît sa position par ses lettres. Malheureusement ma défense de Madame Casault, bien que suffisante pour quelqu'un qui possède son sang froid, n'a pas produit un grand effet. «Ventre affamé n'a point d'oreilles.» Ainsi Madame Casault ne devra pas être surprise si elle reçoit des lettres fort peu tendres de la part de son cher neveu, à qui il ne vient pas dans l'esprit que mes offres peuvent être inspirées de Québec.

Maintenant il y a une condition que je n'ai pu obtenir: c'est la réconciliation avec son père. Je ne sais pas ce qu'il a découvert sur l'histoire intime de ce dernier, mais il me dit qu'il ne veut plus en entendre parler, qu'il rougit de l'avoir pour père, que les doutes qu'avait Madame Casault elle-même sont fondés, qu'il a la certitude de certains faits que j'ignore et qu'il a tout écrit dernièrement à Madame Casault, qui, maintenant sans doute approuve sa conduite. Vous comprenez, Monsieur le Supérieur, que je ne puis pas aller plus au fond d'une pareille question. Puisque Madame Casault connaît maintenant ce qui en est, ce sera à elle à juger de ce qu'il convient de faire. En attendant comme il faut vivre, et que le jeune homme qui n'a que 19 ans et qui est très-grand, doit avoir une faible constitution, j'ai cru me conformer aux intentions raisonnables de Madame Casault en mettant le jeune Buie à même de manger un peu de bouillon et un peu de viande tous les jours. Malgré cela, il ne pourra pas faire bombance.

Voici maintenant ses intentions. Il prétend n'être plus l'enfant paresseux, insouciant, sans expérience de la vie, tel en un mot qu'on l'a connu au Canada. Il ne désire qu'une chose: pouvoir étudier d'arrache pied pendant trois ou quatre ans à Paris pour ensuite retourner au Canada. C'est là-dessus qu'il base son avenir. Il me paraît être sous l'influence d'une exaltation considérable à cet égard: il a foi en son étoile; tout lui dit qu'il fera quelque chose à Paris, qu'il réussira. Pour obtenir cette fin il ne demande qu'à être entretenu dans un collége. Il prétend que les frais de ce séjour à Paris ne doivent appauvrir en rien ses parents du Canada, puisqu'une rente qui lui revient peut suffire pour cela, pourvu qu'on la lui envoie.

Je crois, Monsieur le Supérieur, vous avoir dépeint l'homme tel que je le connais maintenant. Ses mœurs ont-elles souffert de son séjour à Paris? je n'en sais rien, cependant je ne le crois pas. Il m'a l'air d'être sincère dans son désir d'étudier. Mais je doute fort qu'il atteigne le but qu'il se propose. Inutile de vous dire toutefois que ses devoirs religieux se sont sentis en mal de toutes ces tracasseries; il m'a dit qu'il regardait ses souffrances physiques comme nulles en comparaison des peines morales qu'il a endurées depuis qu'il est à Paris, surtout concentrant tout cela comme il l'a fait en lui-même, sans s'ouvrir à personne, sinon à moi depuis une quinzaine de jours. Je lui ai parlé de confession; il m'a bien écouté, m'a dit qu'il savait qu'il voulait vivre en bon chrétien, mais que jusqu'alors trop de pensées sinistres lui avaient passé par la tête pour s'occuper sérieusement de cela. Je me suis contenté de ces promesses et je ne lui en ai pas parlé depuis, persuadé que tant qu'on ne l'aura pas mis à même de prendre un parti, sa pauvre tête ne pourrait faire rien qui vaille.

En voilà bien long sur son compte. Mais j'ai pensé que Madame Casault serait bien aise d'avoir des détails sur son neveu autrement que par les lettres de ce dernier, car à en juger par ce qu'il me dit, ces lettres doivent être passablement furibondes. [...]

[L'abbé Thomas-Étienne Hamel]

Québec, 8 mai 1857

[À l'abbé Thomas-Étienne Hamel]

Cher Monsieur,

[...] Ma tante Casault consent à ce que vous donniez un louis par semaine au jeune Buie, mais encore une fois, ce jeune homme abuse de la bonté de cette pauvre tante, qui ne lui doit rien, au lieu de se réconcilier avec son père qu'il a offensé par une indigne conduite. Son père est riche et ma tante ne l'est pas. Cependant il faut que celle-ci se ruine pour payer une pension à ce fou puisqu'il a offensé son père et qu'il ne veut pas réparer sa sottise! [...]

[L'abbé Louis-Jacques Casault]

Québec, 22 mai 1857

[À l'abbé Thomas-Étienne Hamel]

Cher Monsieur,

Le fameux Buie s'obstine à [illisible] aux crochets de ma tante, alors qu'il eût pu, en se comportant bien, obtenir de son père tout ce que lui était nécessaire et même beaucoup plus. La rente dont il parle est de 50 [livres] pour lui et une sœur dont ma tante est chargée. S'il eût eu des sentiments, aurait-il pu se résoudre à arracher cette modique somme à sa sœur lorsque son père lui avait accordé, à lui, 125 [livres] par année. Mais il compte sur les prétendues richesses de la famille Drapeau, comme si lui, les Taché et quelques autres n'avaient pas réduit cette famille à un état de gêne tel que, depuis plusieurs années, ma tante se trouve dans l'impossibilité de payer une dette d'une quarantaine de louis dont l'argent lui a été demandé bien des fois. Du reste, comme M. Tessier doit passer en Europe prochainement, Buie pourra arranger ses affaires avec lui. [...]

[L'abbé Louis-Jacques Casault]

Paris, École des Carmes, 9 août 1857

[À l'abbé Louis-Jacques Casault]

Monsieur le Supérieur,

Le jeune Buie qui a arrangé provisoirement ses affaires avec M. Tessier m'a prié de vous demander si, avec un diplôme de bachelier-ès-sciences pris à Paris il pourrait être admis à étudier le droit à l'Université Laval, ou s'il lui faudrait aussi être bachelier-ès-lettres. Je vous avouerai pour ma part que si ses opinions religieuses ne changent pas, ou mieux, s'il n'en acquiert pas, je n'en voudrais pas comme élève de l'Université. Mieux vaut le protestant le plus fanatique qu'un jeune homme qui nie tout et rit de tout. Nous sommes toujours en bons termes avec lui et nous ne lui cachons pas ses vérités, mais il ne nous en veut pas pour cela. Il attribue nos diatribes au véritable sentiment qui les anime, à l'amour de son âme et de son plus grand bien, ce qui accorde tout. Je ne sais pas ce que nous en ferons. [...]

[L'abbé Thomas-Étienne Hamel]

[À l'abbé Thomas-Étienne Hamel]

Cher Monsieur,

[...] Ma tante Casault demande que vous retiriez une quittance de toutes les sommes que vous avez avancées à Maître Buie en mon nom, avec la promesse qu'il les remboursera à sa majorité. Il faut le laisser croire que tout cela venait de moi. Ce jeune homme ne doit pas revenir en Canada. Il y ferait mourir ma pauvre tante. Dans tous les cas, il lui faudrait pour entrer à l'université des certificats qu'il n'aura certainement pas. [...]

[L'abbé Louis-Jacques Casault]

Paris, le 15 septembre 1857

[À Victoria Buies]

Ma bien-aimée Victoria,

[...] Ce dont j'ai à t'entretenir, tu le sais, c'est de mon bonheur et j'espère que celui-ci ne sera pas passager ou factice comme beaucoup de ceux que j'ai goûtés dans ma vie. Oui, toutes mes tribulations sont enfin finies, j'entrevois le terme prochain de mes longues souffrances et cette vie d'angoisses que j'ai passée à Paris va bientôt s'effacer sous une ère de bonheur et de satisfaction. Maintenant que me voilà au port, je remercie le ciel de m'avoir fait passer par les tempêtes de l'épreuve. Je le remercie de m'avoir montré les écueils tout en m'arrachant au naufrage et de m'avoir réservé pure et entière cette joie que l'on goûte au sortir d'un grand danger. À la vue de ces plages souriantes que je vois se dessiner à l'horizon, je puis crier: «terre, terre», comme le matelot de Christophe Colomb lorsqu'il vit pour la 1ère fois les rivages flottants du Nouveau-Monde s'offrir à ses longs désirs. Oui, Victoria, je suis ce jeune marin qui, ayant quitté le foyer de ses pères dans un jour néfaste a toujours vu le soleil voilé dans sa longue route à travers le monde; l'océan qu'il parcourt, toujours couvert du linceul sombre et pâle reflète l'image de son cœur tourmenté par l'inquiétude; semblable au navire qui semble craindre de voguer sur la vague remplie du souffle de la tempête, ainsi son âme est en proie à de sinistres pressentiments: il interroge l'horizon d'un regard effrayé et partout il n'entend que l'écho lugubre et terrible des vents qui fouettent l'espace: il entend les plaintes sourdes et lointaines des flots que soulève l'approche de l'orage répondre aux gémissements de son propre cœur. Il frémit en regardant le ciel que couvrent en ce moment de lourds et menaçants nuages; il n'ose l'invoquer tandis qu'auprès du foyer tranquille qu'il a quitté, une compagne une sœur peut-être prie dans son cœur pour son frère qui, sans doute, lutte en ce moment contre les dangers sans nombre et les écueils semés sous les flots. J'ai été ce jeune marin, ma sœur; tu as prié pour moi; tu as invoqué la mère du Christ, celle que les marins aiment à appeler l'étoile de la Mer, étoile mystérieuse et touchante dont le reflet lumineux m'a montré à nu les récifs où j'allais me briser. Merci d'avoir jeté mon nom au milieu de tes prières; la Vierge t'a entendue et te montre aujourd'hui mon bonheur en récompense de ta confiance en elle. Sois heureuse de mon bonheur, Victoria; c'est à toi que je le dois en grande partie; je ne puis m'empêcher de voir l'action de la Providence dans les nombreuses épreuves que j'ai eues à subir pour en arriver où je suis, car il me reste un peu de cette foi de mes premières années que le vent et les orages du monde n'ont pu encore flétrir tout à fait. J'ai donc fini de souffrir; ce rêve atroce, qui me pesait comme le cauchemar poursuit le coupable, va donc en s'enfuyant ne laisser voir qu'une douce réalité. Une nouvelle ère commence pour moi; de nouveaux horizons s'ouvrent à mes désirs; bientôt je redeviendrai ce que j'étais et tu sais ce que je suis. J'ai perdu bien du temps à courir après l'image de la fortune; je la tiens et si elle m'échappe encore, alors je n'accuse plus que moi-même. Aie confiance en moi, Victoria, ce n'est pas pour rien que pour parvenir à mon but j'ai renversé tant d'obstacles, semé tant de larmes sur chaque empreinte de mes pas: quelque chose me dit que je retrouverai cela plus tard; tu sais que c'était à Paris que je voulais venir terminer mes études; ce vœu je l'avais assez fortement exprimé en partant du Canada; j'y suis venu, mais ô ciel! que m'a-t-il fallu pour accomplir mes derniers vœux! Ma volonté a triomphé de tout; elle a brisé les obstacles, vaincu l'envie du destin. Il est temps enfin que je recueille le fruit de tant de persévérance car le ciel est juste.

[A. Buies]

[À l'abbé Louis-Jacques Casault]

Monsieur le Supérieur,

[...] Lorsque j'ai reçu votre dernière lettre j'avais déjà fait faire à Arthur Buie un reçu des sommes que vous êtes censé lui avoir avancées jusqu'à son entrée au Lycée et cela conformément à une lettre que m'a écrite Madame Casault elle-même. Madame Casault ne m'ayant parlé que du reçu, il se trouve que je n'ai pas demandé à Buie de promesse de payement pour une époque déterminée; de sorte que je n'ai envoyé à Madame Casault qu'un reçu pur et simple. À la réception de votre lettre, je n'ai pas cru devoir exiger un second reçu vu surtout que je ne comprends pas trop comment Madame Casault peut exiger promesse absolue de payement dans trois ans à un jeune homme qui n'a rien, car Madame Casault me dit elle-même que le Lycée de Buie va exiger plus que son revenu. Cependant si Madame Casault tient à cette promesse, je me conformerai à ses désirs. Je saisis en même temps cette occasion pour vous faire une remarque que je n'ai pas osé formuler trop nettement à Madame Casault dans la lettre que je lui ai écrite. J'ai reçu de Madame Casault, la somme de £ 20 sterling pour l'entrée de son neveu au Lycée. Cette somme avait été strictement mesurée <u>à Québec</u> d'après le prospectus et je crois qu'on a pris les choses au minimum; or, il est résulté de là que je me suis trouvé singulièrement dans l'embarras lorsqu'il s'est agi de régler les affaires de Buie au Lycée. Comme le lavage et le <u>raccommodage</u> sont aux frais du Lycée, ils exigent naturellement que le trousseau soit suffisant et en bon état. Or on a oublié que depuis longtemps le trousseau de maître Buie est réduit au strict nécessaire de tous les jours, le reste étant passé depuis longtemps entre les mains des marchands d'habit de Paris. J'ai donc été obligé de lui faire acheter quelques chemises, des bas, des mouchoirs et un couvert d'argent qui est exigé strictement. Bref, bien que je n'aie pas voulu souscrire à tout ce que demandait le Lycée, disant que j'écrirais à la famille auparavant, je n'ai pas pu m'empêcher de dépasser la somme que j'ai reçue de 105 francs et 80 centimes. Et il n'a avec cela rien de superflu. J'ai bien dit cela à Madame Casault mais je n'ai pas osé lui dire qu'elle m'avait mis dans l'embarras et que je puis encore m'y trouver à l'occasion de dépenses imprévues que peut occasionner son cher neveu. Heureusement que je me trouvais avoir quelqu'argent de M. Bolduc[12], ce qui m'a permis de faire face à mes affaires en usant de beaucoup de parcimonie; maintenant je n'ai que quelques sous dans ma bourse mais j'attends avec confiance la prochaine malle, puisque vous m'annoncez une lettre de change dans votre dernière lettre. Quoiqu'il en soit du passé, j'aimerais bien que vous eussiez la complaisance, Monsieur le Supérieur, de me tracer une ligne de conduite à peu près inflexible à l'égard des dépenses de Buie si sa tante me laisse encore sans argent pour l'imprévu; s'il lui arrivait un jour ou l'autre d'être mis à la porte du Lycée, comme le prix du trimestre payé est perdu pour l'élève, que devrai-je faire? Dois-je dans tous les cas, chaque fois que je n'aurai pas d'argent pour lui, l'abandonner à son sort, quel qu'il soit? ou bien dois-je lui avancer quelque chose et jusqu'à quel montant? Une ligne de conduite bien déterminée là-dessus me rendra un grand service. [...]

[L'abbé Thomas-Étienne Hamel]

Québec, 23 octobre 1857

[À Arthur Buies]

Mon cher Arthur,

J'ai reçu ta bonne lettre et elle a contribué, jointe aux nouvelles que M. & Mme Tessier m'avaient adressées sur tes dispositions actuelles à faire renaître dans mon pauvre cœur affligé l'espoir. Va, mon Cher Enfant, puisses-tu enfin reconnaître et pour toujours, la nécessité de t'instruire, le bonheur d'une vie religieuse et régulière. C'est là mon Grand Vœu pour toi et celui de chaque jour, et ce n'est qu'en mettant à exécution les promesses que tu fais dans ta lettre, que tu trouveras le bonheur; mais souviens-toi bien, Arthur, que maintenant c'est plus que des promesses qu'il faut; c'est des preuves, oui des preuves de bonne conduite en tout application à persévérer, il faut que tes procédés journaliers et futurs, fassent connaître que tu es devenu

---

12. Mgr Jean-Baptiste Bolduc (1818-1889). Curé au Séminaire de Québec (1850-1851); vicaire de Saint-Roch de Québec (1851-1867).

tout autre; et si tu te conduis en jeune homme sage, laborieux qui travaille avec courage à ses études, enfin si tu peux, après quelques mois passés au Lycée produire de bons certificats [...]

[...] Ah! Arthur, bénis-la chaque jour cette divine Providence et mets en Dieu toute ta confiance, porte sur toi cette médaille bénie de la Mère de Dieu, prie-la avec ferveur cette bonne Mère. Elle sera ta sauvegarde, ta consolation en cette vie et plus tard ton espérance.

Ta tante,
Luce G. Casault

Lycée St-Louis, 25 novembre 1857

[À Luce G. Drapeau-Casault]

Ma chère tante,

Je veux travailler, compter chaque minute de mon temps comme une perle de plus jetée dans le trésor de l'avenir, comme un grain fertile qui produira des épis... J'ai été contraint d'écrire cette lettre pendant la récréation et comme je travaille déjà 13 heures par jour sans relâche, je me sens incapable de renouveler ma besogne pendant mes quelques minutes de loisir.

[A. Buies]

Paris, 14 janvier 1858

[À l'abbé Louis-Jacques Casault]

À M. le Supérieur du Séminaire de Québec,

[...] Enfin pour terminer cette revue médisante, permettez-moi, M. le Sup. de vous dire un mot de Maître Buie. J'ai reçu de Madame Casault tout l'argent dont j'ai besoin et même au delà, de sorte que je suis tranquille de ce côté là. Je ne crains qu'une chose maintenant, c'est que Madame Casault s'imagine que son cher neveu est en sûreté pour la foi et les mœurs, parce que je remplis ici le rôle de son correspondant. Il n'y aurait pas d'erreur plus grande,

Je vois par la dernière lettre de Madame Casault que M. Legaré[13] lui a parlé du peu de religion d'Arthur; j'en suis bien aise; mais il y a bien d'autres choses que cette chère dame ne sait pas et que je n'ôse pas lui dire, parce que je lui ferais de la peine inutilement. Je suis persuadé que Maître Buie, s'il ne fait pas plus tard le malheur du Canada, au moins y travaillera activement; il sera un des plus rudes fléaux de la société canadienne. Voici sur quoi je me base: Buie a des avantages extérieurs, beaucoup d'imagination et il écrira bien; il a bonne mine et fera certainement un orateur agréable; enfin il viendra de Paris avec un petit titre, et avec un fatras d'érudition de nos orateurs politiques. Avec tout cela et le prestige qui s'attache chez nous à tout ce qui vient de Paris, Buie fera certainement son chemin. Or il faut dire maintenant que Buie est plutôt un des plus chétifs chenapans que la terre ait portés. Pas l'ombre d'un sentiment noble; le cœur est rendu aussi bas qu'il est possible; la volonté est sciemment perverse; il écrit à sa tante des lettres où celle-ci pourrait trouver de la reconnaissance, mais qu'elle ne s'y trompe pas: la reconnaissance, l'amour filial ou fraternel, l'amour honnête ne sont plus au fond de ce cœur que toutes les passions ont abruti; deux choses seulement y restent, une ambition effrénée et une soif ardente des plaisirs. Pour satisfaire ces deux besoins il fera n'importe quoi et s'y livrera avec une énergie qui n'aura d'égale que ses passions. Je suis effrayé quand je vois l'acharnement qu'il met à étudier les mathématiques qu'il n'aime pas, parce qu'il sait qu'elles sont nécessaires pour le baccalauréat et qu'elles lui permettront d'en imposer là bas à l'aide de chiffres. Je ne verrais qu'un moyen de le mâter et ce moyen on ne le prendra pas, ce serait de le ramener brusquement et immédiatement en Canada. Réduit à sa valeur personnelle, il pourrait être dangereux au même titre que Aurèle Plamondon, Huot &c., mais pas plus; tandis que si on le laisse acquérir le moindre titre en France, il en aura une importance considérable. De plus il prend ici des idées, et il sait fort bien choisir les plus perverses: éducation enlevée au clergé, point de religion, principes anti-sociaux etc. M. Legaré pourra vous dire si je charge trop fort le tableau; M. Gagnon[14] n'a pas pu s'empêcher de dire un jour à Buie lui-même qu'il lui faisait horreur. Vous croyez peut-être que

---

13. Mgr Cyrille-Étienne Légaré (1832-1890). Professeur de belles-lettres, de rhétorique; directeur des élèves et des ecclésiastiques au Séminaire de Québec (1858-1879); vicaire-général à Québec (1881-1890).

14. Ernest Gagnon (1834-1915), musicien et essayiste, auteur de *Chansons populaires du Canada* (1865). Étudia la composition à Paris.

Buie se choqua? point du tout, cela l'amusa tellement, qu'en me racontant cette conversation chez M. Gagnon lui-même et devant lui, il s'en tenait les côtes de rire! Je vous assure, M. le Sup. que si la charité ne m'obligeait pas de conserver des rapports avec Buie, je l'enverrais paître bien vite. [...]

[L'abbé Thomas-Étienne Hamel]

Paris, 14 janvier 1858

À Madame Veuve T. Casault, Québec

Madame,

Une légère indisposition m'a empêché de vous écrire la semaine dernière; et pour ne pas vous maintenir plus long-temps dans l'inquiétude, j'ai prié M. Beaudet[15], mon confrère canadien aux Carmes, d'accuser réception de vos trois lettres de change. Je vous demande bien pardon, Madame, d'avoir tant tardé à le faire; mais j'y ai été littéralement forcé par mes nombreuses et pressantes occupations. Je ne répèterai pas ici ce que M. Beaudet a eu l'honneur de vous écrire la semaine dernière; je me contenterai de vous donner le détail de mes comptes depuis le 20 novembre dernier.

J'avais alors en main	41f,05c
Reçu par lettre de change (17 livres)	419,30
Total reçu	460f,35c

Dépenses	
Paletots raccommodés	16
Canif, lettres, plumes, papier	4,85
Étrennes ordinaires aux garçons du Lycée, quête générale pour pauvres	4,50
6 jours de sorties dont quatre jours de vacances au jour de l'An	17,75
2nd trimestre	346,30
Pour petits besoins imprévus à venir	5
Total dépensé	394,40

Ainsi, Madame, il me reste entre les mains la somme de 65 francs et 95 centimes.

---

15. L'abbé Louis Beaudet (1830-1891). Étudia à Québec et à l'École des Carmes; professeur au Séminaire de Québec (1860-1891).

Votre dernière lettre me donne à entendre que vous croyez me devoir quelque chose, mais il n'en est rien comme vous voyez par le petit compte, ci-dessus. Au contraire, mes affaires sont très prospères puisqu'il me reste plus de 65 francs en mains. Je ne craignais qu'une chose dans ma lettre du 20 novembre, c'était que vous ne vinssiez pas à approuver les petites dépenses extra que j'avais l'honneur de vous signaler. Les 10 francs que vous accordez par mois à M. Arthur sont tout-à-fait suffisants pour les circonstances ordinaires, et même je me garderai bien de lui dire cette faveur que vous lui faites. Le pauvre enfant est bien peu en état de se conduire raisonnablement lui-seul malgré toutes ses protestations de raison. M. Legaré a déchiré un voile que je n'avais pas le courage de soulever devant vos yeux: ce pauvre Arthur est en effet bien malheureux, d'autant plus malheureux qu'il est froid comme la glace et ne sent plus, je le crains, que son intérêt propre. Nos avis, il les reçoit sans se fâcher, parce qu'ils ne le gênent point, mais ils ne lui font aucun bien. Il paraît néanmoins sensible à notre amitié; qui sait si le bon Dieu ne finira pas par toucher ce pauvre cœur malade! Il n'y a que la prière qui puisse lui faire du bien. Je pense tous les jours à lui au St Sacrifice; veuillez ne pas l'oublier vous-même, Madame, dans vos ferventes prières.

Agréez, Madame, l'hommage de mon profond respect.

J'ai l'honneur d'être

Votre [dévoué]

[L'abbé Thomas-Étienne Hamel]

Paris, 13 février 1858

[À Arthur Buies]

À M. A...B...

Mon cher ami,

Vous connaissez mes principes et la manière dont j'entends répondre de vos sorties.

Par rapport à la sortie des jours gras, comme Paris à cette époque présente une foule d'occasions qui ne sont pas sans attraits pour vous malheureusement, et auxquelles ma conscience me défend de vous exposer sans des garanties, voici mes conditions que vous ne prendrez pas en mauvaise part, j'espère: Je ne puis vous faire sortir la semaine prochaine qu'à la condition expresse que vous me promettrez sincèrement, sans arrière-pensée et sur votre honneur que vous ne fréquenterez, ni de vous-même, ni par entrainement, aucun bal soit masqué, soit non masqué, ni aucun autre lieu où vous soyez en contact avec les grisettes des étudiants ou autres. Vous savez que j'ai de bonnes raisons pour prendre cette précaution.

Un petit mot de réponse renfermant explicitement tout cela, si vous acceptez; si non, je ne puis ni vous faire sortir ni autoriser personne à le faire.

Je pense que je n'ai pas besoin de m'excuser, et que vous verrez dans cette démarche une preuve de plus de l'affection sincère que je vous porte.

Votre tout dévoué ami,

[L'abbé Thomas-Étienne Hamel]

Je crois qu'il est de votre intérêt de brûler cette lettre.

Paris, 18 mars 1858

(Cette lettre n'a pas été envoyée)

À Madame Veuve Casault, Québec

Madame,

J'ai l'honneur d'accuser réception de votre lettre du 27 fév. dernier, ainsi que de la traite qu'elle contenait de la valeur de £ 20 sterling. Je l'ai négociée: elle m'a produit 500 francs net. À l'époque marquée, j'irai payer le $3^{i\text{ème}}$ trimestre.

Je mets sous ce pli plusieurs lettres que M. Arthur m'a remises cette semaine. Il m'a dit qu'il vous expliquait au long certaines dépenses qu'il a faites; et qu'il vous demandait des semaines, c.-à-d. une petite contribution par semaine pour sa collation et autres petites affaires; cela vient de ce que je ne lui ai pas encore dit que vous m'aviez autorisé à lui donner une dizaine de francs par mois. Je me suis contenté de lui donner l'argent à mesure qu'il en avait besoin pour les dépenses qu'il m'indiquait. Si vous le jugez à propos, vous pourrez lui dire que je suis autorisé à cela et alors je les lui ferai remettre régulièrement.

Je crois devoir vous dire, Madame, pour votre consolation, qu'il me semble y avoir quelque amélioration dans les idées du pauvre Arthur. Je n'ose pas vous dire d'y avoir une très-grande confiance, parce que les apparences peuvent être bien trompeuses et il lui faut revenir de loin, mais enfin les apparences sont meilleures. Continuez, Madame, à prier pour ce cher enfant; le bon Dieu se laissera sans doute toucher par les soupirs de celle qui lui tient lieu de mère.

Agréez, Madame, l'hommage de mon profond respect et de tout mon dévouement.

J'ai l'honneur d'être,
[L'abbé Thomas-Étienne Hamel]

Lycée St-Louis, 29 avril 1858

[À Victoria Buies]

Ma chère Victoria,

J'ai reçu ta lettre du 27 mars. Je remarque avec plaisir que tu as profité de mes enseignements; je n'ai plus trouvé de fautes d'orthographe; quelques erreurs sur les participes, voilà tout; continue ma chère Victoria. Que ça ne te répugne pas d'étudier la grammaire de Noël et Chapsal parce que maintenant tu n'es plus au couvent et qu'une demoiselle du monde n'étudie plus la grammaire. C'est un préjugé. Les plus grands maîtres ont étudié la grammaire jusque sur leurs vieux jours. Ne va pas croire qu'il soit facile d'écrire français correctement. Les fautes les plus grossières contre la langue passent fort bien au Canada parce qu'on n'y sait pas le français. Voilà pourquoi l'on y prend de si mauvaises habitudes, non seulement dans la conversation, mais encore dans le style. Je me fais corriger ici des tournures, des phrases, des expressions qui passaient pour superbes aux yeux de mes professeurs du Canada et qui ne sont pas même françaises; j'ai une peine infinie à écrire le français correctement, non seulement à cause de mes mauvaises habitudes prises au Canada, mais parce que je n'ai pas bien le génie de la langue. Nous n'avons pas chez nous de langue maternelle. Nous savons un jargon de langue; sois sûre que nous ne parlons pas du tout français, nous ne parlons pas non plus l'anglais; ce que nous parlons c'est un galimatias de deux langues un galimatias corrompu. Si les Anglais nous entendaient parler leur langue ils nous prendraient pour des scythes qui s'imaginent par[ler] l'anglais parce qu'ils balbutient quelques mots vicieux qui ressemblent aux mots anglais; ceci va te surprendre, ça étonnera M. Tessier et cependant c'est vrai, nous ne parlons ni anglais ni français; pour avoir le génie d'une langue, pour s'en servir sous toutes les formes qu'elle est susceptible de revêtir il faut vivre au milieu du peuple qui la parle: ce n'est pas en Allemagne qu'on apprend l'anglais, ce n'est pas non plus au Canada qu'on apprend le français; on peut écrire une langue selon les règles de la grammaire et n'avoir pas du tout le sentiment des variétés, des différents sens, en un mot du génie de cette langue. Que diraient les latins d'autrefois s'ils nous voyaient écrire en latin, s'ils voyaient les thèmes modernes, même les plus purs? Ils diraient: «Ce sont des barbares qui ont écrit cela». Qu'est-ce qui fait la langue? Ce ne sont pas tant les hommes que le pays, le caractère des lieux, les changements qui surviennent dans une nation, les circonstances, le caprice.

C'est ce qui fait que nous qui ne vivons pas en France ne parlerons jamais le même français véritable, nous pourrons l'avoir aussi pur, mais ce ne sera jamais le même, car nous n'éprouverons pas les mêmes modifications, nous ne subirons pas les mêmes influences locales. Que nous faut-il donc pour avoir une langue maternelle? Il n'y a qu'à la construire avec les bons matériaux que nous possédons déjà. Et quels sont-ils? Ce sont la lecture des modèles classiques du XVIIe siècle, l'étude de la langue française dans sa pureté et sa perfection, la connaissance de la signification des mots (chose que nous avons fort peu cependant) enfin, les efforts pour bien parler; nous ne manquons pas de toutes ces choses, mais nous les possédons à un petit degré. Si nos jeunes gens étudiaient, crois-tu qu'ils ne sauraient pas mieux le français? S'ils soignaient mieux leur langage, ne parleraient-ils pas plus purement? Une autre chose à faire, c'est de bannir les anglicismes et lorsqu'enfin nous serons parvenus à parler correctement et purement nous pourrons donner libre cours à notre langue et la laisser subir en sûreté les influences des lieux, le caractère, le génie des habitants, le caprice des circonstances, toutes ces choses n'altèrent pas la pureté d'une langue, mais lui donnent au contraire un caractère original, une physionomie qui lui est propre. Et notre langue devenue ainsi originale et adaptée aux habitudes, aux tendances des habitants, au cachet des lieux, tout en étant la langue que l'on parle en France n'en sera pas moins notre langue maternelle. Les peuples des États-Unis ont bien une langue maternelle et cette langue cependant c'est l'anglais, mais l'anglais avec une physionomie différente de celle qui le caractérise en Angleterre. Franklin, Cooper, Stowe n'ont pas emprunté à une langue étrangère ce qu'ils ont écrit: ils ont cherché dans leur nature, dans l'atmosphère qui les entoure le langage qu'ils devaient parler. Un Anglais n'aurait pas parlé comme Cooper; un Américain, chez lui, ne saurait parler comme un Anglais et, cependant, tous les deux s'entendent. À quoi donc tient ce prodige? C'est que les mots sont les mêmes, mais les lieux diffèrent.

Ma chère Victoria, tu dois être horriblement ennuyée de cette tirade sur les langues; c'est un coup d'essai que je fais en ce genre, ce sont mes première opinions hasardées sur une feuille blanche que je devrais respecter davantage. Rien que le sujet est un peu au-dessus de mes forces, mais j'aime à m'essayer de bonne heure aux rudes tâches, ce sera plus facile alors dans quelque temps.

Je ne sais pas si M. Tessier trouvera mes quelques observations judicieuses; qu'il pardonne alors à ma jeunesse et à mon incapacité; ce que tu m'apprends de Cummings je le savais déjà de la bouche de M. Verret qui vient de passer 3 mois à Paris. Cela ne me surprend nullement. Ce n'est pas impunément que l'on a [illisible] d'un trésor public lorsqu'on est jeune et joueur; un parfait gentilhomme (du moins qui en a l'apparence) devient un beau voleur lorsqu'il a des finances en main, trouve-moi donc un seul de nos ministres qui ne vole pas à la caisse publique; ils volent effrontément sous des prétextes de bien [illisible]; ils colorent leurs fraudes, les embellissent; ils leur donnent un beau nom; voilà tout, [illisible] a été malheureuse, c'est ce qui aggrave sa [illisible] avec ceux du monde. Hincks[16], que l'on a fait gouverneur des Barbades pour avoir volé 200,000 francs au trésor canadien se voit honoré partout [illisible]. Je ne méprise pas plus le [illisible] que le reste des financiers; si son vol, loin de l'envoyer au pénitentiaire, en avait fait un banquier, partout on aurait applaudi l'honorable parvenu; voilà [illisible]. J'estime plus Cummings que notre 6e ministre; il aura au moins l'avantage de [illisible] sa [illisible], tandis que l'autre, [illisible] ah!, je crains bien qu'il ne soit comptable qu'à Dieu de nos deniers.

---

16. Sir Francis Hincks (1807-1885), banquier, journaliste, député et Premier ministre, avec Morin, de 1851 à 1854. Gouverneur de la Barbade en 1855 et de la Guyane anglaise en 1862. Fondateur du *Journal of Commerce* en 1873. Il aurait été un ami personnel du père de Buies.

J'espère que la maladie de Lucien ne sera pas dangereuse; toutefois je ne fais pas trop de [illisible] en ce moment; ce pauvre jeune homme se perd, se moisit dans le monde, il ne sera jamais rien qu'un membre gâté; peut-être est-ce un effet de la miséricorde de Dieu de l'appeler à lui; s'il se rétablit, je l'engage fortement à changer de conduite s'il ne veut pas être un <u>blanc</u> général à la dérision et au mépris.

Tu m'apprends que tu es allée voir la chute Montmorency, que tu es heureuse de contempler ces superbes abimes où [illisible] semble s'engloutir comme dans un naufrage toute la nature environnante; quel spectacle émouvant. Ici l'on ne voit guère que les cascades du Bois de Boulogne; et je t'assure qu'on entend fort peu le bruit du haut des <u>remparts</u> de Paris. J'avais prévu que je demandais trop à ma tante pour les leçons d'escrime[17], aussi lui ai-je écrit peu de temps après rétractant ma demande; j'aimais tant l'escrime mais je dois aussi moi faire des sacrifices si je veux être digne des bontés de notre bonne tante. Tu me dis que si tu reçois quelques présents tu paieras toi-même pour les leçons d'escrime. Je te reconnais là ma chère Victoria, mais je ne veux pas de ton dévouement, quelques minutes d'attendrissement que m'a causées la lecture de ces lignes où tu m'offres à retrancher sur tes plaisirs pour les miens valent plus pour ton frère que toutes les leçons d'escrime, que toutes les jouissances; je ne saurais rien goûter de ce qui se rattache à un sacrifice de ta part. Non, ma Victoria, je ne te demande plus ton dévouement, ton affection suffit à mon bonheur. Je ne veux d'aucun plaisir qui soit taché d'une de mes larmes que j'expie par le remords.

[Arthur Buies]

Paris, jeudi midi, 20 mai [1858]

À M. [Arthur Buies]

Mon cher ami,

M. G. part pour l'Italie; il ne pourra par conséquent vous faire sortir pendant les vacances de la Pentecôte. Pour moi, cela me sera aussi impossible, à cause de mes nombreuses occupations. Néanmoins, pour diminuer votre

---

17. Buies reviendra sur ses talents d'escrimeur dans *Réminiscences. Les Jeunes Barbares*, p. 51.

ennui, je tâcherai de me mettre en mesure de pouvoir vous donner tous les jours des nouvelles régulières des personnes qui vous intéressent N° 28, rue de Navarin.

[Dans la marge, Terrible ironie]

Tout à vous
[L'abbé Thomas-Étienne Hamel]

Paris, 30 mai 1858

À Madame Veuve T. Casault, Québec

Madame,

J'ai eu l'honneur de recevoir mardi dernier votre lettre du 8 courant, et je m'empresse d'y répondre conformément à vos si louables désirs.

Je ne partirai de Paris que vers la fin de juillet de sorte que j'aurai parfaitement le temps de recevoir la lettre de change que vous m'annoncez devoir partir le 1ᵉʳ juin.

Quant à un successeur je suis bien fâché d'avoir à vous annoncer qu'il ne restera aucun Canadien aux Carmes l'année prochaine, et je doute fort même qu'il y en ait à Paris. Si M. Gagnon reste après moi, ce ne sera que quelques mois, et dans tous les cas je crois bien qu'il ne voudrait pas prendre la responsabilité de correspondant. Ce Monsieur est actuellement en Italie. Cependant il en faut un de toute nécessité, ne serait-ce que pour satisfaire à la règle du Lycée; mais le difficile est d'en trouver un convenable. Avec un jeune homme comme Arthur, il faut un correspondant qui le connaisse et qui prenne la chose à cœur; car sans cela le pauvre enfant sera bien exposé. D'un autre côté, Arthur est difficile à satisfaire; et si moi-même je n'étais pas pour Arthur l'image d'une providence cachée qui l'a empêché de mourir de faim l'année dernière, il ne paraîtrait pas aussi soumis qu'il le fait. D'ailleurs il faut bien le dire, et je vous en demande pardon, Madame, je crains d'avoir été trop faible et de l'avoir laissé sortir trop souvent; ainsi je lui ai permis de sortir toutes les fois que le Lycée a donné des vacances; j'avoue que le Lycée dans ces circonstances présente de bien grands dangers, lorsqu'il ne reste que trois ou quatre élèves qu'on laisse complètement libres de faire tout ce qu'ils veulent; c'est ce qui m'a incité à le faire jouir de ces vacances, espérant que l'espèce de confiance que je lui témoignais ainsi réveillerait chez lui des sentiments généreux qui l'empêche-raient d'en abuser. Ai-je été trompé? il me serait bien difficile de le dire, car mes occupations ne m'ont pas permis de le suivre, et Paris est si grand! J'espère cependant...

J'ai l'honneur de vous envoyer, sous la même enve-loppe, une lettre de M. Arthur, qu'il m'a prié de lire et où il vous parle de ses vacances. Je crois en effet, comme il le dit, qu'il trouvera difficilement une pension honnête à moins de £ 5.10 à £ 6 par mois, et par suite qu'il ne lui resterait rien pour prendre quelque délassement propre aux vacances. Je crois en outre qu'il serait bon à tous égards qu'il pût passer ses vacances à une certaine distance de Paris; ses mœurs seraient, je crois, bien moins exposées, surtout s'il est seul. À vous, Madame, de déterminer ce que vous jugerez à pro-pos. Les vacances durent deux mois (août et septembre); ainsi j'ai le temps de recevoir une réponse de vous à ce sujet, avant les vacances et avant mon départ.

Je trouve dans la lettre d'Arthur une indiscrétion dont je vous prie de ne faire aucun compte, c'est relativement aux trente francs que je lui ai, dit-il, avancés dans le temps. Il était convenu entre nous qu'il n'en serait jamais question à d'autres, seulement pour le détourner d'une dépense que je n'approuvais pas et pour laquelle il voulait m'emprunter encore, je lui dis que vu ce qu'il me devait je serais gêné de lui prêter davantage, mais mon intention n'était pas de lui redemander cette somme; ainsi, Madame, veuillez, je vous prie, regarder comme lettre morte ce qu'il vous dit là-dessus.

Je vous envoie un petit compte des dépenses faites depuis ma lettre du 16 avril; elles sont assez fortes, à cause des sorties et surtout des vêtements pour l'été.

(Suit le compte)

Je ne sais que faire pour un correspondant; c'est très-délicat et très-épineux. Trouverai-je quelqu'un qui aura assez de dévouement pour cela? Pour bien faire, il faudrait que ce fût un laïque, car Arthur n'aime pas les ecclésias-tiques; mais il faudrait que ce laïque entendît la chose comme il faut et voulût bien s'en charger, ce qui est bien difficile à trouver.

Agréez, Madame, l'hommage du profond respect avec lequel

j'ai l'honneur d'être,
[L'abbé Thomas-Étienne Hamel]

À Madame Veuve Casault, Québec

Madame,

J'ai l'honneur d'accuser réception de votre lettre de change de 29 [livres], ainsi que de votre lettre du 4 courant. J'ai retiré de traite la somme de 718f, 50c. En retranchant de cette somme les 27 [francs], 65 [centimes] indiqués sur le dernier compte que j'ai eu l'honneur de vous envoyer en date du 21 mai, il me reste à votre crédit la somme de 690 [francs], 85 [centimes]. Ce sera certainement assez pour pourvoir à tous les besoins d'Arthur d'ici à la fin de ses vacances, sans qu'il lui soit nécessaire de faire de dettes.

Je n'ai pas encore trouvé de correspondant et j'ai bien peur de n'en pas trouver. Arthur en un sens n'en serait pas fâché; il m'a déjà avoué qu'un correspondant le gênerait; d'un autre côté il voudrait avoir quelqu'un qui lui permît de sortir du Lycée de temps en temps les jours de congé, ou bien peut-être espère-t-il que vous le laisseriez son seul maître. Je vous avouerai, Madame, que je n'ai pas une grande confiance en lui. Le fait est qu'il y a danger pour lui partout.

Je ne vois qu'une personne à qui je puisse m'adresser; c'est un libraire catholique et très-religieux. Il consentira peut-être à se charger au moins des affaires d'argent: ce sera toujours cela. Si nous ne pouvons pas faire plus, il faudra bien pour le reste abandonner le pauvre enfant entre les mains de la Providence. Nouvelle Monique, Madame, vous obtiendrez sans doute de la divine miséricorde, la conversion entière et la persévérance d'un nouvel Augustin.

Agréez, Madame, l'hommage du profond respect avec lequel j'ai l'honneur d'être

[L'abbé Thomas-Étienne Hamel]

[9 octobre 1858]

[À Louis Beaudet]

[...] M. Gagnon est parti sans doute; je regrette qu'il ne m'en ait pas donné avis. Êtes-vous à sa place ou à la place de

M. Hamel le correspondant d'Arthur Buie? Ce dernier se propose-t-il de rester encore longtemps à Paris? [...]

[L'abbé Pierre-Henri Bouchy[18]]

Paris, le 18 octobre [1858]

M. L'abbé Hamel à Québec

Depuis quelques jours déjà je voulais vous écrire, vous accuser réception de votre lettre et vous rendre compte de ma gestion à l'égard de M. Buie. Il est rentré au collége et j'ai payé son trimestre. J'ai suivi de tous points vos instructions, après votre départ je lui ai remis semaine par semaine comme nous en étions convenus, ce qui lui était destiné et voici qu'à peine être rentré au collége j'apprends de belles choses; j'apprends que cet argent destiné à lui faire passer honorablement ses vacances a été dépensé, Dieu sait comment, car il s'est fait ouvrir un compte chez Mme Lebrun et il doit la note ci-jointe de 171,40 [centimes] compris 20 [centimes] qu'il s'est fait prêter.

Aussitôt que j'ai eu connaissance du fait, je lui ai signifié que je lui fermais tout compte jusqu'à ce que j'aie eu l'autorisation préalable, je lui ai refusé l'ouverture du compte de ses sorties de l'année chez Mme Lebrun, et j'en ai prévenu cette dernière, en la grondant de ne pas avoir exigé de lui le payement de ses repas des vacances, elle m'a répondu qu'il lui avait dit qu'il attendait de l'argent pour la payer et cet argent il le recevait toutes les semaines.

Avant d'avoir connaissance de tous ces hauts faits et sur le point de rentrer au collége il est venu me trouver pour que je lui procure quelques effets dont il m'assurait un profond besoin et, aussi disait-il pour compléter le trousseau exigé au collége, j'ai donc consenti, surtout parce que dans votre lettre vous touchiez cette corde de ses besoins possibles de quelques effets, il est heureux pour lui que je ne savais encore rien, sans quoi je les lui aurais fait attendre un peu.

---

18. L'abbé Pierre-Henri Bouchy (1818-1886), d'origine française. Préfet des études au collège Sainte-Anne-de-la-Pocatière (1850-1854).

Tout ceci exposé je dois vous dire qu'il est très penaud, il espérait que cette dette ne serait pas connue, qu'il obtiendrait de l'argent par des raisons quelconques pour la liquider. Il a été un peu stupéfait quand je lui ai eu déclaré que je n'ouvrirais pas son compte de sortie il ne s'attendait pas à cela il est très mortifié de la crainte que sa tante ne soit mise au courant, il écrit une lettre ci-jointe à M. Tessier pour le supplier de le sortir de ce mauvais pas, ce qui lui fait beaucoup de peine aussi. C'est que je lui ai dit que je ne pouvais pas me dispenser de vous informer de ce qui se passe sous peine d'être son complice, et que ce rôle ne pouvait me convenir, que je prétendais ne pas être pour lui, qu'un simple banquier à moins d'avoir de vous, mons. l'abbé, l'assurance que ma conscience peut se borner là.

Je crois que voilà une leçon de prudence qui coûtera 171f,40 mais qu'il faut que l'avenir soit serré à ce point, qu'il n'ait jamais d'argent à sa disposition, il m'a autorisé à lire sa lettre à M. Tessier c'est un pathos où il cherche à s'excuser mais où il ne dit rien, il prétend que si sa tante est instruite cela empoisonnera ses études pour toute l'année, vous jugerez de ce que vous devez faire, quant à ce qui me concerne comptez que je suivrai strictement vos ordres. Il paraît que je marche d'accord avec vos principes, il m'a dit un jour sur le ton de la plaisanterie qu'il voyait bien qu'il n'avait pas changé de correspondant.

Voici sommairement l'état financier.

Vous m'avez laissé en partant		239,15
Vous m'avez envoyé 16 [livres] 7 [shillings]		
Je n'ai pas encore négocié faute de temps		
J'ai pris dans ma caisse, mais		400, "
(Je donnerai le chiffre exact une autre fois)		_____
		639,15 [francs]
J'ai remis à M. Buie en août	60,	
" " " sept^bre	145,	
J'ai acheté conjointement avec lui		
sur sa demande		
3 paires chaussettes laine à 1.75	5,25	
6 " " coton à 1,25	7,50	
2 gilets de flanelle à 6,	12,	

6 chemises	à 5	30,
1 cravate en soie noire		5,50
1 paire de souliers		10,
1 paletot d'hiver		38,
Le trimestre au collège a été de		407,30
		720,59 [francs]

Vous voyez que mon découvert n'est pas considérable; il m'a demandé, en plus de ce qu[i est] ci dessus; 1 douz. de mouchoirs de poche et encore 1 paire de souliers, je l'ai ajourné dès que j'ai eu connu sa dette plutôt pour lui faire la morale que pour être trop sévère, j'ai voulu lui faire comprendre qu'en présence du méfait je voulais recevoir des instructions que jusque-là je me retranchais dans le statu quo. Voici mon opinion au bout de tout cela, il faut peut-être se contenter de l'avertissement et agir en conséquence, il est coupable sans doute, l'entraînement est si grand pour un collégien qui sort en quelque sorte de prison, c'est là qu'il cherche lui-même son excuse; si on lui enlève le moyen de recommencer, il sera contraint d'être plus sage.

Me voici forcé de terminer ma lettre, le départ du courrier m'oblige, mais je ne veux pas finir sans vous remercier de tout ce que vous me dites de bienveillant; vous pouvez compter sur moi; pour notre jeune homme il nous a donné, sans s'en douter, la haute main sur sa personne, je vous renouvelle aussi mon dévouement pour tout ce que vous pouvez avoir à me demander je ne vous ferai pas défaut.

J'ai reçu des nouvelles de M. Boutin, j'ai quelques volumes que je vais lui adresser à la reliure.

Dans l'attente de vos bonnes nouvelles,

Je suis bien respectueusement Monsieur l'abbé

Votre très dévoué,

Jouby[19]

Si vous avez occasion de voir M. l'abbé Bolduc je vous prie de l'assurer de mon souvenir respectueux.

---

19. A. Jouby édita la France aux colonies de François-Edme Rameau de Saint-Père, ouvrage qui connut un grand retentissement au Canada.

[À l'abbé Thomas-Étienne Hamel]

Bien cher Monsieur,

J'ai le plaisir de vous accuser réception de vos trois lettres et les valeurs que contenait la 1ʳᵉ ont été négociées pour 752,90 [francs]. J'ai payé au collége pour le 1ᵉʳ trimestre de 1859, 390,3 [francs] un pantalon d'uniforme ayant été fourni.

J'ai ouvert un nouveau compte chez Mᵐᵉ Lebrun, notre jeune homme aurait voulu me faire ouvrir ailleurs, je n'y ai pas consenti, il m'a demandé un chapeau et paletot par dessus. Je les lui ai refusés, j'ai appris qu'il fait encore des siennes, il a fait une dette dans un café et peut être encore d'autres, il n'y a pas de moyens qu'il n'emploie pour avoir de l'argent, mais il n'aura rien de moi, il peut y compter. J'ai refusé le chapeau et le paletot parce que je sais que c'est pour les jours de sorties qu'il veut ces objets, pour faire le jeune homme et ne pas paraître un collégien. Je lui ai dit que s'il avait besoin d'une tunique d'uniforme, j'étais tout disposé à la lui donner, que j'étais pour le moment chargé d'un collégien et non d'un citadin, que je ne pouvais pas me soumettre à ses désirs sans des ordres précis, que je le priais de me faire transmettre. Il ne doit pas être content de moi et me trouve sans doute un détestable correspondant, il voulait que je lui achète des souliers, ayant su que le collège en four-nissait, je les lui ai refusés parce que sa demande n'avait d'autre but que d'en avoir d'élégants. Jusqu'ici j'ai été obligé de batailler avec lui, mais j'espère que quand il sera bien fixé sur ma manière de faire cela ira mieux, il n'est pas des plus faciles à gouverner et je crois que s'il avait la bourse en main il la ménerait bon train. [...]

Jouby

Paris, le 28 juillet 1859

[À l'abbé Thomas-Étienne Hamel]

Monsieur l'abbé,

Je suis dans la nécessité de vous écrire quelques jours plus tôt que je n'en avais l'intention M. Arthur est toujours le même, jugez de ce qu'il fera n'étant plus au collége, si y étant il va de travers, la lettre du proviseur vous en dira assez, pour faire toutes les suppositions possibles.

Vous savez que sa tante passe 100 [francs] par an pour les sorties du collége, malgré mes recommandations à madame Lebrun de ne pas le recevoir plus de deux fois par mois, il a eu croqué les 100 [francs] en moins de deux mois, il est arrivé que j'ai signifié à madame Lebrun que je ne payerais plus rien désormais que le crédit étant absorbé, le jeune homme devrait rester au collége ou y prendre ses repas s'il voulait sortir quand même. J'ai cru que c'était un moyen, erreur, il a continué de sortir en faisant toujours des dépenses, que je ne paye pas; je ne sais qui lui fournit de l'argent, mais il faut qu'il vive d'emprunt, aujourd'hui qu'il n'est plus au collége il s'est mis dans un hotel où il paye une chambre 40 [francs] par mois, il fait tout cela comme quelqu'un qui a de l'argent dans sa poche.

Il ne sait pas que j'ai de l'argent pour ses vacances, j'aurais certainement de grands combats à soutenir pour ne pas lui en donner.

Tout le monde me conseil[le] d'engager sa famille à le faire rentrer au Canada, il veut passer son examen de Bachelier, mais comme il pense que dès qu'il sera reçu sa famille peut le rappeler il s'est arrangé à ne pouvoir prendre son inscription qu'au mois de novembre afin de prolonger son séjour en France.

Je ne veux pas aggraver la situation, mais je crois que le séjour de Paris lui est fatal. C'est un garçon qui veut user de la vie à sa façon et par conséquent de cette vie perdue, des 3/4 des jeunes gens.

Il ne voudrait pas que je vous fisse part de sa manière d'être, il prétend que je lui perds son avenir si sa tante vient à savoir qu'il est sorti du collége renvoyé.

Je vais lui laisser allonger la langue autant que je pourrai, mais ne le laisserai pas mourir de faim. Quant à lui donner de l'argent, il n'aura pas un franc; je payerai moi-même sa pension et sa chambre, si je donnais de l'argent il ferait comme l'année dernière.

Je vous prie instamment cher monsieur, de me sortir d'embarras, car je ne sais que faire en présence de la position qu'il s'est faite. Veuillez donc me faire part le plus promptement possible des résolutions de sa famille. Si je dois le garder ou le renvoyer, et dans l'un ou l'autre cas, ce que je dois faire.

[...]

Jouby

Bien cher Monsieur Hamel,

[...] Maintenant je vous parlerai de M. Buie qui a été foudroyé de ce qui lui arrive, il se voit dans l'impossibilité de donner cours à ses dépenses. Il veut passer ses examens du Baccalauréat et faire son cours de droit et il n'y a pas moyen avec les ressources qu'il a désormais. Vivre, s'entretenir, se loger et payer l'École de droit avec 100 [francs] par mois, ce n'est pas facile. Je lui ai dit qu'il n'avait qu'une chose à faire, c'était de prendre une résolution énergique et de faire tout cela avec 100 [francs] par mois, que s'il était bien résolu à une réforme complète de dépense, je lui aiderais dans sa résolution, qu'au besoin je lui avancerais le prix de ses examens et inscription à la condition de lui retenir sur ces quinzaines. Je ferais tout ce qui dépendra de moi pour le maintenir dans cette résolution s'il la prend comme je l'espère.

J'ai reçu la lettre de Madame Casault, soyez mon interprète près de cette chère dame, et veuillez lui dire que ce que je fais pour son neveu, c'est un souvenir de bonne amitié que je désire vous donner que je ne suis mu par aucun autre sentiment, que je n'entends pas qu'il soit question d'intérêt; je me recommande seulement aux bonnes prières de Madame Casault et aux vôtres.

Sa pension payée, et quelques petites choses, il me restera environ 200 [francs] plus les 349,50 [francs] que je viens de recevoir, je me conformerai scrupuleusement à vos instructions. Mme Casault ni vous, ne me dites ce que malgré tout vous auriez le désir de lui voir faire. Ce projet de faire son droit entre-t-il dans les intentions de Madame Casault? Dois-je y donner la main, dois-je m'en mêler en le secondant? Si au contraire on préférait lui voir faire autre chose, je ne lui viendrais pas en aide et le laisserais faire à sa guise.

[...]

Jouby

Paris, 31 octobre 1859

[À l'abbé Thomas-Étienne Hamel]

Mon cher ami,

[...] Quand je suis arrivé à Paris, le jeune Buis, à titre de compatriote, m'emprunta plusieurs fois, de petites sommes d'argent, me promettant toujours de me le rembourser sous peu. Connaissant bien son oncle M. Tessier, je ne fis aucune difficulté. Cependant je crus devoir lui fermer ma bourse quand il eut atteint le chiffre de 50 [francs]. Depuis lors, il paraît qu'il ne s'est pas trouvé en mesure de me payer, car il ne l'a pas fait. M. Jouby à qui j'en ai parlé, & qui est le <u>correspondant</u> de M. Buis, m'a dit ne pouvoir me rembourser que sur une autorisation du Canada. C'est très juste & c'est cette autorisation que je vous prie de me faire parvenir, si la famille de M. Buis veut bien se rendre solidaire de cette dette.

Je ne puis vous donner aucune nouvelle de M. Buis; je ne le vois plus. Je ne l'ai pas vu depuis 4 mois.

[...]

[L. H. Parent[20]]

Paris, le 4 décembre 1859

[À l'abbé Thomas-Étienne Hamel]

Cher Monsieur,

[...] Je profite de cette lettre pour vous entretenir un peu de notre jeune homme. Ma dernière lettre vous a fait connaître que je lui avais fermé tout compte jusqu'à ce que j'aie reçu des instructions; et surtout son compte de sortie, lui disant qu'il devait avoir le courage de rester au collége puisqu'il avait abusé, il devait en subir les conséquences.

Il n'en a pas moins fait à sa tête, il sort comme s'il avait de l'argent et il parait qu'il a trouvé quelqu'un qui lui en a prêté pour ses sorties, en attendant que j'aie reçu des ordres pour payer ses dettes, je lui ai dit, et cela l'a beaucoup blessé, que je trouvais fort peu honorable qu'il contractât de nouvelles dettes, n'ayant pas le courage de se priver de sortie après l'abus qu'il avait fait de sa liberté des vacances, de sorte qu'il est peu satisfait de moi, je vous avoue que je me suis peu gêné avec lui et je lui ai dit que s'il n'était pas content de moi il pouvait écrire à sa famille de lui donner un nouveau correspondant, que je ne m'en formaliserais pas.

J'aimerais savoir au sujet de son entretien jusqu'où je puis aller, si je voulais l'écouter il n'y aurait rien de trop beau ni de trop cher pour son goût. Je lui ai acheté un paletot au moment de la rentrée et voici qu'il me demande

---

20. Nous n'avons pu identifier ce correspondant.

un pardessus d'au moins 80 [francs]. Je vous donne l'assurance que si les nouvelles que j'attends de vous ne m'autorisent pas à faire largement, il attendra son pardessus de 80 [francs] jusqu'à ce que vous m'ayez dit que je puis le faire, il s'est formalisé aussi que je ne lui ait pas donné de l'argent pour faire ses achats lui-même. Il trouve que je l'ai accompagné comme un enfant. Qu'en pensez-vous? Il fait si bon usage de l'argent qu'on lui confie. Je lui ai dit que puisqu'il était humilié que je l'accompagne, il irait faire ses affaires seul, mais qu'il aurait à me faire envoyer ces acquisitions chez moi et que je payerais les factures, que par ce moyen il ne serait pas humilié, mais que je tenais à payer moi-même.

Voilà où j'en suis de mes relations avec M. Buie. Mon opinion est que moins il restera en France et mieux cela vaudra pour lui.

Jouby

Paris, le 13 février 1860

[À l'abbé Thomas-Étienne Hamel]

Bien cher Monsieur,

[...] J'ai encaissé au profit de M. Buie les 13-0-7 [livres] que contenait votre lettre. le produit a été de 323,80 [francs], notre jeune homme parait prendre son parti de la position, il est plus calme, il travaille dans une étude d'Avoué et se prépare de nouveau pour son examen de Bachelier. il faut espérer qu'il réussira cette fois, car il en a grande envie, après cela, il pourra prendre les inscriptions à l'école de droit.
[...]

Jouby

Paris, le 14 mai 1860

Bien cher Monsieur Hamel,

[...] Je vous confirme ma dernière à son propos, comme je vous l'ai noté il est à Palaiseau, près de Paris, dans une pension où il donne des leçons d'anglais et de latin, il espère ainsi sortir de ses dettes, car il en a probablement et il est impossible qu'il en sorte avec ce qu'il reçoit de moi, jai besoin de prêcher souvent, mais c'est aussi souvent dans le désert, il faut espérer du temps, je trouve qu'il gagne plutôt qu'il ne perd, les dettes qu'il a faites le gênent beaucoup et le forcent à être plus serré dans ses dépenses, il donne mon adresse à ses créanciers. Ceux auxquels il ne la donne pas la découvrent par d'autres, ils viennent me trouver et je vous réponds que je n'établis pas son crédit par des promesses, je les envoie tous promener, je leur réponds que c'est bien fait s'ils perdent, qu'on ne fait pas crédit à un jeune homme qu'on ne connaît pas, ils se retirent comme vous pensez fort peu satisfaits.

Je sais que Madame Lebrun a chargé M. Hardy de faire pour elle une démarche près de vous ou de Mme Casault, pour être payée de ce qui lui est dû, il sera fait ce qu'on jugera convenable à son égard, mais cette bonne dame est bien prise par sa faute, elle m'a sans doute trouvé trop sévère quand je lui défendais de le recevoir, dans sa faiblesse elle ne savait pas lui résister, elle a vu que je n'avais pas tort de lui défendre de le recevoir.

Je ne serais pas faché de savoir de vous, si je devrais encore consigner une 3e fois pour ses examens du Baccalauréat. la consignation est de 102,35 [francs] mais s'il n'est pas reçu il [lui] est rendu la moitié de la somme s'il reste en France, n'étant pas reçu Bachelier toutes les carrières libérales lui sont fermées, que fera-t-il? Cependant, il ne se plierait guère à la discipline.

[...]

Jouby

Paris, le 31 mai 1860

Bien cher Monsieur Hamel,

[...] Je vous parlerai maintenant de M. Buie. Je suis encore sous l'impression pénible de son départ de Paris pour aller rejoindre Garibaldi en Sicile, il ne peut plus vivre dit-il à Paris, où il ne peut faire que des dettes, et trouve plus avantageux d'aller se faire tuer là, que de se suicider ici, il prétend que 100 [francs] par mois ne peuvent le mener qu'à ce résultat, les résolutions que j'avais crues sérieuses n'étaient qu'apparentes, son exil volontaire à Palaiseau n'était que pour se soustraire un instant à ses créanciers, et je crois que la folie qu'il fait aujourd'hui n'a pas d'autre but, il prétend que pour vivre à Paris il ne lui faut pas moins de 200 [francs] par mois et j'estime, que tout en ne les ayant pas, il n'a pas dépensé au dessous de cette somme, c'est donc au moins 100 [francs] de dettes par mois qu'il a fait. Ses créanciers le poursuivent de tous les côtés et vous voyez le beau moyen qu'il prend de leur échapper. Il accuse sa famille de l'avoir poussé à cette extrémité en ne lui donnant pas le nécessaire, tous mes efforts pour le détourner n'ont rien fait, rien produit, j'ai comme St. Jean prêché dans le désert, il y a du bon chez lui, il n'est pas méchant de cœur, mais il a une faiblesse à l'entraînement qui anéantit les bonnes résolutions, et a vécu trop en dehors de la famille et des affections de familles, livré ainsi à lui même avec son caractère, il se laisse entraîner par le flot sans le moindre effort de résistance, et il est à craindre qu'il n'aille ainsi jusqu'à l'engloutissement.

C'est vraiment bien triste à apprendre à sa famille, il me reste un peu d'argent que je n'ai pas cru devoir lui donner pour le faire partir, il quitte donc Paris sans argent si ce n'est 40 [francs] qui lui restaient de ma dernière remise, il se peut très bien qu'il n'aille pas loin et que je le vois reparaître quand il aura dépensé ce qu'il a — mais enfin pour le moment il est parti me faisant ses adieux.

J'ai eu la faiblesse de m'engager envers deux de ses créanciers à la condition de lui retenir 3 [francs] par mois sur l'argent que je devais lui remettre chaque quinzaine. L'un est son maître d'hôtel pour 98.45 [francs] et l'autre M. Deslauriers pour 25 [francs] plus les avances que j'ai fait pour ses examens, quant aux autres créanciers, je n'ai pris aucun engagement à leur égard. Je crois ne pas pouvoir me dispenser de payer les deux envers lesquels j'ai pris l'engagement. Vous me direz ce que vous en pensez, je réglerai tout cela, et vous passerai le compte. Si notre fou ne revient pas, car je ne sais pourquoi j'espère qu'il reviendra. Son départ pour une cause aussi déplorable, m'afflige beaucoup. Si ces gredins de garibaldiens triomphaient, ils reviendraient sur Rome et vous savez pourquoi. [...]

Jouby

[À l'abbé Thomas-Étienne Hamel]

Bien cher Monsieur,

Un mot seulement pour avoir le plaisir de vous saluer et vous accuser réception de votre dernière lettre et des 10 livres y contenues..., elle a produit 250 [francs] au compte de Monsieur Buie. J'ai reçu de ses nouvelles, il est bien au camp de Garibaldi, 2ᵉ compagnie des volontaires, il me disait attendre avec impatience le moment d'une bataille, il me disait aussi que Naples n'était pas leur but, qu'il leur faudrait aussi la Vénétie et Rome, il paraît enchanté, il croit que son avenir est là, le pauvre garçon, je crois qu'il faut le plaindre.

[...]

Jouby

Paris, le 8 octobre 1860

Cher et bon Mr. Hamel,

J'ai une grande nouvelle à vous apprendre, c'est que notre Garibaldien est de retour[21], je ne sais pas la vérité sur son retour, il me dit que c'est le désir de continuer ses études et qu'il veut se présenter de nouveau aux examens du baccalauréat, il est revenu dépouillé de toutes choses et j'ai même dû, ayant reçu de ses nouvelles de Marseille où il était dans le dénuement le plus complet, lui envoyer 100 [francs] pour le faire revenir à Paris, mais arrivé à Paris, il a fallu le vêtir des pieds à la tête, il n'avait plus rien que la chemise rouge du costume garibaldien, enfin une misère à faire frémir, je me suis exécuté de fort mauvaise grâce pour lui acheter l'indispensable, c'est-à-dire vêtement, chemise, chaussettes, mouchoir, je pense n'être pas sorti des intentions de Mᵐᵉ Casault en faisant cela, il m'a fallu aussi lui acheter des livres pour travailler à son examen, je lui rends la vie dure, je ne lui donne plus d'argent, je paye sa pension

---

21. Dans ses *Souvenirs d'une chemise rouge* (Paris, E. Dentu, édit., 1861), Ulric de Fonvielle a raconté avec humour les aventures de son inséparable ami «Buiès». Voir p. 40-43, 56-67, 86-87, 104-109, 147-151, 164-165. La «campagne» de Buies consista surtout à dévorer d'énormes plats de macaroni et à boire d'innombrables «cartouches» de vin.

et son logement, mais malheureusement il a d'autres besoins aussi impérieux et je vous avoue qu'avec 100 [francs] par mois, il n'y a pas moyen d'arriver à satisfaire à toutes les exigences de la vie de Paris, tout y est devenu très cher depuis deux ans, je vous prie de voir à obtenir de Mme Casault quelque chose de plus, il faudrait volontiers le double, cette situation tendue et gênée l'exaspère et nous n'arrivons à rien, je vous avoue que par moments je suis obligé de me taire devant ses observations qui sont justes et les besoins que je ne puis satisfaire, me bornant à lui dire vous n'avez que 100 [francs] par mois il ne faut dépenser que cela, je compte donc un peu sur vous pour améliorer cette situation.

[...]

Jouby

Paris, le 7 janvier 1861

[À l'abbé Thomas-Étienne Hamel]

Bien cher Monsieur L'abbé,

[...] Je ne puis pas vous écrire sans vous parler de notre Monsieur Buie, il est toujours le même, il a renoncé à tenter de nouveau les épreuves du Baccalauréat, et il est résolu de retourner au Canada, mais pour cela il faut de l'argent et je n'en ai pas à lui donner pour ce faire, je crois que vous feriez bien d'en parler à sa famille afin qu'elle puisse prendre un parti, dans tous les cas, si sa famille se déterminait à le faire revenir il faudrait bien me faire donner les instructions rigoureuses dans lesquelles je devrais me renfermer à savoir si je dois payer son passage moi-même ou lui remettre les fonds, avec ce gaillard-là, il n'y a pas trop de précautions à prendre.

Dans ce moment il est attaché à une étude d'avoué où il dit gagner 50 [francs] par mois, ce qui ne l'empêche pas de n'avoir pas assez y compris les 150 [francs] par mois que je lui remets.

[...]

Jouby

[À Arthur Buies]

Mon cher Arthur,

Le deuil de cette feuille te fera connaître que nous avons perdu un membre de notre famille, oui notre pauvre sœur et ta tante Madame Garon a laissé cette vie, elle est décédée chez les Dames de la Charité, Communauté où elle pensionnait depuis trois ans qu'elle était atteinte d'une maladie cruelle; et qui a fini par lui causer la mort, elle est morte comme elle avait vécu en bonne chrétienne et après avoir reçu tous les Sacrements et les Consolations de la Religion, elle est heureuse. J'en eus la douce Confiance ha! Arthur, c'est à la mort, à ce moment suprême que l'on sent tout le prix d'une bonne vie... C'est alors que l'on éprouve la consolation d'une vie vécue en bon Chrétien; et en regardant ma pauvre sœur après avoir rendu le dernier soupir; et voyant cette figure toute de bonheur et qui semblait me dire ne pleure pas, je suis heureuse, j'ai demandé au Ciel de faire une aussi bonne fin — pauvre Sœur! elle a tant souffert, et avec tant de résignation que Dieu semble me donner l'assurance qu'elle est au Ciel!

J'ai reçu ta lettre datée de Paris le 2 février et en réponse, je te dirai que la lettre que je t'ai écrite en 1859 était dictée par la douleur profonde et la grande surprise et le désappointement que je ressentais de ta sortie du Lycée St-Louis, moi qui en cet instant même me flattais que tu parviendrais au titre de Bachelier. Juge de ma déception! Je la sentais dans toute sa force. Alors je me dis: «Il est inutile que je continue de donner des conseils à Arthur, il ne m'écoute pas. Eh bien! qu'il fasse comme il l'entendra; mais je ne lui ferai [illisible] que sur rentes et encore avais-je ajouté chaque année [illisible].

Cependant, quelques mois plus tard, et apprenant que tu t'étais remis à l'étude, je me disposais à t'écrire mais voilà qu'une nouvelle peine, une nouvelle douleur plus grande que toutes les autres, puisque ton honneur se trouvait entaché, on vient m'annoncer que le jeune Buie est enrôlé; mais comment? eh oui, il est enrôlé sous le drapeau garibaldien. Ah! mon Dieu! à cette affreuse nouvelle qui m'accable, qui m'affaisse, je laissai là ma plume pour ne la reprendre qu'aujourd'hui, on m'en avait parlé en ville et je répondais: non, celà n'est pas possible, Arthur, né dans la Religion Chrétienne et élevé dans des principes religieux. Non il n'est pas possible qu'il soit là-bas; mais quand la nouvelle d'Europe est arrivée, il a bien fallu y croire, Ô mon Dieu! mon Dieu! ai-je dit, il faut boire la Coupe et jusqu'à la lie!... Ne va pas croire cependant que je te veuille du mal. Non, je n'ai cessé de prier Dieu pour toi, lui demandant ton retour à de meilleurs sentiments.

Dans ta lettre, tu demandes quel grand mal c'était de laisser l'Irlande pour passer à Paris? Un très grand parce que tu as perdu l'estime et la confiance de ton père, l'auteur de tes jours! et en même temps l'occasion de te mettre en possession de la langue anglaise, chose si nécessaire, si essentielle pour un jeune homme qui aspire à une profession — 2ᵉ ton Père te faisait une pension de 120 [livres] chose que moi je suis impossible de faire — 3ᵉ tes revenus pendant ton séjour en Irlande auraient été placés et t'auraient fourni plus tard un petit capital, une petite avance dont un jeune Commençant a tant besoin et tu serais allé ensuite à Paris, est-ce que si tu avais suivi la volonté de ton père au lieu et place de la tienne, que tu ne t'en trouverais pas mieux aujourd'hui que tu gaspilles tes revenus et que je me suis épuisée à [illisible]. Voilà les résultats de faire à ta volonté, aussi bien que ta sortie du Lycée, aussi bien que cette malheureuse déroute de l'été dernier, tout cela, résultat d'avoir fait à tes volontés... Et tu t'en prends à ceci, à cela, non, Arthur, n'accuse que toi et toi seul. Toutefois, je ne dis pas cela en forme de reproches, non, mon pauvre Enfant et je désirais que tout ce passé fut mis en oubli de tout le monde. Comme moi-même je veux et désire l'oublier... Mais il est des [illisible] que le monde met du temps à perdre de vue et il te faut maintenant du temps pour faire oublier le passé reprendre avec courage une [il le faut] autre manière de vivre, ah Arthur. Arthur, pense au passé et à ce temps heureux, à ce jour de bonheur où tu fis ta première communion, tu étais heureux alors, en paix avec Dieu et ta conscience, Arthur. Quelle différence aujourd'hui et à Paris où tu n'as trouvé que des [illisible] déboires t'a-t-il fait sentir un instant de ce bonheur que tu goûtais dans ces beaux jours où tu étais l'ami de ton Dieu! Ah! reviens, reviens à ton Dieu à ce bon père si plein de miséricorde. Va, lui est prêt à oublier le passé et ses ministres chargés de la mission sacrée de pardonner, ah! ils sont toujours prêts à le faire et même si ce vénérable Pontife, Pie IX, ah! lui aussi, si tu étais à portée de le voir oui, lui oublierait que tu as marché sous l'étendard garibaldien parce que disciple d'un Dieu plein de miséricorde, ils sont toujours prêts à oublier et à pardonner au cœur repentant. Allons! Arthur, rentre en toi-même, fais de sérieuses réflexions car on n'est plus en cette vie pour longtemps et c'est bien fini de nous-mêmes, la vie la plus longue est courte...

Luce G. Drapeau-Casault

Paris, le 8 avril 1861

[À l'abbé Thomas-Étienne Hamel]

Bien cher Monsieur,

[...] J'ai reçu par le même courrier une lettre de Madame Casault où elle m'expose toutes ses intentions au sujet de son neveu. Il paraît qu'il lui a adressé un petit roman très touchant sur sa situation malheureuse. Je me propose d'accuser à cette bonne dame réception de sa lettre. Si vous la voyez, rassurez-la sur toutes choses, je suis obligé de faire le métier de gendarme, mais je l'exerce en conscience, et quand j'ai reconnu le besoin absolu de chaussures ou autre chose je l'ai donné, mais j'ai dû me montrer très serré et ne donner que l'indispensable pour éviter la persécution si je me montrais facile, il faut à ce malheureux garçon l'ignorance de ce que je suis autorisé à faire pour lui, autrement, je serais en lutte continuelle. Jusqu'ici, n'ayant que ces 100 [francs] par mois, il me fallait, lui ayant avancé l'achat d'un vêtement, lui faire des retenues sur ces 100 [francs] d'allocation, car il ne serait jamais parvenu à faire une économie pour les besoins les plus urgents, maintenant, je ne serai pas obligé à autant de rigueur, mais je crois qu'il ne faut pas que j'abandonne absolument mon système, je serais débordé.

Je vous adresserai prochainement le compte des recettes et dépenses le concernant depuis son retour de Sicile, le temps me manque aujourd'hui. [...]

Jouby

Paris, le 12 août 1861

[À l'abbé Thomas-Étienne Hamel]

Bien cher Monsieur L'abbé,

[...] Je vais vous dire deux mots de notre jeune fou qui me rend parfois la vie dure, mais vous déclare que je supporte bravement les combats. Je succombe parfois à la ruse, car il n'y en a pas qu'il n'organise pour me surprendre.

Il y a peu de temps, malgré les améliorations de sa position, il n'était pas à son affaire, de nouvelles dettes contractées lui rendaient malaisé le séjour de Paris, alors il avait résolu sans argent de passer en Amérique, et pour ce il attendait disait-il que je lui eusse remis sa pension de quinzaine; en effet il est allé au Havre où il a simulé le voyage et au bout de deux jours je le vois revenir me disant qu'il n'avait pas trouvé à s'embarquer, qu'il revenait à Paris avec la résolution la plus ferme de se mettre au travail et de passer ses examens de Baccalauréat, en effet depuis ce temps il travaille et j'ai consigné de nouveau pour lui, c'est à la fin du mois qu'il passera, mais je tremble malgré que je lui aie consenti un répétiteur, je l'ai fait parceque c'était le seul moyen de le faire travailler.

Je suis en lutte constante avec lui parcequ'il voudrait que je lui remisse en argent les 50 [francs] par mois que sa tante affecte à son entretien, comme je ne cède pas, il croit pouvoir me demander et ceci et cela, je résiste encore, quand je ne reconnais pas le besoin profond, parcequ'il aurait dépensé la somme allouée bien avant l'année. Eh bien malgré toutes les résistances je suis persuadé qu'il arrive à obtenir des vêtements qu'il revend aussitôt qu'il les a. Dès qu'il sent qu'il n'a pas tout dépensé, c'est une persécution pour arriver à me [illisible] et obtenir par l'obsession ce que je lui refuse par raison. Je vous avoue que je commence à désespérer de lui. C'est un garçon qui ne sait que dépenser et qui ne veut pas se contenter de ce qu'il a, je crois qu'il trouve moyen de faire autant de dettes qu'il a d'argent dans sa poche.

Voilà la situation, s'il ne réussit pas, ou même quand il passerait son examen avec succès, je crois que sa résolution est à tout prix de retourner au Canada, il sent que sa vie de Paris devient impossible; il finira par ne plus trouver de dupes à faire les maîtres d'hôtel le connaissant trop.

[...]

[A. Jouby]

[À l'abbé Thomas-Étienne Hamel]

Cher Monsieur,

[...] Madame Casault m'a écrit pour me donner des instructions. Je lui ai répondu en lui donnant mon opinion sur la manière de dépenser son argent. Vous saurez déjà sans doute qu'il a échoué pour la 3ᵉ fois aux examens du baccalauréat. Il va se représenter au mois de novembre pour la 4ᵉ fois. Dieu veuille qu'il réussisse.

[...]

[A. Jouby]

Québec, 4 novembre 1861

[À Arthur Buies]

Bien cher Arthur,

Je suis très occupée ces jours-ci, mais toujours je veux t'écrire quelque lignes à l'occasion de la lettre que M. Tessier t'écrit, il paraît que tu as demandé 40 [livres] à M. Tessier & qu'il te les envoie par cette malle-ci. Mon cher Arthur, un mot de réflexion fais bien attention à l'usage que tu vas faire de cet argent car toutes les nouvelles de Paris sont bien vite rendues à Québec et puis mon cher enfant, ne perds pas de vue la présence de Dieu qui voit tout ce qui se passe de plus caché. Ah, puisses-tu mon enfant, bien comprendre que l'argent gaspillé ne revient plus & quel compte à rendre un jour! Ainsi ne dispose donc pas de cet argent sans les conseils et les avis de ce bon, de ce précieux ami M. Jouby. Crois-moi Arthur, crois-en ma vieille expérience, M. Jouby est le seul ami sincère, — que tu aies à Paris. Une bonne fois, suis donc les avis de M. Jouby qui s'intéresse tant à toi.

Je te dirai que toute la famille est bien et ta sœur de même, elle se prépare en ce moment pour un grand événement; et pour une cérémonie solennelle! Elle se marie le 12 présent, c'est-à-dire dans huit jours avec M. Lemoine Notaire[22], et l'ami & l'agent du Séminaire de Québec. C'est

---

22. Voir *supra*, n. 5.

te dire que c'est un jeune homme précieux sous tous les rapports, religieux & & & et ta sœur Victoria si pieuse a été exaucée; car elle a demandé à la bonne Mère de Dieu que si elle la destinait à l'état du Mariage de lui donner un Mari pieux et le bon Dieu l'a exaucée[23]. Chère Enfant! il m'en coûte beaucoup de me séparer d'elle car Victoria m'a toujours donné de la consolation; et je n'ai qu'à me louer de cet ange de dévotion. Elle se propose de t'écrire sous peu, et en attendant elle me prie de te faire ses amitiés les plus affectueuses; et la famille se joint à moi pour te faire aussi nos amitiés. Adieu Arthur, je suis celle qui désire ton bonheur.

Ta tante,
Luce G. Casault-Drapeau

N.B. J'écris quelques lignes à M. Jouby pour le prier de prendre patience, que sous peu je lui enverrai quelque argent; en ce moment actuel, je suis au dépourvu. Ha! Arthur si tu savais comme je suis épuisée, tu ménagerais...

28 avril 1862

[À Arthur Buies]

Mon cher ami,

Ne me faites reproche de négligence si je ne vous ai pas répondu plus tôt accusez-en cette race de rongeurs que vous appelez créanciers et que vous classez hiérarchiquement selon la somme de patience et de bon vouloir qu'ils vous ont montrés; ces honnêtes bipèdes des deux sexes m'ont fait attendre jusqu'à ce jour pour les différentes notes que vous me demandez et que vous trouverez ci-jointes.

Laissez-moi vous dire que tous les sus dits bipèdes m'ont accueilli avec des soupirs de satisfaction à faire

---

23. Roger Le Moine signale que « [...] chez Édouard et Victoria, la vie était fort sérieuse alors que chez les autres membres de la famille [Le Moine] qui habitaient assez nombreux dans le quartier des Remparts, on continuait de s'amuser ferme. [...] Édouard Le Moine et Victoria Buie marquent une rupture; ils préfèrent s'accorder avec la mentalité de leur temps plutôt qu'avec celle de leur famille.» Voir «En conjuguant mon plus-que-passé», *Mémoires de la Société généalogique canadienne-française*, vol. 41, n° 1, printemps 1990, p. 5-28.

tourner des moulins à vent; vous dire ce qu'il m'a fallu de courage, de vertu pour refuser les nombreux petits verres par eux offerts, est chose impossible. J'ai vu Seigneur, j'ai vu la vertueuse Mme Coutet se livrer à une danse échevelée, en apprenant qu'elle allait être soldée intégralement, pauvre femme encore une émotion semblable et les portes de Charenton lui seront ouvertes à deux battants; tous ces gens-là sont heureux, ils vous aiment, ils vous vénèrent, ils vous bénissent, et le Buies d'autrefois qu'ils considéraient comme un pelé, un vilain, un bandit, est actuellement le Beau, l'aimable, le vertueux Buies. Vous occupez une place dans leur cœur et votre souvenir ne s'effacera que lorsqu'ils seront passés de vie à trépas. C'est du moins ce que j'ai entendu, mais je crois mon cher ami que vous ferez des ingrats, tous ces animaux mâles ou femelles vous oublieront dès qu'ils auront touché le métal, et la meilleure façon de graver votre souvenir dans leurs cœurs serait de ne pas les solder mais comme vous tenez peu à leur laisser des souvenirs, vous les solderez et bien vous ferez.

Passons maintenant à un autre ordre de chose et causons de Mademoiselle Catherine Haëssler; ce nom si doux au cœur et si doux à la langue vous chatouille agréablement, j'en suis certain, et vous voudriez déjà que je fusse arrivé à ce que vous me demandez à son sujet, patience mon ami, patience, ne nous pressons pas, chaque chose arrivera en son temps, et vous apprendrez trop tôt peut-être ce que vous désirez savoir, ne vous mettez pas cependant martel en tête, et dites vous en philosophe ce qui a pu arriver de pis à Catherine c'est qu'elle m'ait donné pour remplaçant un Carabin; c'est dans les choses possibles, et si vous tenez à vous en informer vous pouvez lui écrire rue de Furstemberg à Paris; on n'a pu me donner le n° mais le facteur trouvera certainement, ces gens ne manquent pas d'adresse (sans calembourg).

Je passe à l'autre page craignant que vous ne puissiez lire à cause de la transparence. Vous vous adressez mal pour avoir des nouvelles, vous savez que je sors peu et que je suis condamné — à rester sous le toit conjugal, il m'arrive rarement d'apprendre quelque chose de nouveau, quand je vous dirai que je suis allé hier voir un opéra La chatte merveilleuse, cela ne vous intéressera guère et que les chanteurs sont aussi mauvais que par le passé, cela ne vous charmera pas davantage, mais il est une pensée que j'ai eue en assistant à cette représentation, qui vous fera peut-être sourire, cette pensée la voici (il existe vraiment une grande différence entre une jolie voix et une culotte, une jolie voix peut être large et juste en même temps, mais une culotte c'est impossible) je regrette vivement de ne pouvoir vous dire cela verbalement, car je sais l'effet que cela vous produit, vous me prendriez la tête dans vos mains et m'appliqueriez quelques taloches qui auraient pour effet de calmer mon ardeur <u>calembouriale</u>, encore un mot que ces crétins d'académiciens n'ont pas mis dans le dictionnaire, si vous avez quelque influence sur les académiciens de Québec je vous enverrai quelques additions de différents mots du Dictionnaire [illisible] <u>animal qui n'a pas toujours une bosse, Coin petit, endroit où l'on se cache</u>, très estimé en <u>confiture ét en diligence, gravure, sérieuse</u>, etc., je pourrais vous en adresser comme cela plusieurs pages, mais je craindrais de m'abrutir et de vous ennuyer, je m'arrête donc pour cette raison. D'abord et ensuite parce que mon aimable patron tourne autour de ma cage et flaire sous mon buvard quelque chose qui ne flatte pas son odorat, ce quelque chose c'est la lettre que je vous écris, il n'a pas l'habitude de me voir aussi travailleur qu'aujourd'hui et cela l'intrigue. Je termine donc afin de me débarrasser de sa présence qui me pèse en cette circonstance.

Je suis très heureux d'apprendre que vous avez à Québec tout à souhait, je désire sincèrement qu'il en soit toujours ainsi, j'ai conservé de vous un trop bon souvenir pour penser d'autre façon, soyez riche, heureux, aimé. C'est le vœu le plus sincère de Votre tout dévoué

G. Vernette[24]

Tout le personnel de la maison se rappelle à votre souvenir.

[G. Vernette]

Kamouraska, 11 août 1862

Cher Mr Tessier,

Je reçois votre lettre et je suis étonné. Néanmoins, comme c'était à vous que s'adressait ma demande, je dois

---

24. Nous n'avons pu identifier ce correspondant. Peut-être s'agit-il d'un compagnon de travail de l'étude d'avoué où Buies passa quelque temps.

me mettre à votre point de vue, et vous faire des excuses si vous ne l'avez pas trouvée convenable. Je regrette fort de n'être pas compris de vous: certes, je ne savais pas que c'est à un homme qui a vécu d'une vie de misères pendant 6 ans que l'on dût parler d'économie. Je croyais que vous me mettiez au dessus de toutes ces petites théories, et que vous m'accordiez assez d'intelligence pour savoir me gouverner dans le monde après les tristes leçons que j'ai reçues, et l'expérience précoce qui a formé mon caractère. Il paraît que je fais encore des écarts, et que j'ai besoin des conseils d'enfants; mais si vous daignez en chercher la cause, vous ne la trouverez pas chez moi. Bien des choses ont servi à m'aigrir depuis des années, et je suis résolu aujourd'hui d'être heureux; et c'est précisément parce que je connais le monde que je ne veux pas le prendre au sérieux. J'ai suivi longtemps votre conseil avant que vous ne me l'ayez donné, et j'ai reconnu qu'il ne renfermait que des larmes et des déceptions. Laissez-moi vous dire cela avec tout le respect et la reconnaissance que je vous ai; je crois que je puis vous parler comme un homme à un autre homme. Hélas! j'ai vu bien des côtés de la vie que vous ignorez peut-être, et j'y ai appris certaines choses qui m'ont fait voir que les conseils ne sont souvent qu'un manteau dont on cherche à couvrir l'indifférence. Ceci ne s'adresse pas à vous. J'ai 22 ans aujourd'hui; et bien! je puis dire que depuis 18 ans, je n'ai reçu que des conseils sans rencontrer jamais une seule affection véritable. Ce qu'on me refuse à moi, on le donne largement à d'autres; c'est pourquoi j'ai le droit de me mettre au dessus des théories, et de rejeter les plats dont d'autres ont épuisé les prémices. J'ai cent fois plus de valeur en moi-même que n'en ont tous les membres de la famille depuis le premier jusqu'au dernier (j'en excepte ceux qui ne sont de la famille que par alliance); cette valeur, je la sens, et c'est peut-être parce qu'elle est connue qu'on me donne moins de moyens de l'exalter; c'est très-juste. Aux uns l'ineptie avec le bonheur; à moi l'avenir avec le talent et la volonté. Je crois que ma tante s'est largement payée de tous ses sacrifices à mon égard par les injustices et les insultes honteuses dont je suis le continuel objet. Il ne faut pas faire le bien pour en inspirer le dégoût, et je ne suis pas prêt à lécher la main qui me donne du pain tandis que l'autre cache le poison. Je suis très-mal vu dans la famille, je sais cela; c'est sans doute parce que je n'ai pas voulu acquérir ses bonnes grâces au prix de mon indépendance: du reste je n'ai aucun des moyens propres à y réussir. Je répète que je me soucie peu du bonheur qui me diminuerait dans ma propre estime, et cela parce que je mets ma propre estime au dessus de celle des autres. En vous demandant un service, je ne demandais pas une aumône; je voulais que vous me le rendiez en dehors de toutes les considérations possibles; parce que, comme je ne m'obligeais pas et que je ne faisais qu'un emprunt, je voulais être quitte en le rendant. Des observations, c'était plus que je ne demandais. Un jour viendra, Mr Tessier, et faites bien attention à ceci, ce n'est pas le langage d'un exalté, car je pressens mon avenir, un jour viendra, dis-je, où je serai bien plus haut et bien plus grand que ne me feraient tous les conseils possibles; je sais la ligne que j'ai à suivre, et je ne veux pas livrer mes ailes au ciseau ébréché que tiennent de vieilles mains impuissantes.

Je vais me rendre à Montréal, je ne sais pas trop comment, car je n'ai pas un sou dans ma poche, mais heureusement pour moi que je me suis trouvé dans des circonstances autrement difficiles sans être déconcerté; l'homme qui veut ne connaît pas d'obstacles; je m'arrangerai pour aller à Montréal, et je vous jure ici sur mon honneur que j'ai fait l'autre jour la dernière demande d'argent à ma famille.

Tout à vous,

A. Buies

1862. A. Buies
point de réponse à donner
[Ulric J. Tessier]

Montréal, 21 octobre 1862

À M. Tessier,

Sachant que la bonne conduite et l'étude dépendent de ceux dont on s'entoure, j'ai surtout cherché en arrivant à Montréal de me créer de bonnes relations et j'y suis parvenu... J'ai écrit un article dans le Pays d'aujourd'hui[25] que je vous prie de n'examiner qu'au point de vue littéraire parce que je m'y heurterais trop avec vos opinions. C'est sur Garibaldi. À ce sujet, mes convictions sont arrêtées et je suis décidé à montrer ouvertement ce que je pense... Je

---

25. Voir «Correspondance», le Pays. 21 et 31 octobre 1862. p. 2.

suis invité partout, j'en suis content car ces plaisirs de société éveillent l'esprit et le disposent mieux au travail. Je suis très intimement lié avec Perreault et Fabre[26]. Mon intention est de me produire dans les journaux; l'hiver prochain, je donnerai des lectures à l'Institut.

A. Buies

CORRESPONDANCE

M. le Rédacteur,

Je reviens à la hâte. Je n'ai pas encore eu le temps de creuser dans le Puits ministériel; mais je porte en moi une autre source qui est la conscience et la justice. Je n'ai pas besoin de chercher des inspirations étrangères pour proclamer la vérité. Je n'ai rien à faire avec le ministère, et je ne défends pas un ministre par ce motif qu'il est mon parent. Un ministre qui ne saurait se défendre par ses actes ne mériterait aucun autre appui.

Quant à moi, je ne cherche rien moins qu'une lutte personnelle avec un ami de la Minerve ou un roquet de M. Cartier[27]. Si j'ai parlé de M. Tessier[28], c'est que c'est lui qui est principalement en jeu; c'est lui qui sert de thème à toutes les invectives; c'est lui qui porte le poids de toutes les haines de ces écrivassiers qui n'ont d'autre inspiration que le dépit de M. Cauchon[29], et d'autre motif que la chute de leurs espérances illégitimes. M. Tessier doit-il satisfaire tous ces aboyeurs pour les faire taire, ou bien doit-il chercher plutôt l'intérêt du peuple qui demandait à grands cris

26. Joseph-Xavier Perreault (1838-1905), agronome. Député de Richelieu à la Chambre de 1863 à 1867.
   Hector Fabre (1834-1910). Successivement rédacteur à *l'Ordre*, au *Canadien* et à *l'Événement*. Auteur de *Chroniques* (1877), sénateur (1875). Commissaire général à Paris, de 1882 à sa mort. Frère de Mgr Édouard-Charles Fabre, qui succéda à Mgr Bourget en 1876, et beau-frère de George-Étienne Cartier.
27. George-Étienne Cartier (1814-1873), bras droit de Macdonald, chef des conservateurs au Québec, «Père» de la Confédération. Voir *Chroniques I*, p. 268-281, 423-427.
28. Voir *supra*, n. 2.
29. Joseph-Édouard Cauchon (1816-1885), successeur d'Étienne Parent à la tête du *Canadien* (1841), fondateur du *Journal de Québec* (1842). Polémiste. Député conservateur de Montmorency (1844-1867). Lieutenant-gouverneur du Manitoba (1877-1882).

qu'ils fussent renvoyés des places qu'ils n'occupaient que pour fausser l'opinion et tenir dans leurs mains la confiance abusée au profit d'un parti? Pourquoi nommons-nous des ministres? Est-ce pour se faire les instruments des cupidités individuelles ou pour veiller aux intérêts d'un peuple? Plaçons-nous donc notre confiance dans les hommes d'état afin qu'ils s'en servent pour nous tromper, et qu'ils se créent des soutiens de leur pouvoir en mettant nos intérêts au service de leurs ennemis eux-mêmes? (comme ferait M. Cartier avec le Grand-Tronc[30].) Donnons-nous nos deniers, laissons-nous nos impôts s'entasser sur nos têtes, pour en faire le patrimoine de quelques hommes pervers, ou bien pour satisfaire aux justes exigences de la nation?

Voulons-nous faire la fortune d'un parti dont le chef soumettait à la reine un plan d'anglification contre ses compatriotes, ou bien voulons-nous consacrer nos efforts, nos sacrifices, nos progrès au maintien de notre nationalité et à la consécration de notre existence politique? Quoi! il faudra donc que la fortune publique devienne de nouveau le prix du silence des calomniateurs! Il faudra donc dévouer nos efforts à relever un parti qui a voulu nous perdre, et remettre nos finances entre les mains de ceux qui les ont dilapidées! Et cela pour satisfaire quelques vingtaines de mécontents qui faisaient leur richesse de nos sacrifices et cherchaient dans l'appauvrissement de nos finances des moyens d'établir leur bonheur! Quoi! nous assurerons les projets de ceux qui conspiraient contre nous! nous laisserons l'imposture et la calomnie présider nos destinées! nous rejèterons de notre confiance ceux dont les efforts ont tendu à diminuer le poids de notre dette... méritée dans l'intérêt de la nation.

Assez maintenant, assez, M. Cauchon, M. Blaise[31], M. L..., M. G... Nous savons bien que vous ne rendrez jamais justice à la vérité, et qu'incapables de juger des choses, vous attaquerez et calomnierez les hommes... Fuyez, fuyez ce Port où vous avez déjà éprouvé plus d'un naufrage; rentrez dans l'oubli et dans la honte où vous tiennent le mépris général: comprimez vos haines impuissantes; cessez d'entasser les obstacles sur la route de l'honnêteté et du devoir.

---

30. G.-É. Cartier était l'avocat de la Compagnie de chemin de fer du Grand-Tronc.
31. Pseudonyme d'Évariste Gélinas, collaborateur de *la Minerve* (1863-1864), auteur de *Chroniques québecquoises*.

Ces obstacles ne serviront qu'à nous grandir et à nous élever dans le cœur de nos compatriotes. Cessez de vous compter comme parti, parce que bientôt le peuple ne vous comptera plus même comme représentants. Cessez de couvrir votre faiblesse par votre audace; parce que l'audace ne sied qu'à ceux qui sont forts et qui méritent d'avoir le front haut. Cessez de soulever les vengeances particulières parce que vous n'arriverez jamais à tromper les sympathies publiques. Cessez enfin de chercher dans la calomnie un instrument contre le mérite et contre le bonheur de vos compatriotes; cessez surtout de croire à vos succès futurs, parce que ces succès sont incompatibles avec la prospérité publique, et que nous sommes décidés à être heureux.

J'avais ces quelques mots à vous dire.

Je demande pardon à M. Blaise de dire tout cela sans savoir écrire; mais il n'est pas besoin de savoir écrire pour dire le bien et surtout pour le vouloir. C'est pour cela que je ne changerais pas ma plume contre la vôtre, fût-ce au prix des élégantes phrases que m'inspirerait M. Cauchon.

Je suis le parent d'un ministre, dites-vous; mais quand cela serait, n'est-il pas préférable d'être le parent d'un ministre honnête que l'instrument d'un ambitieux vulgaire? Cette parenté m'empêchera-t-elle d'être juste et me réduira-t-elle au silence; parce que vous faites des articles <u>Blaise</u>? Plût au ciel que M. Cauchon dont vous êtes le triste organe n'eût jamais eu à gémir sous une accusation plus honteuse!

Maintenant à vous, M. Tessier.

«Les attaques de la calomnie, dites-vous, nous font désirer de revenir à la vie privée.» Non, car, il n'est pas encore temps pour vous de vous soustraire aux vœux et aux espérances de la population; vous avez fait assez de bien pour mériter l'estime générale, mais pas encore assez pour faire taire l'envie. Ce repos que vous ambitionnez pour vous, le peuple ne vous l'accordera pas, parce qu'il a encore besoin de vos services; et d'ailleurs vous ne pourriez en jouir, parce que le souvenir du bien que vous avez fait, et la reconnaissance publique vous y poursuivront sans cesse. Rappelez-vous que vos défenseurs sont tous les honnêtes gens, et que vous n'avez d'ennemis que les fourbes et les [illisible] qui croient être bien appuyés sur les révélations donnant lieu au gouvernement de s'enquérir.

A. Buies

le Pays, 19 février 1863, p. 1.

À l'Hon. L-J. Papineau

Monsieur,

Me permettrez-vous de vous adresser une petite brochure[32] que j'ai publiée il y a quelques mois, et que je n'ai pu malheureusement continuer?

J'ai tâché d'y inscrire la pensée d'un homme libre, et j'y attaque le plus terrible des despotismes, celui qui s'appuie sur la religion.

J'ose me flatter que vous la recevrez du moins avec bienveillance, puisqu'il m'est impossible de vous la recommander pour d'autres mérites que pour celui de la conviction ardente qui l'a fait naître.

J'ai l'honneur d'être, avec un profond respect,

Votre très dévoué serviteur,

Arthur Buies

Chicago, 5 mars 1867

Mon cher Alphonse [Lusignan],

Le travail que je t'ai promis est terminé et je t'enverrai une copie ces jours-ci. Quand ta Revue sort-elle? Dis donc, est-ce que Buis en est? Si son nom parait comme collaborateur, cela te fera tort, & j'en suis bien chagrin, mais je ne pourrai pas t'accorder le mien. Il n'y a pas un homme sérieux, vois-tu, à qui il ne pèse pas sur les épaules.

En te serrant la main,

Tout à toi,

Louis Fréchette[33]

---

32. *Lettres sur le Canada. Étude sociale, 1re et 2e lettres* (1864). La troisième lettre sera publiée en 1867.
33. Louis-Honoré Fréchette (1839-1908), vécut cinq ans aux États-Unis (1866-1871), y fonda deux journaux: *l'Observateur* et *l'Amérique*, et fut secrétaire-correspondant du département des Terres de l'Illinois central.
   Alphonse Lusignan (1843-1892), rédacteur en chef du *Pays* de 1862 à 1868. Secrétaire particulier au Ministère de la justice à Ottawa (1874), puis fonctionnaire à l'Accise jusqu'à sa mort. Se lia d'amitié avec Louis Fréchette à la Faculté de droit de Laval en 1862. Voir *Réminiscences*, p. 27.

Mon cher beau-frère [Édouard Le Moine],

Ma chère Victoria,

Je quitte Montréal à 4 heures cette après-midi, demain matin je serai à New York; le 1ᵉʳ juin je m'embarque et le 13 ou le 14 je serai à Paris, dans 3 semaines!!

Ne pleurez pas sur moi, mais pleurez sur vous, ô habitants du Canada! Je te promets, ma chère petite sœur d'être le plus grand écrivain de mon siècle avant trois ans. Vous, mon cher Lemoine, vous voudrez bien administrer mes affaires en bon père de famille et ne pas oublier de faire un état nouveau de ce que je puis vous devoir aussitôt que le shériff sera payé et tout réglé.

Faites beaucoup d'enfants et soyez comme Abraham, patriarche à longue barbe qui, lorsqu'il voulait savoir combien il avait d'enfants regardait le ciel et y comptait les étoiles. L'humanité ne se perpétue qu'à cette condition.

Je vous recommande de dire énormément de prières pour moi et de croire que si je me noie en route ça ne sera pas ma faute. Dans ce cas, je ne demande qu'une chose, c'est d'être avalé par une baleine et vomi sur les côtes de France.

Allons! vogue la galère à la grâce de Dieu!

Je vous écrirai encore le jour où je m'embarquerai à moins que je ne me casse le nez sous le chemin de fer, ce qui peut fort bien m'arriver, attendu que mon nez, de ce temps-ci, est bien fragile.

Je vais donc voir ma vieille France où j'ai tant souffert et que j'aime par-dessus tout. Quand je serai devenu un grand homme, je vous le ferai savoir.

Adieu, adieu donc, sèche tes larmes, ma bonne Victoria, je ne vaux pas la peine que tu pleures pour moi. Embrasse bien tes petits enfants pour leur oncle Arthur, oui, beaucoup de baisers; qu'ils ne m'oublient pas et le soir avant de s'endormir, apprends-leur à joindre leurs petites mains en murmurant mon nom.

Adieu, je t'embrasse et te serre de loin sur mon cœur. Adieu Lemoine. Je pars sans peur et sans reproche et j'affronte la destinée comme tous les héros.

Arthur Buies

[À Victoria Buies]

Ma chère Victoria,

Je m'embarque dans une heure à bord de «l'Europe»; un temps splendide; nous allons avoir une traversée sublime. Le 13, je serai à Brest et le 14 à Paris.

Je t'embrasse mille et mille fois ainsi que tes petits enfants. Bien des amitiés à ton mari.

Le ciel est pur comme le fond de mon cœur; mon âme sourit à l'espérance et je n'ai pas de papier à lettres. Les vagues bleues soupirent sur les quais l'écho lointain de la France, mais je sens déjà mon cœur qui tourne.

Adieu, adieu; arrivé à Brest, je t'écrirai.

Ton frère,

A. Buies

Mercredi, 12 juin 1867

[À Victoria Buies]

Ma chère Victoria,

Aujourd'hui, je suis arrivé dans le port de Brest, sur les côtes de Bretagne, dans quatre heures, je prends le chemin de fer qui mène à Paris, où je serai demain après-midi.

Paris! Nous avons eu une traversée magnifique, douze jours. Me voilà donc de nouveau dans ma vieille France, et cette fois, je le pense bien pour ne plus en sortir. J'ai d'excellentes lettres de recommandation pour des écrivains distingués qui me feront, j'espère, parvenir promptement. L'âge des illusions est passé; celui des ambitions est venu, je saurai subir ce nouvel état sans faiblir. Je t'écrirai aussitôt que je serai installé à Paris. Mes vœux t'accompagnent toujours pour ton bonheur, apprends à tes enfants à aimer leur oncle Arthur, le cœur d'un enfant est une chose douce comme les légers souvenirs qui restent des premières années. Te souviens-tu quand nous étions enfants? Adieu. La grande ville m'attend, le gouffre des grands noms et des grandes chutes me tend les bras. Qu'y vais-je trouver? La gloire ou le néant? Compte sur moi. Bien des amitiés à ton mari.

Ton frère affectueux,

A. Buies

[À Victoria Buies]

Ma chère petite Victoria,

Non, ma sœur bien-aimée, non je ne t'ai pas dit un adieu éternel en quittant le Canada, je te reverrai; ah! jamais, je n'ai ressenti plus qu'aujourd'hui combien je t'aime et ce que c'est que l'affection d'une sœur, tu te rappelles combien j'avais hâte de quitter le Canada, de revoir cette France de ma première jeunesse où j'avais tant souffert, mais où j'avais laissé aussi tant de souvenirs. Je suis parti durement, et je crois réellement que j'essayais de me comprimer le cœur et que je n'allais pas jusqu'au fond de tout ce que j'éprouvais. Mais aujourd'hui, quelle désillusion! Jamais je n'ai souffert d'ennui, jamais je n'ai senti d'accablement comme depuis les six jours que je suis à Paris, tout est changé, tout; plus rien de ce qui était le vieux Paris de mes 20 ans, plus d'amis, ils sont dispersés; le vide, le vide au milieu de splendides boulevards, d'un monde innombrable, de magnificences sans cesse étalées à mes yeux. Oh! ce n'est plus cela, qu'il me faut aujourd'hui; j'ai vieilli de six ans, et je n'en avais pas tenu compte; j'ai vieilli de six ans et toute cette pompe qui me séduisait autrefois ne m'inspire plus qu'une aversion profonde; j'ai besoin aujourd'hui des choses du cœur, des affections de famille, les seules vraies; et dire qu'au Canada j'y faisais à peine attention! Oh! je suis cruellement peiné! Tu ne saurais croire tout ce que j'ai éprouvé d'abandon, de solitude navrante, durant ces six jours que je viens de passer à Paris. Je regarde partout sans trouver aucune affection, je n'ai pas même une habitude prise, ce qui est la routine de l'âme; j'ai brisé violemment avec tout ce que j'aimais et ceux qui m'aimaient, j'ai à peine dit adieu à mon pays, tout... et me voilà aujourd'hui dans un gouffre immense, plein de splendeurs et plein de victimes.

Et que me réserve l'avenir? Depuis que je suis arrivé, j'ai battu les trottoirs de Paris pour voir comment je m'y prendrai pour me faire une place parmi les hommes de lettres. Il y a des centaines de jeunes gens comme moi, pleins de talents qui travaillent beaucoup et qui sont dans la misère. Mais j'ai de bonnes recommandations, je suis bien soutenu, j'ai été reçu avec beaucoup d'affabilité par les personnes à qui j'étais adressé; ils m'ont tous promis leur encouragement, m'ont donné des conseils amicaux et vont s'occuper de moi; voilà ce que c'est que de se faire recommander par de bons amis. Je n'ai pas de découragement, ma chère bonne petite Victoria; je suis une de ces natures viriles qui se relèvent vite des défaillances, mais j'ai voulu te faire connaître tout ce que j'ai éprouvé, parce que tu es ma sœur et comment m'épancherai-je, si ce n'est dans ton cœur où seulement je puis trouver une consolation? Ce désappointement, cette désillusion que j'ai ressentis sont le résultat de la rupture trop brusque que j'ai faite avec toutes mes affections. Aujourd'hui, j'en subis la réaction. Ah! que je voudrais avoir à te renouveler mes adieux. Comme je te serrerais sur mon cœur et comme je pleurerais longtemps et que cela me ferait du bien!...

Enfin! c'est fait! À moi maintenant d'être un homme; je ne faiblis pas, mais j'ai des regrets amers que le temps seul adoucira; la place du cœur est vide et rien autour de moi ne la remplit; personne qui m'aime... Le monde est devenu froid, chacun cherche à faire de l'argent, il n'y a plus de jeunesse.

Ne te désole pas de tout ceci, dans quinze jours, peut-être avant, t'écrirai-je que j'ai réussi à placer des écrits dans un journal en renom de Paris. C'est fort probable. Enfin, je ferai tout ce qui est humainement possible de faire pour arriver. Si, au printemps prochain, je n'ai pas réussi à me faire une bonne position, alors je devrai songer à retourner en Canada. Mais je dois m'y prendre d'avance pour cela. Ainsi, dis à ton mari de me ménager 100 dollars d'ici au 1er mai, soit s'il vend la terre de Sainte-Luce[34], soit de toute autre manière avec l'argent qui peut me revenir éventuellement; de cette façon j'aurai toujours mon retour assuré.

J'ai bien hâte de voir Hudon, il sera bientôt notre parent; il me porte beaucoup d'affection; il a un cœur excellent; ça me fera du bien de le voir à son retour du Canada. Il te dira bien des choses que je ne puis dire dans une lettre et peut-être t'annoncera-t-il que je suis un écrivain.

Je te demande une chose, ma chère sœur, ne fais part de cette lettre à personne dans la famille, on pourrait croire que je me décourage, tandis que c'est tout simplement de la désillusion que j'éprouve et un regret cuisant de te voir si loin de moi. Ce n'est que le cœur qui souffre, la tête est toujours forte et énergique.

---

34. Buies était propriétaire de «cette partie de la Seigneurie de Nicolas Rioux comprenant la paroisse Saint-Fabien et des terrains en arrière d'icelle, dans les comté et district de Rimouski» (QQA-Rimouski. Fonds Ulric Tessier).

Nous sommes allés habiter, Rolland[35] et moi, une très jolie place aux environs de Paris, à l'entrée du bois de Vincennes. Il n'y a qu'un inconvénient, c'est d'être obligé de me rendre à Paris tous les jours, cela me coûte 12 sous, et une fois rendu, d'y faire d'interminables courses à pied. Mais comme ce loyer est très modique et que j'y ai un excellent logement, c'est une compensation.

Adieu, adieu encore une fois, ma bien-aimée Victoria, je te serre sur mon cœur. Ah! embrasse bien le petit Maurice, embrasse-le longtemps pour son pauvre oncle Arthur et de même tes deux autres petits. Je voudrais donner une bonne poignée de main à ton mari et le remercier de toutes les bontés qu'il n'a cessé d'avoir pour moi et que je ne ressens bien qu'aujourd'hui; dis-lui toutes les bonnes choses que tu pourras et surtout recommande-lui de me ménager au moins 100 dollars d'ici au premier mai prochain.

J'ai deux portraits de toi, je les ai embrassés bien des fois aujourd'hui; il me semble te voir; et puis qu'est-ce que c'est qu'une traversée de l'océan, plus rien du tout; nous nous reverrons donc l'an prochain si je ne réussis pas.

Ton frère affectionné,

A. Buies

20 juin 1867

[À Victoria Buies]

Je viens de voir M. Peyrat, rédacteur en chef de l'Avenir national qui va me prendre des articles sur le Canada et les États-Unis. Chaque article me sera payé de 4 à 5 dollars; à moi de travailler. Je te tiendrai au courant de tout ce qui m'arrivera semaine par semaine; je demande à Mr Tessier dans une lettre que je lui écris de m'envoyer tous les journaux du Canada dont il pourra disposer; de ton côté demande donc à ma tante Casault d'en payer le postage: c'est peu de chose et ce sera autant d'épargné pour moi en attendant que je fasse de l'argent.

Le travail c'est la liberté, vive la république! Encore une fois je t'embrasse.

Arthur [Buies]

---

35. Peut-être s'agit-il du libraire montréalais.

Paris, 3 août 1867

Mon cher Rédacteur,

Je vous écris à la hâte pour vous parler d'un banquet auquel j'ai assisté hier soir, dans un salon du grand hôtel; c'est le banquet annuel de la société d'archéologie américaine. Cette société, composée de savants qui, depuis un quart de siècle, fouillent dans le passé du Nouveau-Monde, et cherchent à découvrir par l'archéologie et les monuments des indigènes le secret des races disparues en Amérique, avait eu la complaisance de m'inviter à une séance publique donnée par elle le 30 juillet, puis au banquet qui suivit deux jours après. Je citerai quelques noms d'une grande illustration dans le monde savant, pour vous donner une idée de la composition de cette société: — M. Cortambert, géographe de la bibliothèque Impériale; M. da Sylva, le compagnon, presque l'émule d'Agassiz[36], dans son expédition sur l'Amazone, où, en moins d'onze mois, il a découvert deux mille espèces de poissons différents; M. de Waldeck, ce musée vivant, ce successeur de Humboldt, vieillard de 98 ans, qui a déchiffré une quantité innombrable de manuscrits des 15me, 16me et 17me siècles, tous en langues indigènes; M. Brasseur du Bourbourg[37] qui a découvert dans l'Amérique Centrale des inscriptions et des peintures hiéroglyphiques qui feraient remonter les races indiennes, historiquement parlant, plus haut encore que les races asiatiques; M. Martin de Moussy, ambassadeur de la confédération Argentine, qui, dans son «Histoire du Bassin de la Plata avant la découverte», a jeté une grande lumière dans les recherches archéologiques sur les trois grandes races qui peuplaient l'Amérique du Sud, les Quichaumes, les Guaranes et les Araucanes; M. de Rosny[38], connu par de nombreux ouvrages, mais je ne veux parler ici que de ceux

---

36. Louis Agassiz (1807-1873), naturaliste d'origine suisse, professeur à Harvard. Enseigna la zoologie et la géologie, et contribua par ses travaux à faire admettre l'hypothèse d'une période glaciaire.

37. Charles-Étienne Brasseur dit de Bourbourg (1814-1874), prêtre français, enseigna au Séminaire de Québec de 1845 à 1846. Auteur d'une *Histoire du Canada, de son église et de ses missions* (1852). Acquit une réputation d'américaniste distingué au terme de quatre voyages au Mexique et en Amérique centrale. Voir D.O.L.Q., t. 1, p. 355-357.

38. Léon-Louis-Lucien de Rosny. Né en 1837. Fondateur, en 1858, de la Société d'ethnographie américaine.

qui touchent directement à la société d'archéologie américaine, M. Rosny, dis-je, qui a fait un livre sur les peintures hiéroglyphiques du Mexique avant Pizarre, un véritable atlas de ce qu'était ce pays il y a quatre siècles, en outre un traité complet de l'épigraphie américaine, sous ce titre Écriture hiératique de l'Amérique Centrale; M. de Charencey[39], qui a groupé toutes les légendes indiennes, toutes les observations faites pour établir si le déluge a été universel ou seulement partiel en Amérique; M. Dunaut, le fondateur de «l'œuvre internationale pour les temps de guerre;» M. de Labarthe, secrétaire de la société d'ethnographie européenne, et enfin, M. Torrès-Calcedo, le président de la société.

Quoique fondée seulement depuis quatre ans, la société d'archéologie est devenue le centre de tous les travaux qui se font sur l'Amérique ancienne; elle a réuni en un faisceau toutes les données, tous les renseignements obtenus jusqu'aujourd'hui, elle a fait elle-même de nombreuses découvertes, s'est adjoint les sociétés de Londres et de Boston qui s'occupent d'antiquités américaines, et reçoit avec empressement tous les documents géographiques, paléontologiques, etc., qui lui sont adressés, de quelques sources qu'ils proviennent.

Je vous ferai remarquer en passant une chose, c'est que la science n'est plus individualisée, n'est plus isolée comme autrefois: elle est devenue collective; les Français ont pris le goût et ont reconnu l'immense avantage des sociétés. Il n'est pas aujourd'hui d'homme sérieux, faisant des recherches utiles, des travaux méritoires, qui ne puisse faire partie d'une société dont les attributions et l'objet répondent à la spécialité qu'il a choisie. — C'est ainsi que la science se vulgarise rapidement, qu'elle est mise à la portée de tous, qu'elle exige moins d'efforts, et que ceux qui l'enrichissent, loin de rivaliser entre eux, de chercher à renverser mutuellement leurs théories, apportent au fonds commun leur œuvre particulière qui devient l'œuvre de la société, sans que cependant aucun nom soit sacrifié. C'est ainsi que s'est fondée la Revue Américaine, l'œuvre unique des archéologues que je vous citais tout à l'heure, œuvre qui prend de jour en jour de nouveaux développements, parce qu'ici le champ à explorer est infini et que de nouvelles adhésions s'ajoutent incessamment au nombre des sociétaires, à mesure que leurs travaux sont connus.

39. Hyacinthe de Charencey. Né en 1832. Philologue très prolifique. Auteur de *Étude sur les origines asiatiques de la civilisation américaine* (1871).

J'ai pensé à l'Institut-Canadien, et je me suis dit, qu'un excellent moyen de le répandre et de lui être utile était de le mettre en relations avec cette société. Les procédés seront bien faciles; que M. le président de notre Institut[40] m'envoie une lettre à cet effet, accompagnée des documents sur le Canada dont il pourra disposer, et de suite je la transmets à M. Torrès-Calcedo, qui sans retard lui fera une réponse conforme en lui envoyant la Revue Américaine depuis sa fondation, et les autres publications dont la société pourra disposer. (Tout cela sera gratis bien entendu, puisque c'est un échange entre sociétés savantes.)

Maintenant, que je vous parle un peu du banquet. Il commença à 7 $^1/_2$ heures. À 9 heures, tout était fini, et les toasts furent portés. Les toasts ne sont pas longs dans ces réunions qui gardent jusque devant leurs assiettes leur physionomie scientifique. Les travailleurs de l'esprit n'ont pas le temps de parler inutilement et n'aiment pas à faire de phrases. Il y en avait eu à peu près une quinzaine dans l'espace de vingt minutes, lorsque tout-à-coup M. Cortambert, se tournant brusquement vers moi qui me tenais bien modestement, je vous le jure, à un bout de la table: «Eh bien! me dit-il, allons, la jeune Amérique, l'enfant de la France, vous ne dites donc rien, M. Buies; Messieurs, je vous présente un jeune homme qui vient tenter à Paris la fortune littéraire; vous l'accueillerez parmi vous, n'est-ce pas, et lui faciliterez ses débuts? il arrive du Canada, ce pays français qui nous est si cher à tous.»

Des marques d'assentiment chaleureuses accueillirent ces paroles de M. Cortambert, et toutes les têtes se tournèrent vers moi.

J'avoue que je ne suis pas plus timide qu'un autre, que même j'adresse assez hardiment la parole en public; mais, vous le savez, nos masses canadiennes ne sont pas très chatouilleuses en fait de discours, elles n'ont pas précisément l'oreille délicate et l'esprit cultivé de l'auditoire devant lequel je me trouvais en ce moment; je sais assez bien comment parler de la peine de mort à l'Institut-Canadien, comment faire un discours incendiaire, impie, abominable, devant les paisibles habitants de Ste Anne la Pocatière; mais en présence de ces visages graves, de ces têtes blanchies par l'étude et couronnées par la réputation, je me sentis courir le long des muscles intercostaux un frisson que je ne comparerai pas au doux zéphir caressant des

---

40. Joseph Doutre.

roses épanouies, ni au tremblement d'un amoureux sous la pression de main d'une Artémise quelconque... En me levant, je me sentis les jambes plus faibles que d'habitude, et mon rictus se contracta comme lorsque le docteur Marquis, médecin du collège de Ste Anne, me faisait avaler une dose de séné pour me guérir de la pulmonie. Mais enfin, surmontant mon émotion: «Messieurs, leur dis-je, (un silence morne accueillit cette première partie de mon discours, et je regardai mon verre de madère pour y puiser sinon une inspiration, du moins un stimulant), messieurs, (en répétant ce mot, je crus un instant que j'étais près d'avoir fini; mais je songeai à la patrie lointaine, à l'honneur canadien à défendre, je crus voir la silhouette orthodoxe du Courrier de St-Hyacinthe passer en ricanant parmi les gobelets, je me rappelai Châteauguay où trois canadiens se battirent avec cinq américains dans les broussailles, et m'armant d'un courage formidable) Messieurs (toujours), je ne m'attendais guère à une sommation comme celle qui m'est faite, et qui, tout en étant bienveillante, me rappelle encore davantage combien je suis peu digne, moi, jeune, moi obscur, de porter la parole devant vous que tout le monde savant a appris à admirer. Jamais il ne fut si vrai de dire que le mérite est indulgent, mais si j'ai besoin pour moi personnellement de votre appui, de votre sollicitude, d'un autre côté je me sens fort d'être le représentant en France d'une grande partie de la jeunesse canadienne, de cette partie saine qui, dans tous les pays aspire à la science, au progrès, à la découverte de toutes les vérités. Vous avez fondé, messieurs, une société d'archéologie pour élucider l'histoire primitive du Nouveau-Monde; quant à moi, je ne suis pas un savant, ni ne pourrais l'être, je n'ai pas la patience de ces esprits virils pour qui les siècles ne sont rien, et dont la science vient éclairer la nuit du passé, je n'ai jamais regardé que la lumière de l'avenir. Il me serait donc difficile d'apporter mon concours aux travaux éminents que vous ne cessez de publier... (Pardon, pardon, vous le ferez tout de même; le passé est le gage de l'avenir, mettez-vous à l'œuvre...) C'est que, messieurs, il est parfois de tristes passés, et que ceux qui en ont été les victimes aiment mieux les couvrir d'un voile, écarter de douloureux souvenirs, pour ne se diluer que dans l'espérance.» Alors j'expliquai quelque peu l'état moral de notre population; je dis les persécutions, les calomnies des feuilles soi-disant catholiques, brevetées expressément pour le mensonge et la vilenie, et en regard, je fis connaître la position, le but, et l'avenir de l'Institut-Canadien. Je dis que j'étais venu en France avec une mission à remplir, au nom du jeune Canada, révéler mon pays sous ses aspects sociaux, son histoire du dernier siècle, en faire connaître le resplendissant avenir, et appeler sur son front courbé par toutes les tyrannies l'attention et l'intérêt des publicistes français...

Je parlai ainsi pendant un quart d'heure, et comme nous nous levions de table, tous vinrent me serrer chaleureusement la main; je fus présenté à chacun des sociétaires en particulier, et séance tenante on m'admit membre de la Société d'Archéologie à la condition de préparer un travail que je lirais à la prochaine séance publique du mois d'octobre, et qui serait imprimé ensuite dans la Revue Américaine. Je vous jure que je ne me ferai pas tirer l'oreille.

Je n'ai pas le temps de vous en écrire plus long aujourd'hui; c'est déjà beaucoup trop long pour vos lecteurs. Adieu, je vous tiendrai au courant de ce qui se passera de remarquable.

Rappelez-moi à tous mes bons amis de jadis, et dites leur que l'absence n'enlève rien à l'amitié de sa force, parce que le souvenir est toujours présent.

A. Buies

le Pays, 19 septembre 1867, p. 2.

CORRESPONDANCE PARTICULIÈRE DU «PAYS»

Paris, 14 août 1867

Mon cher Rédacteur,

Je vous envoie ci-inclus un numéro de la Revue Libérale et Scientifique, où je viens de publier un travail sur notre pays[41]. Vous serez peut-être étonné de me voir déjà imprimé à Paris; mais le plus étonné c'est moi, je vous l'assure. C'est un bonheur inattendu, une chance comme il ne s'en présente pas une dans deux ans. Depuis que je suis

---

41. «L'Amérique britannique. (Confédération canadienne)», *la Revue libérale, politique, littéraire, scientifique et financière*, vol. 3, août 1867, p. 5-31. Buies y attaque le projet de Confédération.

ici, j'ai fait mille démarches appuyées par les meilleures recommandations, le tout inutilement; le jour, je battais les pavés de Paris, la nuit je travaillais dans la solitude, parfois abattu, triste, effrayé de l'avenir, mais me ranimant bientôt sous le souffle d'une voix intérieure qui me disait: «Espère et marche.» J'ai eu bien des déceptions, bien des désespérances, je me suis trouvé ici sans ressources, et combien de fois, revenu dans ma petite chambre, loin de la ville, à la suite d'une tentative avortée, je me suis demandé jusqu'où je pourrais aller ainsi. Mais la nature a ses lois inflexibles, le travail porte toujours ses fruits, et les larmes, quand ce sont des larmes viriles, sont fécondes. Oui, j'ai bien travaillé; j'ai plus travaillé en six semaines que je ne l'aurais fait au Canada en six mois; comment pourrait-on donc arriver à la moindre réputation dans cette ville immense où fourmillent tant de grands esprits, tant d'écrivains distingués que les éditeurs peuvent à peine imprimer toutes les productions, si la vie n'était un labeur continuel, si chaque heure du jour n'était un nouveau travail ajouté à l'heure qui la précède? En ce moment même où je vous écris, je rumine dans ma tête une «Nouvelle Canadienne» que je vais publier dans quinze jours ou trois semaines; je puis le dire maintenant avec certitude les portes me sont ouvertes.

Il se publie en ce moment à Paris un immense ouvrage[42] véritable musée de toutes les connaissances possibles, dictionnaire historique, linguistique, géographique, archéologique, ethnographique, politique etc., qui devra avoir 500 livraisons, à 2 francs la livraison, ce qui fait mille francs; mais à ceux qui s'abonnent, il est fait une remise de 600 francs, ce qui met l'ouvrage complet à 400 francs, broché. Bien entendu, il faudra attendre qu'il soit terminé, soit 15 à 18 mois; j'ai pensé que la plus utile et la plus belle acquisition que l'Institut-Canadien pût faire, était bien celle-là.

Je vais parler de moi, puisque c'est à cause de moi que je vous écris. Voici comment je suis parvenu à entrer à la Revue Libérale. J'étais allé vingt fois à l'Avenir National dont le rédacteur, M. Peyrat, m'avait demandé un article. Mon article fait et envoyé, j'attends des nouvelles. Deux,

---

42. *Le Grand dictionnaire universel du XIX* siècle* de Pierre Larousse, dont la publication en 15 volumes s'échelonne de 1864 à 1876.

trois, quatre jours se passent, rien, je vais à l'Avenir[43], tous les jours pendant une semaine; impossible de voir M. Peyrat[44], je lui écris, pas de réponse, je retourne à l'Avenir. M. Peyrat n'avait reçu ni mon article, ni ma lettre; il prend mon adresse, et me dit qu'il va m'écrire. Bien naïf qui comptera là dessus! Le journalisme parisien est un gouffre; des centaines d'articles et de brochures pleuvent tous les jours dans les bureaux des journaux, et là dessus il s'en perd ou s'en jette les trois quarts. J'attendis tout de même une lettre de M. Peyrat, et bien entendu, je n'en reçus point. J'allai trouver M. Cortambert qui m'amena à la Revue Nationale où on lui avait demandé quelqu'un qui écrivît sur l'Amérique; j'avais mon article avec moi; on le trouva trop long, on me dit de le refaire et que du reste tout l'espace était retenu d'avance pour plusieurs numéros de la Revue. Cela était dit avec énormément de politesse; mais je commençais à connaître cette manière courtoise de vous envoyer paître.

Je quittai M. Cortambert presque découragé, je m'en allai machinalement chez moi, passant par je ne sais quelles rues, en proie à une obsession douloureuse qui appesantissait chacun de mes pas, et j'arrivai au bout de deux heures, exténué, le front courbé par des pensées de désespoir. Je m'assis, combien de temps, je ne le sais, j'étais livré à une rêverie sombre où passaient de temps en temps comme des éclairs fauves mes souvenirs d'enfance, mes joies de la famille, mes affections évanouies. Il est des moments terribles dans la vie d'un homme; la réalité des choses disparaît, on se sent absorbé dans une contemplation indéfinie, le regard devient fixe, et la pensée se perd dans des mondes sans horizon, lugubres comme des champs de mort. Tout à coup, je me dressai comme en sursaut; une réaction venait de se faire en moi, rapide comme la foudre, je pris mon manuscrit, «je vais aller à la Revue Libérale» m'écriai-je, et je partis d'un trait. Deux lieux me séparaient des bureaux de la Revue, je crois que je les fis en quarante-cinquante minutes. Arrivé là, je demandai le rédacteur-en-chef d'un ton impératif, mon cerveau bouillonnait, la fièvre courait dans mes veines, je me sentais capable de soulever Paris.

43. L'Avenir national, quotidien républicain, anticlérical, ouvert aux idées socialistes.
44. Alphonse Peyrat, protestant, anticlérical farouche.

«Je vous apporte, dis-je au rédacteur, un travail sur l'Amérique du Nord, sur les derniers changements politiques qui y ont eu lieu: c'est du nouveau, vous en aurez les primeurs, je vous conseille de vous hâter de le prendre avant que je ne le porte à d'autres revues.» Étonné du langage, ne sachant s'il avait affaire à un possédé, mû peut-être par une curiosité instinctive, le rédacteur prit mon manuscrit, et me dit de repasser le lendemain, qu'il me rendrait réponse. Je sortis, bien décidé à démolir le rédacteur s'il ne prenait pas mon article: le lendemain, à l'heure indiquée, j'étais de retour, j'avoue que j'étais transi, et qu'il me coulait des sueurs froides. Au bout de dix minutes d'une attente mortelle, le rédacteur parut. «Ah! vous voilà, me dit-il; eh bien! j'ai lu votre article; mais, savez-vous qu'il est très bien fait (mes sueurs froides commencèrent à s'attiédir), quand voulez vous qu'il soit publié? tenez, j'ai justement besoin d'un premier grand article pour la Revue du dix; si vous le désirez, je vous enverrai une épreuve après demain.»

Vox faucibus hœsit. Je dus avoir l'air pendant une minute d'un chinois empalé; il me passa vingt-cinq mille couleurs sur la physionomie; je balbutiai un «je vous remercie, monsieur, j'attendrai mes épreuves au plus vite, et je vais de ce chef travailler à des nouvelles canadiennes que je vous apporterai aussitôt faites.»

Je descendis l'escalier quatre à quatre; les oreilles me bourdonnaient, mon corps ne devait pas peser plus de deux onces, je me précipitai sur le boulevard, la terre entière était à moi, je bousculais tous les passants, j'arrivai dans ma petite chambre tout d'une course, haletant, fier, je dirais fumant si j'étais un noble coursier, au lieu d'être un homme de lettres, comme je vous prie de m'appeler dorénavant.

Un petit détail que je dois vous faire connaître, le présent article m'a été payé cent soixante francs, ou $ 32.00. Au Canada, il ne m'aurait pas été payé du tout, et il m'aurait coûté $ 10.00 d'impression au moins. Bénéfice net, $ 42.00.

Une découverte importante faite récemment. M. Margry[45] vient de trouver la relation, autographie du voyage de Rom. La Salle le long du Mississippi: elle était dans les archives de la marine. M. Ferdinand Denis, le conservateur de la

---

45. Pierre Margry, archiviste au ministère de la Marine et des Colonies à Paris depuis 1844. De nombreux historiens canadiens eurent recours à ses services.

Bibliothèque Ste. Geneviève, un des plus profonds érudits de France, et qui seul a un exemplaire de cet ouvrage, a eu la complaisance de me le communiquer, et de me mettre sur la voie de tous les ouvrages et manuscrits à consulter sur l'histoire primitive de l'Amérique. Le précieux document dont je vous parle élucidera bien des doutes sur le célèbre voyage de La Salle, et ramènera à leurs véritables proportions les assertions faites par les pères Marquette et Joliette pour diminuer le mérite du grand voyageur à qui la France a dû la possession de la vallée du Mississippi.

J'ai été présenté hier à Mme George Sand; quelle femme! je vous en parlerai dans ma prochaine correspondance. J'ai obtenu cette présentation par le moyen de M. Desplaces qui m'a d'abord présenté à Mme Ancelot, laquelle m'a présenté à l'illustre romancière.

Adieu, je vous serre la main.

A. BUIES
le Pays, 21 septembre 1867, p. 2.

Paris, septembre 1867

[À Victoria Buies]

Ma chère bonne Victoria,

Je viens de recevoir ta consolante et bonne lettre du 12 présent. Quand je reçois un mot de toi, je voudrais longtemps te serrer sur mon cœur et pleurer à tes côtés. Je souffre beaucoup et j'aime mieux te le dire, parce que tu es le seul être à qui je puisse le dire comme je le sens. Je ne crains pas de te causer trop de peine, parce que tu sais que je ne me laisse jamais décourager. Et pourtant il en faut du courage pour résister à tous les malheurs qui fondent sur moi. Je commençais à bien faire, j'étais entré à la rédaction d'une revue importante, et voilà que cette Revue cesse d'être publiée trois semaines après. J'y avais déjà envoyé un second travail qui devait me rapporter $ 24 et j'ai été obligé de le reprendre sans pouvoir le replacer depuis. Je n'ai pas vu Rolland depuis près d'un mois. Il a loué un appartement à la ville sans me laisser son adresse et ne m'a pas écrit.

Ces derniers quinze jours, je ne sais pas comment j'ai fait pour vivre, j'ai tout mis en gage, mon habit à queue, ma montre, mes deux épingles de cravate, et j'ai vendu tous les vêtements dont je ne me servais guère. Si Rolland n'avait pas payé d'avance l'appartement que j'occupe, j'aurais couru le risque de me loger avec les hirondelles, dans les cheminées.

Tu ne t'imagines pas la peine que je me donne pour gagner 5 à 6 piastres, mais tout est pris, tout, j'ai beau courir les journaux! Les uns me répondent qu'ils ont à peine de quoi vivre eux-mêmes, d'autres, qu'ils ne peuvent prendre d'articles étrangers, étrangers à leur rédaction, d'autres enfin que leur personnel est complet. En ce moment-ci, M. Cortambert[46], le géographe, m'a chargé d'un grand travail pour une géographie qu'il va publier dans trois mois. Je dois faire la partie américaine et il mettra mon nom dans son livre comme collaborateur, mais c'est un travail du diable qui va me prendre 7 à 8 heures par jour et devine ce que je gagnerai... $ 20.00! Ajoute à cela que ce travail m'empêchera de faire autre chose pendant au moins trois semaines.

Et puis, cet affreux Papineau qui doit m'envoyer $ 18.00 qui me sont dus depuis 3 mois et qui ne fait rien. Je lui écris par la présente en lui envoyant l'obligation signée par ce gueux d'habitant qui profite de mon absence. Fais-la parvenir de suite, afin que je reçoive cet argent à temps, car j'ai écrit à Cyrille lui demandant de me prêter 35 louis pour que je m'en retourne au Canada me livrer à ma profession.

S'il était possible que je fasse un emprunt seulement de 50 louis, il me semble que j'ai de quoi répondre, je préférerais passer l'hiver ici, car j'acquiers en ce moment beaucoup de connaissances et je vois une société très instruite; j'ai idée que cet emprunt-là ne doit pas être difficile à négocier et combien je serais heureux!

J'ai écrit dix fois à tous mes amis de Montréal pour qu'ils me fassent gagner de l'argent et pas un mot de réponse encore! Tout tombe à la fois sur moi. Je t'assure que

---

46. Richard Cortambert (1836-1884), secrétaire de la Société de géographie et attaché à la section géographique de la Bibliothèque nationale. Auteur de *Atlas élémentaire de géographie* (1861); *Cours de géographie à l'usage de l'enseignement spécial* (1875); *Mœurs et caractère des peuples* (1878-1879).

la position n'est plus tenable. Croiras-tu que M. Euclyde Roy qui est en ce moment à Paris m'a payé à dîner tous les jours depuis mon arrivée; ça ne m'humilie pas trop, parce que je lui ai rendu service autrefois, mais conçois un peu jusqu'à quel point c'est pénible.

J'attends avec impatience la semaine prochaine et si ma tante pouvait me prêter seulement 5 louis de plus que ce qui me reviendra, alors c. à d. 15 louis, en tout 20 louis, je paierais mes petites dettes, et je serais tranquille pendant deux mois au moins en supposant que je ne reçoive pas d'argent de Cyrille pour repartir. Mais le grand point, c'est de me trouver 50 louis pour que je puisse passer l'hiver en France; avec cela j'attendrais facilement que je puisse publier. Mon plan serait d'avoir une revue et un journal à qui j'enverrais des articles du Canada qui me seraient payés et me donneraient de la réputation ici tout en pratiquant dans mon pays; j'y arriverai avec le temps, mais il faut de quoi attendre; c'est une affaire de six mois et je retournerais le printemps prochain au Canada. Quant aux journaux, ne m'en envoie plus, je les ai tous chez M. Bossange[47].

Alors ma bonne Victoria, je compte sur toi; tu trouveras bien moyen de m'être utile. Je serre la main de ton mari et embrasse bien les chers enfants qui prient pour moi. Oh! qu'il est beau d'avoir 3 ans! on n'a pas besoin d'écrire dans les journaux pour vivre à cet âge et l'on s'imagine qu'un oncle est un millionnaire.

Adieu, adieu, tu ne sauras jamais comment ton souvenir est pour moi une douce consolation et un gage d'espérance.

Ton frère dévoué,

A. Buies

Montréal, 25 septembre 1867

Cher M. Buies,

Me comptez-vous encore au nombre de vos amies[48]? Je mériterais je l'avoue une réponse négative pour avoir tant

---

47. La librairie Bossange. Hector Bossange a épousé Julie Fabre en 1816. Distributeur en France de publications et d'ouvrages canadiens.

48. Rosalie Eugénie Dessaulles (1822-1902), a épousé Maurice Laframboise en 1846. Sœur de Louis-Antoine Dessaulles. Voir Henriette Dessaulles, *Journal*, Montréal, Presses de l'Université de Montréal, 1989, p. 79-80.

tardé à répondre à votre affectueuse lettre du 24 juin dernier; mais vous savez ce qu'est ma vie à la campagne et avant que j'aie pensé au bonheur et à l'amusement des grands et des petits sans compter les amis qui viennent aussi prendre leur part de la gaiété générale, mes journées se trouvent employées et alors la correspondance avec les amis absents en souffre quelque peu mais enfin mieux vaut tard que jamais et je [illisible] avec joie quoiqu'elle se soit fait attendre un peu. Je vous fais part officiellement du mariage de Rosalie avec M. O. Loranger[49] qui aura lieu le 3 octobre prochain et auquel vous êtes prié d'assister. Je ne serais pas du tout surprise de vous voir arriver de quelque manière miraculeuse, car vous nous avez habitué à croire chez vous à une tranformation si complète que c'est à croire à la magie! car pour moi il me semble bien étonnant que vous soyez devenu un homme sérieux; mille pardons du doute mais enfin c'est plus fort que moi. Assez badiné comme cela soyez sûr que je m'intéresse plus que personne à ce qui vous arrive d'heureux. Je vois par vos correspondances que nos efforts sont couronnés de succès. Recevez en mon compliment bien sincère mon cher M. Buies et croyez que je serai bien heureuse quand je saurai que vous avez l'espoir d'un avenir assuré qui vous permettra de revenir vers vos amis du Canada; ils ont du bon ces amis que vous aviez l'air si pressé et si heureux de quitter puisque malgré cela ils vous gardent un bon souvenir. Maintenant que je suis revenue à Montréal je pourrais répondre un peu plus régulièrement aux lettres que vous m'écrirez (je l'espère) quand nos occupations nous laisseront un peu de loisir.

Pensez à nous le 3 octobre et dites vous que vous aurez votre part de la santé qui sera [illisible] aux amis absents. Je suis allée dimanche dernier faire visite à votre belle cousine Mme Hudon. C'est une véritable acquisition pour Montréal; et je l'ai beaucoup invitée de venir à nos réunions du dimanche. Elle m'a parlé [illisible]. Je m'aperçois que je ne vous ai pas nommé les garçons et les filles d'honneur de Rosalie. C'est Melle Leman[50] qui nous demande en grâce de ne plus la nommer Lyman et elle me charge de vous

49. Louis-Onésime Loranger, frère de Thomas-Jean-Jacques, dont Laurent-Olivier David fera la biographie dans *Mes contemporains* (1894).
50. Frances Louis (Fanny) Leman (1844-1914), épousera Georges-Casimir Dessaulles (1827-1930) en 1869. Belle-mère d'Henriette Dessaulles (1860-1946) dont le *Journal* révèle parfois un esprit critique proche de celui d'Arthur Buies.

dire qu'aucune de vos amies ne vous oublient. M. Joseph Loranger est son garçon d'honneur, Melle Caroline Coffin et M. Laflamme[51], Melle Marie Malhiot et M. Geoffrion[52], Melle H. Sicotte[53] et M. Francis Morisson, ce sont des noms qui vous sont familiers comme vous voyez.

Adieu cher M. Buies en voilà assez pour cette fois, il ne faut pas effrayer ses amis du premier coup. Mille amitiés de la part de tous, tous entendez vous, car il serait trop long de les nommer séparément. Écrivez-moi aussitôt que vous le pourrez. Je recevrai toujours vos lettres avec plaisir. M. Laframboise vous fait ses amitiés et je vous prie de faire mes compliments à M. Lafleur et veuillez me croire bien sincèrement votre amie.

M. D. Laframboise

Paris, le 31 janvier 1868

[À Arthur Buies]

Mon cher ami,

Vous partez, — vous abandonnez la lutte, alors que le journalisme allait vous ouvrir ses deux bras; le <u>Globe</u>[54] [illisible] le <u>Globe</u> illumine Paris et c'est Noé[55] un patriarche qui décidément le met en mouvement. Bref, on est venu

---

51. Rodolphe Laflamme, avocat, avec Joseph Doutre, de la veuve Guibord dans la célèbre affaire du même nom. Libéral de tendance radicale. Beau-frère de Louis-Amable Jetté, qui battit G.-É. Cartier aux élections de 1873. Voir *Réminiscences. Les Jeunes Barbares*, p. 6-7.

52. Marie Malhiot, fille d'Adolphe Malhiot, maire de Saint-Hyacinthe (1866-1867). Félix Geoffrion, opposé à la Confédération, un des membres fondateurs du Parti national (aile radicale du Parti libéral) en 1872, ministre du Revenu à Ottawa en 1874. Voir *Réminiscences*, p. 25-26.

53. Fille de Louis-Victor Sicotte (1812-1889), juge à la Cour supérieure du district de Saint-Hyacinthe (1863-1887).

54. Fondé en janvier 1868 le *Globe*, journal «politique, littéraire et financier», eut pour rédacteurs Ulric de Fonvielle, l'ami «garibaldien» de Buies (voir *supra*, n. 20), Sarcey, Zola et Vallès, futur Communard, auteur de *Jacques Vingtras*.

55. H. Mille-Noé, rédacteur en chef. Le *Globe*, qui se voulait «l'organe de la démocratie» et le défenseur des «vrais principes de 89», cessera de paraître le 19 février, en butte dès le début à l'hostilité du pouvoir.

vous chercher, on vous réservait une place dans les cadres de la nouvelle feuille qui sans être encore parfaitement posée a pris rang parmi les organes libéraux sérieux; un juste milieu entre la Liberté[56] et le Temps[57]; mais la vie menace d'être très pénible pour le journal le Globe; — on l'a attaqué, même avant sa naissance; on n'en permet pas la vente sur la voie publique. Vous voyez que l'on continue à favoriser l'extension de la presse.

De temps à autre, adressez des communications politiques à Mille-Noé; c'est un excellent homme, il les insèrera sans aucun doute.

Maintenant, parlons d'affaires; — j'ai reçu pour vous une traite de trois cents francs. Je suis allé chez le banquier pour vous retourner immédiatement le montant. Il m'a dit que le plus simple était de vous la retourner telle qu'elle était venue, par la poste sous enveloppe. Mais je désirerais bien que cette mission chargée ne fasse pas fausse route et aille droit entre vos mains. Écrivez-moi courrier par courrier, que je vous retourne sans plus attendre cette traite dont je n'ai que faire. C'est entendu. Donnez-moi votre adresse positive.

Rien de bien neuf; du dégoût!

Rappelez-vous, mon cher ami, les quelques heures agréables passées ensemble au milieu de tant d'heures de perplexité et de profonde tristesse. Revenez-nous ambassadeur, puisque cela est votre souhait; soyez même président d'une nouvelle union; je n'y vois pas d'obstacle! Mais ne perdez pas votre esprit élevé et toutes vos illusions. Restez garçon — et ayez beaucoup d'enfants.

Allons, je deviens grossier, il est temps que je retourne à mon rude labeur et aux autres préoccupations de la vie du monde.

Très à vous,
Richard Cortambert

---

56. Fondé par Girardin, ancien rédacteur en chef de *la Presse*, en mars 1866.
57. *Le Temps*, fondé en 1861.

[À Arthur Buies]

Mon cher ami,

J'ai reçu vos deux bonnes missives chargées d'une fortune littéraire. Vite je me suis dirigé vers le bureau du Globe; un calme effrayant régnait dans l'antichambre, j'ai cru que c'était ce silence du lion qui se recueille mais l'ancien caissier, notre ami intime dont nous ignorons le nom, — s'est montré et j'ai compris aussitôt d'après son visage tiré que les choses marchaient très mal; en effet, la veille on avait cessé de paraître[58]; — mais Mille-Noé est un Protée, — il reprend sans délai une autre forme, — mort le vingt février, il se fusionne, dit-il, avec un défunt: l'Intérêt public[59], arbore le drapeau de la Tribune[60] et recommence à tourner le 9 mars — Nous ne sommes que le premier — aussi, je ne chante pas victoire! Décidément, mon ami, vous êtes né pour des oraisons funèbres; ne faites plus d'articles politiques.

Lorsque j'ai exposé mes regrets — en montrant votre article —, on a voulu absolument le garder, m'assurant qu'il passerait dans le premier numéro à venir. J'avais très envie de le redemander, mais Mille Noé et Son Excellence l'Ex Caissier se montraient si charmants pour votre souvenir, que je n'ai pas franchement osé reprendre l'article aventuré, «nous n'oublions pas nos amis me disaient-ils, surtout les absents.» Ce procédé est si nouveau dans le monde des journalistes que je ne suis pas surpris que Mille Noë [illisible] fassent de piteuses affaires.

Néanmoins, on me reverra demain. Je ferai cette semaine la promenade de la rue Séguier et j'adresserai une mercuriale à M. N. de [illisible] pour l'oubli du diplôme. C'est entendu. Dans votre prochain courrier, tirez-moi d'inquiétude au sujet du mandat que je vous ai retourné et que vous avez dû recevoir.

---

58. Le 21 février, Mille-Noé et l'imprimeur Schiller étaient condamnés chacun à cent francs d'amende. Quant à Jules Vallès, auteur d'un article qui commençait en ces termes: «Je n'ai jamais eu les os meurtris, la chair pilée, la joue salie par le coup de poing brutal des sergents de ville: c'est une chance», il était condamné à cinq cents francs d'amende et à un mois de prison.
59. L'Intérêt public, organe légitimiste de Caen.
60. La Tribune, organe républicain.

Merci de vos affectueux souvenirs. Mon frère vous adresse ses meilleurs compliments et l'assurance de ses sentiments empressés.

Tout à vous, votre ami de cœur, toujours misanthrope,

Richard Cortambert

Au lieu de m'adresser de la politique, faites donc quelque article sur le Canada au point de vue descriptif et adressez-moi le accompagné de photographies de vos merveilles naturelles et autres. Le placement en sera facile, soit dans l'Illustration[61], soit ailleurs. Commencez par un article court.

Richard Cortambert

Rome, Italie, 12 mars 1868

[À Arthur Buies]

Mon cher Arthur,

J'espère que tu es revenu de ta surprise, et que tu es certain que je suis parti pour les Zouaves. Nous avons fait un voyage magnifique; c.-à-d. que 20 jours après notre départ, nous étions à Rome. 9 jours de traversée, et le restant en chars. Notre passage à travers la France a été un véritable triomphe. Partout où on a arrêté, on a été reçus et fêtés comme si on allait sauver le monde des griffes des gros Charles. Je donne quelques détails à Luce qui pourra te les communiquer.

En arrivant ici, nous avons été casernés tout de suite dans un couvent de Franciscains (les couvents sont occupés par des moines ici!) et le lendemain nous commencions l'exercice, c.-à-d. que l'on exerce depuis 7 hres le matin jusqu'à 9 1/2 hres, et depuis 11 1/2 jusqu'à 3 1/2 hres, ensuite pour ceux qui ne sont pas de corvée, liberté jusqu'à 8 hres. Lorsque l'on veut la permission de 10 hres comme on l'appelle ici, on achète un blanc 1/2 sou que l'on remplit soi-même, et que l'on fait signer par le capitaine, et alors on entre à 10 hres seulement. Notre première visite ici a été

---

61. *L'Illustration, journal universel*, fondé en 1843 à l'imitation de l'*Illustrated London News*.

pour St Pierre. En passant au Vatican, le St Père a ouvert la fenêtre pour nous bénir probablement, mais comme l'estomac criait famine, on est passé outre pour se rendre plus vite. En arrivant on nous a donné à chacun 1 fr. pour notre journée, et alors on est allé se bourrer de haricots et de macaroni.

Au revoir mon cher Arthur, je ne puis t'en dire plus aujourd'hui. À une autre fois. Écris-moi un petit peu de temps en temps. J'écrirais moi-même, mais je n'ai que 3 sous par jour, et avec cela, on n'affranchit pas des lettres de 30 sous.

Arthur [d'Estimauville[62]]

Rome, 8 mai 1868

[À Arthur Buies]

Mon cher cousin,

Je n'ai pas encore reçu de lettres du Canada, ni de chez moi, ni d'ailleurs; il faut convenir que c'est pas mal embêtant. Depuis trois mois que je suis parti de Montréal, n'avoir pas encore reçu de nouvelles! Et avec cela, que c'est bien amusant ici! On entend: «Portez, armes», et flanc par flanc droit pendant sept à huit heures par jour seulement; ou bien un tel, quatre jours de consigne, ou deux jours de salle de police, voilà. En revanche, nous avons huit heures de liberté (ceux qui ne sont pas de corvée, bien entendu,) que nous passons à nous faire rôtir par le soleil dans les rues, ou bien à dormir sur nos lits de camp.

Cependant, malgré ces petites contrariétés, nous sommes toujours souriants et presque heureux, sauf l'ennui qui nous talonne et qui du reste passera avec l'apprentissage de notre nouvelle vie.

---

62. Cousin d'Arthur Buies, membre de l'Institut canadien, fit partie du premier contingent de 135 volontaires qui, à l'instigation de Mgr Bourget, quitta le Canada le 19 février 1868 à destination de Rome, pour y défendre le pape contre les «chemises rouges» de Garibaldi. Un certain nombre d'entre eux, dont Arthur d'Estimauville, y moururent des fièvres. Buies ridiculisa l'entreprise dans *la Lanterne*, p. 52-53, 55, 262, 324, 370, 374 (éd. 1884).

Tout est bien tranquille ici; on n'entend parler de rien qui ressemble à la guerre. C'est malheureux car nos Canadiens sont dans une disposition merveilleuse à cet égard. Ils font déjà la manœuvre comme des anciens. D'ailleurs, ils ont déjà eu l'occasion de se faire remarquer à une revue générale de toutes les troupes pontificales. Lorsque les zouaves ont défilé devant tout Rome assemblé sur la place, notre compagnie fermait la marche; et bien que nous n'avions rien mangé depuis 9 $1/2$ heures du matin, et qu'il était 7 heures du soir et que nous avions le sac sur le dos (50 à 60 livres), nous avons défilé au pas accéléré en chantant Marlborough de façon à réveiller les morts. Nous étions les seuls encore debout et vraiment c'était admirable! tout le monde demandait quels étaient ces jeunes gens si vigoureux; et lorsqu'on leur répondait: «ce sont les Canadiens», nous entendions dire: «quels gaillards, quels beaux hommes!»

Je suis toujours en bonne santé et j'espère continuer de l'être, malgré qu'il y ait ici beaucoup de maladies, et des maladies dangereuses. Embrasse-bien ma chère cousine, et dis-lui que, comme j'ai une bénédiction du Pape pour toute ma famille, je la lui envoie ainsi qu'à toi.

Adieu, je te serre la main,

A. D. E. [Arthur d'Estimauville]
le Pays, 30 mai 1868, p. 2.

Chicago, juin 2, 1868

[À Alphonse Lusignan]

Mon cher,

[...] J'ai vu le jeune homme dont tu me parles (ton beau frère). Je veux bien faire tout ce qui serait en mon pouvoir pour le protéger; mais je ne puis rien faire avant l'automne. J'en ai en ce moment une dizaine autour de moi qui viennent me voir chaque soir, & mes efforts ont été jusqu'à présent inutiles. En octobre ou novembre, il aura plus de chance. Je n'ai jamais entendu parler de McKay. Buies va tuer le «Pays», & le parti en même temps. Hélas! [...]

[Louis Fréchette]

[À Arthur Buies]

Mon cher Arthur,

Je viens de recevoir ta lettre qui m'a fait un bien grand plaisir, seulement, conviens qu'elle est un peu courte; c'est peut-être parce que tu as supposé que je n'avais pas de papier et que je me servirais du revers de la tienne pour te répondre? Tu as deviné juste Arthur, je m'en sers et encore avec plaisir parce que vu que je n'ai pas un mezzo <u>Baiocco</u> pour en acheter, je serais privé du plaisir de te répondre.

Comme tu peux voir par la date de la présente, nous avons changé de garnison. Nous sommes dans une sale petite ville à 36 milles de Rome. On nous a envoyé là pour surveiller les brigands dans les montagnes environnantes. On les chasse par patrouilles comme des bêtes fauves. On nous a encore diminué notre solde d'un sou, de sorte que nous n'avons plus que deux sous par jour. Cela ne suffit même pas à acheter ce qu'il faut pour s'astiquer. Si encore on pouvait manger ou plustôt si on nous nourrissait. Mais on ne fait que deux repas par jour: le matin du pain dans un petit peu d'eau chaude avec un morceau de viande gros comme une prune, et le soir du riz mêlé de sale macaroni ou de haricots ou encore de pommes de terre, le tout cuit dans l'eau. C'est délicieux. À propos, tu devrais en parler un peu dans ton journal, et prier les parents des zouaves qui ont le moyen de le faire, de leur envoyer de l'argent, parce que l'on va crever comme des chiens si ça continue. Nous avons obtenu une permission générale pour aller à Rome demain, chômer la St Jean B‍ᵗᵉ.

Tout à toi,
Arthur D'Estimauville

Embrasse bien notre bonne cousine Luce pour moi & dis lui bien des bonnes choses de ma part, ainsi qu'à son heureux époux et à Chs. et Madame Rolland. Salue tous les amis de ma part, et écris moi bientôt et un peu plus long. Écris sur les deux feuillets de ta lettre, parce que quand même je devrais me prendre aux cheveux avec mes camarades, je trouverai du papier pour te répondre.

Arthur D'Estimauville

Zouave canadien

Rome

Italie

N'écris pas ce que je te dis dans le <u>Pays</u>, parce que quelqu'un se charge de le faire dans la <u>Minerve</u>.

Chicago, 13 août 1868

[À Alphonse Lusignan]

Mon bon,

[...] Je ne suis nullement surpris de ce que tu me dis de B [Buies]. Il y a longtemps que je le connais, & que je l'ai jugé à sa valeur.

[Louis Fréchette]

Institut-Canadien, Montréal, 24 août 1868

[À Alphonse Lusignan]

Monsieur,

L'Institut-Canadien de Montréal me charge de vous demander immédiatement si une certaine quantité de livres et pamphlets contenant des «Annuaires de l'Institut, des Statuts...» et déposés dans la bibliothèque sur une tablette, à gauche de la porte d'entrée, sont votre propriété particulière.

Si oui, vous êtes prié de le faire savoir sans délai à l'Institut par mon entremise.

Ces livres ne peuvent plus longtemps rester à cette place où ils sont depuis plus de deux mois, et gênent considérablement, vu qu'ils empêchent de pénétrer à plusieurs rayons de la bibliothèque.

Ayez donc l'obligeance, Monsieur, de me répondre dans le plus bref délai, car le comité de régie disposera de ces livres d'ici à quelques jours d'une façon ou d'une autre.

S'ils vous appartiennent, on s'empressera de vous les faire parvenir, ou de les expédier à l'endroit de la ville que vous voudrez bien indiquer.

Recevez, Monsieur, l'assurance de ma considération.

Le Secrétaire Correspondant de
l'Institut-Canadien[63]
A. Buies

LETTER FROM THE EDITOR OF «LA LANTERNE»
(To the Editor of the Witness[64].)

Sir,

You have shown so benevolent an interest with regard to the publication of La Lanterne that I can do nothing better in the position in which the attacks and persecutions of all the enemies of religious and political liberty have placed me than to address you. The Lanterne, which was sold in all the news-depots of Montreal, has been refused by two of them, and that for no other reason than the fear of clerical power[65]. These two depots were those which sold the

---

63. Buies avait été élu secrétaire correspondant de l'Institut canadien le 19 mai 1868. Il en était un des membres les plus actifs depuis 1862, participant aux débats et y prononçant plusieurs conférences dont «L'avenir de la race française en Canada» (voir le Pays, 27-29-31 janvier 1863, p. 1) et «Le Progrès» (voir le Pays, 6-13 décembre 1864, p. 2). Voir aussi Réminiscences. Les Jeunes Barbares, p. 38-46.

64. Le Montreal Daily Witness, journal protestant, voit le jour le 13 août 1860. Défend le libre-échange, la philosophie libérale, la tempérance et le pluralisme religieux. Attaque l'Église catholique. Donne son appui à la Lanterne. Mgr Bourget en interdira la lecture aux catholiques en 1875.

65. «Proscrite, signalée partout à l'exécration des fidèles, elle ne pénétrait plus dans aucun foyer. «Article posthume», la Lanterne, éd. 1884.

largest numbers. The blow was well aimed; but, thank God, owing to the English element and the enlightened portion of the French Canadian population, the Catholic clergy cannot smother every struggling light not to have recourse to open persecution.

Intrigues, secret means, and all these miserable and cowardly influences, are brought to bear by a powerful enemy against a man who finds the force to resist in the energy of his convictions, in his love of truth, in the prospects of the destinies which can be secured for our country by free education alone.

But here is a more cruel, and, to me, more painful, blow, — a wound which would have undone me had I been able to hesitate under attacks, and, in order to protect my own interest, to forego the mission I have to fulfill. I have an aged relative, — a venerable woman who has taken care of me in my childhood, and from whom I could expect material advantages, which in her affection she had preserved for me, and which could have hereafter made me independent of the hatred and the persecutions of my ennemies. I have received from her a letter in which, after supplicating me to abandon the publication of La Lanterne, she threatens if I do not obey to break off all relation with me, and predicts that great misfortunes will fall upon me.

Placed as I am between my own interest, the grief of severely afflicting a woman, truly a mother, I have always dearly loved, and the intimate feeling of duty and devotion to truth, I have embraced the painful resolve to sacrifice myself, and to show that all the powers of this world, interest or affection, are of little avail against the will of one who has determined to openly tell what many think and what it is high time to reveal. Is it not a shame really that in a country like ours, possessing the most favorable institutions, so many men tremble before a power which cowardice alone makes formidable? I will, for one, give the example of the value of convictions, and show the weakness of clerical despotism when it is resisted.

I will continue the publication of La Lanterne as long as I have a hand to write it, a mind to think, and a heart to love that poor humanity, blinded and made cruel by ignorance. I then appeal to-day to all the free and enlightened men in Canada, of whatever race or origin. I ask them to help me in this work, as much theirs as mine, to help me by the practical means necessary to the support of La Lanterne, to induce their friends to protect that child

105

as yet in the cradle, but which will soon grow and be strong if all who desire it give their aid.

I am confident that my voice will be heard. Long enough has the voice of imposture and of ultramontane charlatanism resounded alone in consciences, and disturbed minds otherwise disposed to emancipation, and has promoted the fetid marasmus of ignorance, the dormant waters of superstition, instead of the progress of our favorite country, and of the improvement of those mental faculties so bountifully granted to us by the Almighty's benevolence.

I have said enough now, to induce the good and well-disposed to aide with me, and brave the efforts of those who desire to perpetuate the intellectual slavery of our country, and who will continue their efforts to persecute and calumniate me. I pause, full of confidence in the first, and of deep contempt for the others.

Your devoted friend,

A. Buies

Editor of <u>La Lanterne</u>

The Daily Witness, [29 octobre 1868], p. 1.

Vendredi matin, 4 [décembre] 1868

Cher et vénéré M. Papineau[66],

Je n'ai pu traiter, selon la proposition que vous m'en aviez faite, la question du synode. J'accumule à ce sujet, et ce n'est que lorsque j'ai bon nombre de choses réunies dans ma tête, qu'il en sort une appréciation.

Du reste, il y a tant et tant de choses à relever parmi nous, que le temps n'est pas venu, je crois, d'aller sur le terrain d'autrui. Ce serait compliquer mal à propos une situation déjà si difficile.

Mais je me propose tout de même de faire voir un jour tous les clergés se ressemblant.

---

66. L.-J. Papineau (1786-1871), chef du Parti patriote (1827), puis de la Rébellion de 1837. S'enfuit aux États-Unis, puis en France d'où il rentrera en 1845. Partisan de la séparation de l'Église et de l'État et de l'annexion aux États-Unis.

Du reste, les Anglais ont leur journal satirique, le Diogène[67], qui remplit ma tâche parmi eux, et qui a fait une excellente caricature du synode.

Les journaux cléricaux se glorifient de la mort sainte! de Havin[68]. Les derniers détails font voir qu'il était attaqué d'une congestion cérébrale qui lui a enlevé tout sentiment.

Je me propose d'aller avec Monsieur Aubin[69] vous rendre visite cette semaine.

Je compte que nous serons assez heureux pour vous trouver à la maison.

C'est un besoin pour moi que de voir un homme!

Si vous pouvez en disposer, je vous demanderai de vouloir bien remettre au porteur un volume des dernières lettres de Louis Blanc[70], et me faire savoir aussi combien de temps je le puis garder sans vous géner.

Acceptez l'expression du dévouement respectueux avec lequel je me souscris. Vôtre.

Arthur Buies

[Je reçois d'un écrivain très en renom à Paris[71] la lettre suivante que je commets l'indiscrétion de mettre sous les yeux du lecteur, parce qu'elle me fournit l'opportunité de répondre à certaines observations analogues qui m'ont déjà été faites par quelques amis, et qui pourraient bien être inspirées à un plus grand nombre.

Je demande pardon d'avoir à parler de moi; qu'on veuille bien considérer ma personne comme indifférente pour ne voir que la situation qui m'est faite, et quelles leçons elle renferme en elle-même.

Que l'exemple vienne de moi ou d'autres, peu importe; mais qu'il soit bon et utile, voilà ce qu'il faut avoir en vue.]

---

67. *Diogenes* (1868-1870), journal humoristique montréalais de langue anglaise. Indépendant des partis et des églises.
68. Directeur politique du *Siècle* de Paris. Voir *la Lanterne* (éd. 1884), n° 13, 10 décembre 1868, p. 212.
69. Napoléon Aubin (1812-1890), d'origine suisse, rédacteur au *Canadien* et au *Pays*. Président de l'Institut canadien (1869).
70. En 1867, Buies avait emprunté de la bibliothèque de l'Institut canadien *l'Histoire de dix ans* (1841) du théoricien socialiste, violent pamphlet contre la Monarchie de Juillet. Voir citation de Louis Blanc, *la Lanterne*, vol. I, n° 15, 24 décembre 1868, p. 244 (éd. de 1884).
71. Il s'agit vraisemblablement de Richard Cortambert.

Mon cher ami,

J'ai reçu vos <u>Lanternes</u>. Inutile de vous dire si j'ai lu avec intérêt vos spirituels pamphlets: ils ont de la verve, de l'emportement de bon aloi; mais la vérité est que ce n'est pas votre genre.

Votre talent est philosophique et descriptif; je reconnais en vous les qualités solides et l'étoffe d'un écrivain très-distingué: vous appartenez à la famille des Chateaubriand, des Bernardin de St. Pierre, et non des Paul-Louis. Votre verve satirique ne provient pas du premier jet, elle est plus cherchée que naturelle.

Rochefort, lui, a le jargon primesautier qui captive, parce qu'il jaillit spontanément; il est un peu la personnification de cet espiègle qui aplatit les gens par quelques traits bien lancés.

Mais vous n'avez rien en vous du gamin de Paris. Votre nature généreuse vous fait mépriser les prêtres et leurs jongleries, mais vous ne parviendrez jamais à devenir un pamphlétaire. Au reste, tant mieux, c'est un genre médiocre. Vous me paraissez fait, je le répète, pour la politique philosophique, pour le style descriptif; vous êtes coloriste et artiste. Profitez de ces avantages, et poussez hardiment dans cette voie.

L'homme est en résumé l'expression du pays qui l'a vu naître, et le résultat du milieu dans lequel il a vécu. Vous avez reçu le contact involontaire de gens mystiques, ce n'est pas une école de pamphlétaire. Le moment venu, vous vous êtes irrité contre les esprits fourbes, dévots, et bas; mais vos emportements d'honnête homme d'esprit élevé, ne ressemblent en rien aux épigrammes d'un satirique proprement dit.

Vous savez trop admirer les splendeurs de la nature pour vous moquer pendant longtemps sans fatigue, sans ennui. Il faut en somme n'avoir pas grand cœur pour trouver chaque semaine une base sérieuse à des attaques: vous me direz que les calotins sont nombreux, et qu'on n'a pas grand peine à démasquer leurs vices. Sans doute, mais ne craignez-vous pas de vous concentrer dans une querelle de petite ville, et d'amoindrir votre talent en vous préoccupant de Pierre et de Jacques?

Nous ne sommes pas faits pour le journalisme provincial. Étendons le cadre, et cherchons à parler au grand public. Ne vaut-il pas mieux élever le niveau des gens intelligents que s'inquiéter de la méprisable cohorte des Jésuites?...

Anonyme, *la Lanterne*, vol. I, n° 20, 28 janvier 1869 (éd. 1884), p. 328.

Baltimore, 7 avril 1869

Mon cher Buies,

Êtes-vous toujours de ce monde, je ne sais, j'adresse cette lettre à tout hasard. À tout hasard, dans l'espoir que le nom lumineux qui brillera sur l'adresse fera fondre la neige qui doit avoir englouti dans l'ombre et le mystère ce cher ami dont ma femme et moi causons si souvent.

J'ai, après vous avoir retrouvé, à vous faire mes excuses les plus [illisible], pour le laps énorme de temps écoulé que j'ai pris à vous donner un spécimen de mon inimitable calligraphie et de mon style plein de charmes et volupté.

Après ces préambules indispensables à ma nature et à la conformation particulière de mon individu, je vous demande la raison (chose difficile) pourquoi je n'ai pas reçu un traître numéro de la Lanterne. Je sais que vous me connaissez pour un esprit fort et que vous avez l'opinion qu'il n'existe plus rien qui puisse m'éclairer. J'espère cependant que vous m'avez conservé les derniers numéros.

J'ai appris, mon cher ami, que vous en aviez fini avec votre journal et que vous partiez pour la vente de vos terres dans le Bas-Canada; qu'après cela vous comptiez partir pour Paris. Vous faites bien, car après tout, vous trouverez toujours au delà de l'Atlantique des gens et un public qui apprécieront votre mérite et par cela même vous donnera [*sic*] une position bien plus profitable à votre avenir que ce stupide pays où vous n'avez perdu que trop de temps. Moi aussi, je voudrais partir et aller là où je pourrais au moins travailler à ma réputation et avoir bien plus de satisfaction à la pratique de mon art que dans ce pays, bon seulement pour les épiciers.

Depuis mon départ de Montréal, j'ai donné plusieurs concerts, mais les frais sont si énormes qu'il est difficile de parvenir à un résultat bien avantageux.

Lundi prochain, je quitte Baltimore pour Boston où je joue le 15 de ce mois, après cela je ne sais ce que je ferai. Du Canada, j'en ai par dessus la tête, aussi, je travaille à quitter l'Amérique le plus vite possible.

Ma femme vous serre la main et comme moi elle sera heureuse le jour où nous [nous] trouverons réunis dans la grande ville et où nous pourrons rire de nos petites misères que nous avons eues dans ce pays.

Écrivez-moi bien vite, si toutefois cette lettre vous parvient à Montréal,

et croyez moi votre ami bien dévoué,

Jehin Prume[72]

Adressez-moi votre lettre à Boston d'où je ne partirai probablement que le 16 de [ce] mois.

Adresse: Oliver Ditson & Cⁱᵉ Ed. de musique
277, Washington St.
Boston

Mon cher Buies,

Je viens d'apprendre par Alphonse que vous allez quitter Montréal prochainement.

J'espère que vos affaires ne vous retiendront pas trop longtemps absent et que nous aurons le plaisir de vous voir à votre retour.

Êtes-vous toujours décidé à partir pour l'Europe? Preuve ou rêve: plus que cela, c'est aussi mon plus grand désir. Si nous pouvions partir ensemble, n'est-ce pas que ça serait charmant. Au revoir.

Rosita

P.S. Je viens de recevoir une lettre de mon ami M. Leroy qui me fait beaucoup d'éloges de vous et de votre esprit. Je lui ai toujours envoyé vos <u>Lanternes</u> ainsi que vos <u>Lettres sur le Canada</u> qu'il a trouvées charmantes.

---

72. Jehin Prume (1839-1899), violoniste belge, s'installe à Montréal en 1865 et y épouse l'année suivante Rosita Del Vecchio, compagne d'Emma Lajeunesse (Albani). Voyage aux États-Unis et en Europe, et rentre à Montréal en 1877. Sa femme meurt en 1881. Voir «le concert de Prume», *la Lanterne*, p. 161; «Chronique», *l'Électeur*, 3 mars 1888, p. 1; Napoléon Legendre, «Jehin Prume», *le Soleil*, 1ᵉʳ juin 1899, p. 7.

Horace Greeley Esquire

New York

Dear Mr. Greeley[73],

Who that would not feel happy to be known as one whom you esteem. Of the many, who justly rejoice to be called the friends of one so good and doing as much good as you do, none enjoy it more so than I do! At present none fellow is preeminently influential at home and abroad, to make known, admired and loved your glorious country, the excellency and superiority of its institutions, over any other which at any time the world had yet seen, than the proprietor and director of the able and honest «Tribune». Tyrannies of all kinds had never been so powerfully battered and they crumble in an increasingly rapid ratio never before witnessed. On on with seize the [illisible]. Your near neighbours first, I pray.

The bearer, Mr Buies advocate, litterateur, a young friend of mine, goes to New York, to be connected with the French Press. Not the bad portion of it, hirelings and eulogists of European despotisms, and slanderers of all that is American, as the Courier[74] and such like; but for the Franco-Americain[75], Republican and liberal. Some years ago, he fought for Italian freedom, as volunteer under Garibaldi — he now — goes to fight the battle of freedom by pen first, under the Starspangled banner, nearly unfurled for war. You have cornered your bitterest foes the Aristocracy of England. Your Government sends them its ultimatum. Apologize and pay, or fight the issue of certain

---

73. Horace Greeley (1811-1872), fondateur du *New Yorker* (1834) et du *New York Tribune* (1841). Accueilli chaleureusement à l'Institut canadien. Voir «Institut Canadien, vingt-quatrième anniversaire», *le Pays*, 18 décembre 1868, p. 2. Candidat malheureux aux élections présidentielles de 1872, il mourut peu de temps après.

74. *Le Courrier des États-Unis* avait été fondé à New York par un Français, Théodore-Frédéric Gaillardet (1808-1882), qui le dirigea jusqu'en 1848.
De tendance conservatrice, *le Courrier* fut particulièrement hostile à la Commune de Paris. L'Institut canadien possédait la collection du *Courrier* depuis 1848 et celle du *Messager Franco-Américain* depuis 1864. P.-J.-O. Chauveau fut le correspondant canadien du *Courrier* de 1841 à 1855.

75. «[...] le *Messager Franco-Américain* est le journal le plus franchement et le plus dignement libre-penseur de tout notre hémisphère», *la Lanterne*, vol. I, n° 24, 25 février 1869, (éd. 1884), p. 391.

best by pen best by sword, is the withdrawall or the repulsion of European task masters from this continent. If the ultima ratio must be resorted to, let your secretary of war know that there are half a million of Canadians refugees, many of whom and many thousands of willing volunteers, will enlist as liberators, of their dear misgoverned Country.

Mr Buies will be a fervent believer in every teaching, which he may have the happiness to hear from Mr Greeley.

With respect, love and hope,
I remain your sincere friend,
[Louis-Joseph Papineau]
[Brouillon]

Chicago, May 1st 1869

[À Alphonse Lusignan]

Mon cher Alphonse,

[...] Si tu juges à propos de la[76] faire lire à l'Institut, cela m'est égal; mais j'aimerais mieux que tu la lises toi-même, ou Monsieur Dessaulles, que Buies[77]. [...]

Louis [Fréchette]

CORRESPONDANCE
L'INDÉPENDANCE. — L'ANNEXION. — M. BUIES.

Montréal, 14 mars 1870

À MM. les Éditeurs de L'Opinion Publique[78].

Je suis ce que l'on appelle un <u>wild politician</u>, ou, si vous l'aimez mieux, un homme d'état fantaisiste. Je ne suis pas, paraît-il, un homme pratique; les hommes d'affaires

---

76. Il s'agit d'une version corrigée de *la Voix d'un exilé*.
77. Buies avait lu *la Voix d'un exilé* à l'Institut canadien lors de la séance du 26 mars 1868.
78. *L'Opinion publique* (1870-1883), hebdomadaire montréalais, nationaliste et libéral. À partir de 1875, orientation majoritairement artistique et littéraire.

me nomment dédaigneusement utopiste. Ils oublient, les malheureux! que les utopies ne sont le plus souvent que des vérités prématurées, comme l'a si bien dit un autre homme d'état éminent, le plus éminent de l'Europe, M. de Lamartine. Je suis donc chargé de grandes idées, que j'aurais pu depuis longtemps faire prévaloir au Parlement et dans le cabinet des ministres, si d'honnêtes mais imbéciles électeurs ne s'étaient mis dans la tête l'idée saugrenue de me tenir dans la vie privée. C'est un malheur dont au fond ma patrie enchaînée souffre plus que moi.

Étant ainsi bâti, je devrais être, j'ai toujours été, et je suis encore annexionniste: je suis donc partisan effréné de l'indépendance comme moyen infaillible d'arriver au comble de tous mes vœux, l'annexion à la grande et indivisible république américaine. Et quand j'ai vu Galt[79] et Huntington[80] adopter mes principes, j'ai tressailli d'allégresse, j'ai pleuré de bonheur et me suis écrié: enfin voilà mon heure qui arrive!

Il y a une dizaine de jours que j'étais inondé de ce bonheur pur et sans mélange d'ambition, lorsqu'un matin mon domestique m'a remis une circulaire que je me mis à lire, nonchalamment étendu dans mon fauteuil. Dès que je vis qu'il s'agissait d'indépendance, toutes mes passions politiques se réveillèrent; je ne lis plus, je dévore... «Tiens, l'auteur va fonder un journal pour la propagation de cette grande idée...; quel dévoûement sublime!» me dis-je; à ce moment, je l'eusse embrassé. Je cours plus loin. Il demande des avances de fond. Ce doit être un homme posé et de bon crédit. Je saute à la signature: A. BUIES. — Ce fut un coup de foudre: ma santé faible et délicate ne put résister à ce choc...

J'en fis une maladie dont j'ai honte de raconter les détails et dont je ne suis pas encore complètement rétabli. Il n'y a que les hommes à convictions généreuses et profondes qui pourraient me comprendre. Je suis sûr que vous, M. David[81], vous me comprenez. Voyez-vous, moi, je suis

---

79. Sir Alexander Galt (1817-1893), libéral, annexionniste, ministre des Finances dans le cabinet Cartier-Macdonald (1858). Se retire de la politique en 1872. Premier haut-commissaire du Canada à Londres (1880-1883).

80. Lucius Seth Huntington (1827-1886), dévoila le scandale du Pacifique (1873) qui entraîna la démission du cabinet Macdonald.

81. Laurent-Olivier David (1840-1926). Fondateur de l'Opinion publique (1870) et du Bien public (1874). Auteur de Patriotes de 1837-1838 (1884), Histoire du Canada depuis la Confédération (1909); libéral-conservateur.

honnête homme et bon catholique: les deux sont compatibles avec la qualité d'annexionniste[82]. Je ne puis voir sans horreur ces jeunes écervelés qui croient faire acte d'audace et d'esprit, et se créer un nom en prodiguant les plus abjectes injures, en inventant et débitant les plus odieuses calomnies à l'adresse de notre religion et de notre race. Il est si laid d'insulter à sa mère! J'avais devant moi le spectre de la Lanterne. Un jeune homme qui a écrit cela est fini et vous êtes sûr qu'il perdra toutes les bonnes causes qu'il voudra défendre. Qui voudrait marcher avec un tel scribe?

Et puis, laissez-moi vous dire toute ma pensée: il y a anguille sous roche. Ce petit Buies ne fait pas innocemment ce métier. Il doit y avoir là dedans quelque combinaison satanique de Cartier et Macdonald, ces deux personnifications du machiavélisme canadien. Si les bruits qui circulent sont vrais le budget dit des fonds secrets ne serait pas étranger à la fondation du nouveau journal de l'auteur de la Lanterne. Le parti de l'indépendance, déjà considérable, a puisé dans la conquête de M. Galt une nouvelle force qui mettait en danger et le Cabinet Fédéral et la Confédération. Le seul moyen de conjurer le mal, d'abattre l'ennemi, c'était de mettre au rang des soldats actifs de l'idée nouvelle des hommes qui ont le talent de dégoûter et de détourner le public des principes qu'ils ont mission de répandre. Buies était là, en disponibilité, pouvait-on mieux choisir?

Tous les amis de l'indépendance et de l'annexion, et ils sont nombreux comme les sables du désert et les vagues de la mer, déploreront et maudiront avec moi cette nouvelle infamie des conservateurs, qui fait de Buies le porte-drapeau de notre parti.

Je vous prie d'insérer dans votre journal si respectable, si impartial ces quelques réflexions patriotiques de

Votre etc., etc.

JULES NADAR[83]

L'Opinion publique, 19 mars 1870, p. 83.

---

82. Mouvement qui préconisait l'annexion du Canada aux États-Unis. Il eut la faveur des libéraux de *l'Avenir* en 1849, et connut un regain de popularité au début des années 1870.
Buies, bien qu'admirateur des États-Unis, préférait la rupture du lien colonial et l'indépendance pure et simple du Canada.

83. Nous ignorons l'identité de la personne qui se cache derrière ce pseudonyme.

Arthabaskaville, Samedi
[juillet 1871]

Mon cher Levasseur[84],

Il ne faut jamais refuser à un amoureux la consolation de publier ses vers. Ainsi publiez les vers de Buies[85] en ayant soin de relire l'épreuve avec le Père Savard.

Je vous ai envoyé la pièce de Vainqueurs à Vaincus jeudi. J'avoue que vous ne l'avez pas reçue à temps pour le numéro de vendredi. Si la lettre s'est égarée, je récrirai l'article.

J'ai bien peur de ne rien faire aujourd'hui, car je n'ai rien dans la cervelle. Dans ce cas, baclez ou faites bacler quelque chose par Langelier.

Bien à vous,

[Hector Fabre[86]]

Vous enverrez 3 n[os] de l'Événement qui contiendra les vers à Buies, Poste restante, Rivière-du-Loup (en bas).

Montréal, 16 juillet 1870

Cher et vénéré M. Papineau,

Je ne puis répondre qu'aujourd'hui à votre lettre si instructive pour moi. Vos conseils sont bien un peu sévères et je voudrais les mériter entièrement.

Vous ne vous rendez peut-être pas un compte exact de la situation au point de vue pratique. Cette distraction se juge d'après les résultats. Vous croyez avoir affaire à un pays comme les autres en Canada; non, voyez Québec où chaque individu est un annexionniste forcené, eh bien! il

---

84. Nazaire Levasseur (1848-1927), principal rédacteur de l'Événement et libéral convaincu. Un des fondateurs de l'Académie de musique de Québec.

85. «À Tadoussac», l'Événement, 24 juillet 1871, p. 1-2. Vers repris dans Chroniques, voyages, etc., etc., sous le titre: «Poésie - Le petit cap», p. 305-309. (Voir Chroniques II, p. 271-273.)

86. Hector Fabre (1834-1910), rédacteur de l'Ordre, puis du Canadien et de l'Événement. Chroniqueur, sénateur (1875), commissaire général à Paris (1882) jusqu'à sa mort. Frère de Mgr Fabre et beau-frère de George-Étienne Cartier.

115

vient d'élire Tourangeau[87], un vendu au ministère, contre Valin[88] qui s'était déclaré pour l'Indépendance. Des gens qui ont souscrit quelque chose pour la fondation de l'Indépendant[89] escortaient et proposaient Tourangeau le jour de la nomination. Il est donc oiseux de parler de principes à une pareille population. On est réduit à prendre les moyens pratiques les plus propres à parvenir à son but. Or, il est inutile de songer à quoi que ce soit sans la population anglaise éclairée qui seule, seule, fera l'Indépendance, les Canadiens suivront derrière comme des moutons. C'est là le résultat de l'éducation donnée au peuple de notre origine. Rien ne prend en lui, et il acceptera quelques sous un jour d'élection, sans songer que par son vote imbécile il va se donner quatre années de misère de plus. Ne pouvant donc compter que sur les Anglais[90], il serait très-maladroit de parler d'annexion, et cela ne servirait qu'à faire remonter le courant.

Vous avez eu la générosité de m'envoyer un $ 10.00; il devrait y en avoir cent comme vous, et l'Indépendant n'aurait qu'à marcher sans embarras; malheureusement, il faut faire une véritable campagne pour chaque piastre qui est dûe.

Au reste, je savais cela d'avance. Mais ce qui dégoûte, c'est de voir des gens à l'aise, des annexionnistes ou indépendantistes déclarés, renvoyer mon journal... pourquoi! ils ne pourraient le dire eux-mêmes, et cependant vous entendrez ces mêmes hommes déblatérer à cœur de jour contre le régime actuel. Et le pays en est plein, de ces gens là. Que faire? Établir le knout en Canada car les Canadiens ne méritent que d'être traités comme des bœufs.

J'espère trouver un jour pour aller vous serrer la main. En attendant, veuillez ne pas me ménager vos avis, quelque sévères qu'ils soient.

Bien respectueusement,

A. Buies

---

87. Adolphe Tourangeau (1831-1896), élu député conservateur de Québec-Est à la Chambre des communes en 1870.
88. P.-V. Valin (1827-1897), élu député conservateur à l'Assemblée législative en 1874, et à la Chambre des communes en 1878.
89. Cet hebdomadaire, fondé par Buies à Québec en juin 1870 ne survécut que quelques mois. Voir «l'Indépendant», le Pays, 20 mai 1870, p. 2. Comme son titre l'indique, ce journal prône l'indépendance du Canada.
90. En Ontario, le mouvement Canada first, avec à sa tête W.-A. Foster, regroupe les forces indépendantistes.

Québec, 5 décembre

Mon cher Rédacteur,

Je n'ai pas toujours la main heureuse dans mes fantaisies littéraires. Sans compter toutes les monstruosités qui m'échappent, toutes les absurdités qui sautent aux yeux, il est des fautes réelles qui ne frappent pas d'abord le lecteur, mais qui n'en restent pas moins à corriger, surtout lorsque sous une apparence inoffensive, elles contiennent des torts personnels qui ont toujours été loin de ma pensée et que, suivant les lieux, on peut interpréter d'une façon que je regretterais.

Comptez parmi ces fautes une ligne que j'ai écrite (page 154 de mon volume de Chroniques) au sujet d'un <u>comte quelconque</u> venu en Canada pour faire de la colle forte[91].

Celui dont je parle est M. le comte d'Arschot, que je ne connaissais pas, il y a deux ans, et qu'on m'avait représenté comme un homme frivole, uniquement désireux de refaire une fortune ébréchée.

Nous avons eu tant de prétendus comtes qui ont exploité notre naïve confiance que je n'avais pas cru d'abord à celui qui nous arrivait alors en compagnie de l'abbé Verbist. Du reste, je n'y attachais aucune importance, et si j'en ai dit un mot, c'est que cela venait naturellement au sujet de l'émigration belge que tout le monde alors prenait pour une plaisanterie.

Depuis, grâce à des tentatives sérieuses d'établissement, nous avons pu revenir de cette idée formée à la hâte. L'émigration belge a incontestablement produit des résultats; de la colonie, entre autres, que va établir à la Beauce M. Vannier, décidera de l'avenir d'un exode considérable de l'Europe dans cette province.

M. le comte d'Arschot, qui appartient à une famille historique, qui porte un des grands noms de son pays, a été pour beaucoup, j'ose le dire maintenant, dans le succès général de la colonisation étrangère, par l'influence qu'il a pu exercer. Il a lui-même prêché d'exemple et fondé, dans

---

91. «Il est vrai que l'abbé Verbist, parti l'automne dernier, avec une mission spéciale pour amener ici des immigrants belges, est revenu avec sa nièce et un comte quelconque qui veut faire de la colle forte, mais, jusqu'à présent, cet immense effort combiné n'a pas eu d'effets sensibles et la colonisation ne s'en est pas accrue». *Chroniques I*, p. 221.

Québec, une industrie aujourd'hui en pleine voie de prospérité, après avoir eu les commencements les plus pénibles.

Grand nombre de gens, comme cela est invariable dans notre vieille capitale, ont essayé à maintes reprises de décourager M. d'Arschot, mais il a persisté, il a vaincu la mesquinerie, l'étroitesse de vues, la défiance, le préjugé, et il a enfin obtenu des résultats dignes de sa constance et de son habileté.

Je suis heureux de lui rendre ce témoignage et de le publier autant que possible, tant pour rendre justice à Monsieur d'Arschot que pour réparer un mot malheureux échappé à ma vilaine plume taquine.

Votre...

A. Buies

le National [92], 9 décembre 1873, p. 2.

Québec, 11 décembre 1873

[À Alfred Garneau[93]]

Mon cher Alfred,

Que fais-tu donc? Je n'ai pas eu de nouvelles encore de toi, et Dieu sait si j'en souffre! Je tire démesurément la langue, et la goutte d'eau que tu peux y mettre me fera un bien énorme.

Je t'embrasse
A. Buies

---

92. *Le National* (1872-1879), feuille libérale fondée par J.-N. Bienvenu et Maurice Laframboise, avait succédé au *Pays* (1852-1871).
93. Alfred Garneau (1836-1904), fils aîné de François-Xavier Garneau, poète et traducteur. Il préparera, pendant une quinzaine d'années, la quatrième édition de *l'Histoire du Canada* parue en 1882.

[À Alfred Garneau]

Mon cher ami,

Je regrette que tu aies envoyé un volume à Rouleau, avant qu'il t'ait payé; j'avais pourtant insisté sur ce point; maintenant, j'en ai pour jusqu'aux Calendes grecques. Soit.

Tu ne saurais croire tout le mal que ce volume[94] me donne et combien j'éprouve de déceptions de tous côtés. Non seulement j'y perds mon temps, mais encore le peu de patience qui me reste.

C'est pour cela que je n'ai pas encore eu le loisir de t'écrire.

Est-ce que tu ne pourrais pas me trouver à Ottawa un bon agent pour vendre mon livre: on m'en a parlé, mais je ne connais personne. Je m'en rapporte à toi; tu pourras conclure et offrir 20 pour cent.

Je te remercie du trouble que tu te donnes pour moi. En des temps plus heureux et moins pressés, je te serrerai sur mon cœur; aujourd'hui je ne puis que te tendre une main rendue excessivement nerveuse par les colères renouvelées de chaque jour.

Embrasse bien Antoine pour moi, et crois à mon amitié éternelle qui n'a d'égale que mon impatience.

À toi, à toi

A. Buies

Québec, 17 janvier 1874

[À Alfred Garneau]

Cher et doux ami,

N'as-tu pas encore reçu la 2ᵐᵉ demi-douzaine? J'ai expédié les deux paquets à la fois, et le maître-de-poste de l'Assemblée m'assure les avoir envoyés ensemble. Je suis dans des transes mortelles, et si tu ne me fais pas savoir de suite si tu as reçu le 2ᵐᵉ en question, j'entreprends un pèlerinage à Notre-Dame de Lourdes. Toi qui es convaincu,

---

94. *Chroniques, Humeurs et caprices.*

119

(et que je respecte pour ce, quoiqu'il m'en coûte) tu pourrais m'envoyer une goutte de l'eau miraculeuse dans ta prochaine lettre. Mais j'aimerais mieux savoir si tu as la douzaine complète. Quels moyens emploient les libraires pour faire savoir qu'ils ont mon livre et pour pousser le débit? Fais-le moi donc savoir. Réponds vite, car je partirai mercredi ou jeudi pour un voyage en voiture, afin de faire un petit volume humoristique de 150 pages sur tout ce que j'aurai vu[95].

> Je t'embrasse et
> portatus bene
> A. Buies

Québec, 26 janvier 1874

[À Alfred Garneau]

Mon cher ami,

J'ai fait faire des recherches au bureau de poste d'ici; l'inspecteur m'assure que le paquet qui cause nos malheurs a dû parvenir à Ottawa. Sois donc assez bon pour t'informer strictement à cet effet; je n'ai pas de doute que tu ne le retrouves.

Je suis abruti, très-malade et même pressé; ce qui ne m'empêche pas de te serrer sur mon cœur hypertrophe.

> À toi, à toi,
> Sempiterni tuus
> A. Buies

(au verso)   J'ai reçu la piastre de Panet.

A. B.

Québec, 2 février 1874

[À Alfred Garneau]

Mon Alfred,

J'ai reçu ta dernière lettre qui n'est qu'un vil plagiat de tes lettres antérieures; par conséquent, j'y répercute avec

---

95. Ce «petit volume humoristique» ne verra jamais le jour.

autant d'animosité que de précision. Tu es pour moi le plus infect des ptérodactyles; qui t'a donné le droit de mesurer l'espace ou de douter de ma bonne foi enfantine? Je réitère avec une volubilité sauvage et surannée que je t'ai envoyé 2 paquets! M'est avis maintenant que l'adresse de l'un se sera déchirée et que les odieux subalternes d'un bureau de poste quelconque, en apercevant ce paquet négatif, n'appartenant à aucun genre connu et par suite indigne d'une destination aussi glorieuse que celle à laquelle je l'avais vouée, se le sont introduit personnellement dans un des compartiments de leur existence.

À cela qu'as-tu à répondre? Tu vas encore m'envoyer un certificat, je présume. Ton certificat, que je méprise autant que tu l'expédies, je l'ai passé illico à l'inspecteur de Québec qui fait en ce moment de nouvelles recherches.

Mais il appert que les bureaux de poste canadiens ont fait depuis quelques années une concurrence désastreuse à l'antique Dédale, dont il résulte que je suis approximativement flambé.

Quant à toi nominativement, tu aurais dû recevoir les deux paquets quand même, et je n'accepte pas du tout que tu donnes comme excuse, qu'il ne t'en est parvenu qu'un. C'est la faute à Papineau ou à Cartier.

Je suis toujours à la veille de faire un voyage inouï, mais comme il s'est présenté, depuis une quinzaine, des complications lucratives, j'attends encore un peu pour qu'elles mûrissent. Mon plan est celui-ci; faire $ 1 000 d'ici à la fin de septembre (ce qui est facile) et puis aller à San Francisco[96], mon rêve, un voyage de trois mois. Puis je ferais sur ce voyage un livre unique que je n'expédierais plus que par ¹/₂ douzaines: c'est plus sûr. Tu vois que je pense à tout et que je suis une bête bien organisée.

Viens dans mes bras que je t'étouffe.

Bien des amitiés à Antoine.

Semper tuus
A. Buies

---

96. Buies fit le voyage Montréal-San Francisco en juin-juillet 1874. Il en publiera le récit: «Deux mille deux cents lieues en chemin de fer», dans le National et l'Opinion publique. Repris dans Chroniques, Voyages, etc., etc. sous le titre «Départ pour la Californie», p. 71-251. Voir Chroniques II, p. 85-225.

[À Joseph Marmette[97]]

Cher auteur,

Sois donc assez bon pour remettre à l'indigne personnage que je t'adresse, un communard de la plus belle eau,
un exemplaire de ta deuxième scie, c. à d. l'Intendant
Bigot. Le communard ci-joint m'est cher, et si tu as pour
lui cette complaisance, je te donnerai en échange une foule
de choses.

À toi toujours,

A. Buies

New-York, 22 mai 1876

Mon cher monsieur Buies,

Par le journal que vous avez dû recevoir depuis trois
ou quatre jours vous avez pu voir que nous avions mentionné votre prospectus longtemps avant que votre lettre
me fût parvenue. J'ai prié M. de Mareil de vous envoyer le
bi-hebdomadaire. J'aime à croire qu'il y a pensé.

Vous me demandez des nouvelles de mon frère et de
mon neveu. Mon frère s'est toujours assez bien porté depuis la guerre. Il n'en a pas été de même de Richard, qui
est atteint de rhumatismes et en a tellement souffert depuis
plus d'un an qu'il a été obligé de quitter sa place à la
Bibliothèque, au moins provisoirement, et d'aller se ré-
chauffer au soleil de la Provence. Il va mieux maintenant
mais il n'est pas encore retourné à Paris.

Avez-vous reçu la Religion du Progrès? Je vous en ai
envoyé un exemplaire à peu près quand vous êtes revenu
de la Californie.

Votre dévoué,

L. Cortambert[98]

---

97. Joseph Marmette (1844-1895), beau-frère d'Alfred Garneau, romancier, essayiste. Auteur de *Roman canadien. L'Intendant Bigot* (1872),
et *Le Chevalier de Mornac. Chronique de la Nouvelle-France, 1664*
(1873).

98. Louis Cortambert (1809-1881), oncle de Richard; mourut à New York;
fonda à Saint-Louis (Mo) la *Revue de l'Ouest* et collabora au *Messager
franco-américain* de New York. Auteur de *La religion du progrès* (New
York, 1874), dont un exemplaire figurait dans la bibliothèque de l'Institut canadien.

Confidentielle

Mon cher Buies,

Il y a un individu que tu devrais bien prendre à partie spécialement: c'est Ouimet du <u>Franc-Parleur</u>[99]. Je ne me suis pas occupé de ce que les autres journaux conservateurs m'ont dit, mais être insulté par cet exploiteur de la religion, c'est trop fort. Tu vois d'ailleurs qu'il ne t'épargne pas toi non plus. C'est son métier de dire des injures à ses adversaires, c'est le moyen qu'il prend pour se faire préférer du <u>Nouveau-Monde</u>[100] par un certain nombre de prêtres dont il est l'organe. Tu sais qu'il a fondé le <u>Franc-Parleur</u> dans le but de supplanter le <u>Nouveau-Monde</u>. Et cet homme qui m'accuse d'insulter le clergé, c'est lui qui a imprimé secrètement et même écrit en partie la <u>Comédie Infernale</u>. Il est l'imprimeur officiel de ce qu'un imprimeur respectable ne veut pas imprimer, de toutes les saletés qu'on ne veut pas avancer. Il a été prouvé, par exemple, que c'est lui qui imprimait les réclames du Dr Warmo. Tu pourrais le comparer à ce journaliste dont parle Eugène Sue dans ses <u>Mystères de Paris</u> qui s'était fait une si grande réputation par ses articles en faveur de la religion. Une espèce de Jacques Ferrand. Tu sais sans doute que Ouimet ayant été choisi par la chambre des Arts et manufactures comme délégué à l'exposition de Québec, il y a trois ans ou quatre ans, passa son temps à boire, faire du scandale et causa bien des ennuis à ceux qui l'avaient envoyé. Tu pourrais aussi mentionner en passant ses tripotages dans la société St-Jean-Baptiste. Tout le monde te dira à Montréal qu'il se ferait aussi bien l'imprimeur du diable que de Dieu pour de l'argent.

Je ne suis pas aussi libéral que tu l'es, je n'approuverai pas probablement tout ce que tu écriras, mais tu rendras un grand service à la société si tu sais mettre à nu et flageller les crétins qui se cachent derrière la soutane des prêtres pour injurier des hommes qui croient sincèrement, mais ne veulent pas se laisser abrutir.

---

99. Adolphe Ouimet (1840-1910), avocat et journaliste, collabora à la rédaction de la *Comédie infernale ou Conjuration libérale aux enfers, en plusieurs actes (1871)*, pamphlet antilibéral de l'abbé Alphonse Villeneuve.
Le *Franc-Parleur* (1870-1878), journal ultramontain dont Adolphe Ouimet et B. Testard de Montigny sont les propriétaires.

100. *Le Nouveau-Monde*, de son vrai nom *le Monde Canadien*, fut fondé en 1867. Organe ultramontain, défend la position de Mgr Bourget.

Ceci pourra te servir, mais c'est entre nous. Il ne faut pas que tu dises que cela vient de moi.

L[aurent]-O[livier] David[101]

Québec, 24 juin 1876

[À Arthur Buies]

Mon cher ami,

Votre dernier article sur l'évêque de Montréal me met dans la pénible nécessité de vous prier de retrancher mon nom de la liste de vos abonnés. Mgr de Montréal[102] a pu faire des choses qui n'ont pas été approuvées par tout le monde et quelques-uns même ont combattu ces idées avec acharnement, mais tout cela ne vous autorisait pas à lancer un article comme celui que vous avez écrit et à manquer de respect envers un homme que nous respectons tous.

J. A. Charlebois[103]

Montréal, 24 juin 1876

Mon cher Buies,

Votre numéro de ce matin est un commencement dans la bonne direction. Rappelez-vous que pas un seul journal français n'a publié ce que Galt a dit et je vous invite encore une fois à publier la substance de ce que je vous ai envoyé[104]. Vous avez une entrée en matière toute faite pour votre

101. Selon Rumilly, «Quant au *Bien Public*, il était mort d'inanition après deux ans d'existence; L.-O. David, nommé traducteur aux communes, laissa entendre, dans son article d'adieu, que les interventions du clergé, empêchant toute indépendance, tuaient son journal et l'arrêtaient dans sa carrière», *Histoire de la Province de Québec*, t. 2, p. 51.
102. Buies avait écrit: «[...] de tous les ennemis du catholicisme, le plus dangereux pour le Canada que nous sachions, c'était bien l'évêque de Montréal, avec sa fureur autoritaire, son absolutisme effréné [...]», *le Réveil*, 24 juin 1876, p. 65. Mgr Bourget, le vieil ennemi de l'Institut canadien, venait de remettre sa démission d'évêque de Montréal.
103. Alfred Charlebois, député conservateur de Laprairie.
104. Buies s'exécutera dans l'édition du 8 juillet, p. 98: «comme *le Réveil* s'adresse spécialement à une classe d'hommes qui pensent, qui examinent et qui jugent en connaissance de cause, nous voulons mettre devant leurs yeux, d'abord un résumé de la conférence de Sir A. T. Galt [...]».

article de ce jour. Vous pourrez dire qu'il était grandement temps que l'évêque de Montréal se tût et que l'archevêque parlât. La population anglaise alarmée dans l'esprit de ses plus hauts représentants dans les deux partis politiques, MM. Galt et Huntington, a commencé à se préparer à une lutte qu'elle considérait comme inévitable. Sir A. T. Galt n'est pas un produit du libéralisme. Par son alliance avec le clergé quand il était au timon des affaires, comme représentant du parti Tory, il a pu apprécier la valeur des immunités que les exagérés promettaient aux protestants et n'y a pas cru ainsi que le prouve ce qu'il vient de dire à Toronto et à Sherbrooke. Et alors, vous donnerez ses paroles. Frappez fort! Votre existence dépend de cela. D'ailleurs, le vent est bon, tendez vos voiles.

Joseph Doutre[105]

Montréal, 28 juin 1876

Mon cher Buies,

[...] Je vous ai cru de taille à <u>réveiller</u> notre jeunesse. C'est un beau rôle pour vous. La presse est à peu près la seule carrière qui vous convienne. Vous faites de vous-même une expérience décisive; si vous manquiez votre but cette fois, je ne sais plus où et à quoi vous vous rattacheriez pour être utile à vous-même et aux autres. Si donc vous êtes entré là-dedans le <u>cœur léger</u> au point de faillir à votre mission, vous n'auriez plus droit d'en appeler à vos amis. Vous <u>pouvez</u> si vous <u>voulez</u>.

P.S. Le tort de l'épiscopat depuis près de 20 ans[106] a été de laisser l'initiative et la parole aux exagérés et de les laisser dire et faire jusqu'à ce qu'ils aient entraîné ce que l'on appelle l'«Église» dans quelque précipice. Inutile de rappeler que ces têtes chaudes ont eu le champ

---

105. Joseph Doutre (1825-1886), avocat, journaliste, romancier. Auteur de *les Fiancés de 1812* (1844); avocat de la veuve Guibord dans la célèbre affaire du même nom. Membre actif de l'Institut canadien, dont il fut le président en 1852 et 1867.
106. «Il y a vingt-cinq ans, nous ignorions absolument au Canada ce que pouvaient être des querelles religieuses; [...] les prêtres éclairés et intelligents du Séminaire de Québec et de l'Université Laval [...] savent que la population canadienne-française est profondément catholique, et que rien n'est plus dangereux que les excès commis par des curés de campagne et despotiques [...]». *le Réveil*, 8 juillet 1876, p. 98.

libre pour préparer la promulgation de l'Infaillibilité qui était comme dogme une impossibilité pour les esprits sages tels que Dupanloup[107]... jusqu'à ce qu'il fût trop tard.

Joseph Doutre

Montréal, 3 juillet 1876

Mon cher Buies,

J'ai votre lettre du 1ᵉʳ juillet courant et tout ce que j'ai à dire c'est que vous faites aussi bien de fermer boutique de suite. Je ne vous demanderai certes pas de venir à Montréal. J'ai eu assez à faire avec les journaux pour n'être pas payé de la monnaie que vous m'envoyez. Puisque nous avons eu des preuves de ce que vous pouvez faire de mieux, je vais voir Thibaudeau[108] et aviser avec lui. Je suis trop vieux pour me faire prendre de cette manière.

Joseph Doutre

Montréal, 16 juillet 1876

Mon cher Arthur,

Votre dernière lettre m'avait exaspéré parce que j'y trouvais la détermination de ne plus travailler. C'est pour

---

107. Félix Dupanloup (1802-1878), prélat français qui combattit Louis Veuillot et s'opposa dans un premier temps à l'infaillibilité pontificale (qu'il finit par approuver).
108. Rosaire Thibaudeau et Joseph Doutre financèrent le Réveil (mai 1876 - décembre 1876) qui, lancé par Buies à Québec, dut déménager à Montréal en septembre, après une condamnation de Mᵍʳ Taschereau. Le Réveil contient quelques-unes des meilleures pages de l'œuvre pamphlétaire de Buies. Le programme du Réveil se lisait comme suit: «Exclusion absolue de tout ce qui touche aux matières religieuses; maintien énergique des droits civils et de la liberté des opinions; lutte faite aux abus de quelque nature qu'ils soient et de quelque source qu'ils proviennent; indépendance complète de tout parti politique, et réforme vigoureusement poursuivie dans tout ordre de choses où elle est nécessaire», le Réveil, vol. 1, n° 1, 27 mai 1870, p. 1.
Sur l'amitié de Buies et de Thibaudeau, voir «Récit de voyage», la Patrie, 21 décembre 1889, p. 7.

cela que je disais que si c'était tout ce que vous vouliez faire, vous ne seriez pas plus utile à Montréal qu'à Québec. Vous saviez bien que je ne voulais pas que vous fassiez de grandes enjambées. Vous avez essayé de me payer avec ce que j'appelle de la monnaie de singe, en me faisant voir le soleil dans une vessie. Ce que je voulais et veux encore de vous, c'est que vous regardiez votre mission en face et l'acceptiez ou y renonciez. Je vous ai demandé de mettre en regard la dernière pastorale de l'Archevêque[109] avec les règles du concile provincial. C'était trop fort pour votre public, disiez-vous, mais le <u>Journal de Québec</u>[110] l'a fait. Dans tout cela, mon cher Buies, ne cherchez plus un dissentiment entre vous et moi. Vous allez aussi loin que je veux vous voir faire, seulement, je le répète, vous êtes un paresseux et vous voulez nous persuader que nous accepterons vos faux prétextes. Ça ne se peut pas. Voilà la seule carrière qui semble vous convenir et vous allez la ruiner cette fois pour toujours si vous ne vous mettez pas à l'œuvre. Puisque vous n'avez pas la force de travailler, mettez-vous à chercher. Ainsi, publiez la circulaire ou pastorale du dernier ou précédent concile traitant la même chose que l'archevêque... et si c'est encore trop pour vous, donnez simplement le texte de cette affaire conciliaire afin que les lecteurs puissent apprécier le mouvement qui se fait dans le clergé malgré ce qu'en dit l'archevêque. Vos reproductions sont meilleures même que d'habitude. Allons! N'êtes-vous pas capable de vous éveiller! Vous ne savez pas ce que c'est que travailler, évidemment. J'ai passé cette semaine quatre jours chez moi et quoique malade dans cet intervalle, j'ai fait des <u>factures</u> qui rempliront, imprimées, 3 numéros du <u>Réveil</u>. Il me fallait parcourir plus de 1,000 pages manuscrites et 10 gros volumes où j'avais à trouver ma matière. Le travail de fantaisie n'est pas un travail, c'est une distraction. Il faut que vous en connaissiez un autre à peine de n'être jamais grand'chose avec tout

---

109. L'Archevêque de Québec, dans une lettre pastorale publiée dans *l'Événement* du 16 juin, rappelait aux membres du clergé qu'un prêtre «ne doit jamais exprimer *publiquement* son opinion, soit dans l'Église, soit hors de l'Église. [...] Il ne doit rien écrire dans les journaux à propos d'élections ou de politique, sans consulter l'évêque, lors même qu'il s'agit de sa propre défense», *le Réveil*, 24 juin 1876, p. 66.

110. *Journal de Québec* (1842-1889), fondé par Augustin Côté et Joseph Cauchon. Organe de la bourgeoisie bien pensante, prend ses distances par rapport au Parti conservateur lors du scandale du Pacifique (1873). Appuie les libéraux de 1874 à 1879.

votre talent. C'est cela que je cherche en vous. Si vous n'y arrivez pas vous-même, nous devrons renoncer à l'espoir de faire de vous un <u>homme</u>.

Joseph Doutre

P.S. <u>The Nation</u>, de Toronto, vendredi dernier, nous fait de grands compliments. Tâchez de les mériter.

Montréal, 17 juillet 1876

Mon cher Buies,

Vous recevrez une espèce de dialogue intitulé: «Le curé Loranger et les siens»[111]. J'en suis l'auteur et je me porte garant de la vérité des faits qui y sont relatés. J'ai eu une connaissance personnelle de quelques-uns des faits y contenus et les autres m'ont été attestés par des personnes dignes de foi sous tous les rapports et au besoin une foule de personnes de Lanoraie pourraient en attester la vérité: ils sont de notoriété publique. Ainsi, comme vous le voyez, j'entends en être seul responsable; si vous publiez le dit dialogue et qu'on vous demande quel en est l'auteur, ne vous gênez pas de dire que c'est le soussigné.

Dans cette guerre aux abus que vous avez entreprise, ce petit dialogue pourra vous servir. Dénoncer les excès de langage et les écarts de conduite d'un curé, ce n'est pas attaquer les dogmes. Respectons les dogmes (c'est-à-dire des absurdités tenues pour des vérités) et flagellons les gardiens du dogme qui se mêlent d'être intolérants, grossiers, vindicatifs et rancuniers.

Dans un pays ignorant comme le nôtre, attaquer le dogme c'est le meilleur moyen de se casser le cou et de faire fiasco tandis qu'attaquer le prêtre seulement c'est se faire des amis de tous ceux qui ont quelque rancune contre l'homme en soutane. Quand le prêtre sera méprisé, le dogme, absurdité manifeste, tombera de lui-même. Le dogme est plus fort du prêtre que le prêtre n'est fort du dogme, c'est là une vérité incontestable pour des vieux libres-penseurs comme nous. Je suis certain que nous nous entendrons

---

111. Nous n'avons pu le retrouver.

comme larrons en foire sur tous les grands principes que je viens d'émettre... Si l'on crie... Vous préférerez la phrase sacramentelle: «attaquer les abus, ce n'est pas attaquer la religion» ou bien encore: «est-ce que le curé Loranger est la religion»? Et puis qui songe à attaquer notre sainte religion? Nous sommes dans le pays le plus catholique du monde et nous sommes bien décidés à respecter les dogmes. Vous connaissez cette stratégie là et vous commencez à savoir les manœuvres qu'il faut employer pour dérouter nos ostrogoths...

Aristide Piché[112]

Drawer 442, Montréal

St-Nicolas, 27 juillet 1876

Mon cher Buies,

Vous n'ignorez pas que j'ai souscrit malgré moi à votre journal pour me débarrasser de vos instances réitérées. Je n'espérais pas que vous auriez assez de sagesse pour le conduire sans faire d'écarts, sans vous lancer dans des attaques injurieuses aux autorités ecclésiastiques et par conséquent à la religion. Ce que j'ai prévu est déjà arrivé et je dois réprouver fortement la manière dont vous avez parlé de Mgr Bourget et de Mgr Laflèche[113]. Ayant moins de confiance que jamais dans votre Réveil, je vous le renvoie et ne veux rien avoir à faire avec lui.

Théodore Paquet[114]

---

112. Un des principaux collaborateurs du Réveil. Buies dira de lui: «[...] ce pauvre Aristide Piché, mort lui aussi il y a une quinzaine d'années déjà, brave garçon qui avait énormément de facilité et de goût littéraire, qui me suivait comme mon ombre, ne voyait que moi et ne jurait que par moi, qui faisait toutes mes écritures, qui lisait pour moi des heures entières et que j'entraînais, comme un satellite, dans toutes mes marches et contremarches, expéditions et reconnaissances», Réminiscences. Les Jeunes Barbares, p. 33-34.
Les autres collaborateurs sont: J. Auger, Dr L. Noirot, Paul-G. Martineau, Dr J. A. Crevier, Anthony Ralph, F. Kastner.
113. Mgr Louis-François Laflèche (1818-1898), évêque de Trois-Rivières (1870-1898). Champion de l'ultramontanisme.
114. Étienne-Théodore Paquet, député de Lévis, d'allégeance libérale.

Mon cher Buies,

Ne m'adresse plus le <u>Réveil</u>, je discontinue mon abonnement, si abonnement il y a: je t'ai payé comptant ce que tu m'as demandé $1.00. Je serai toujours prêt à souscrire à quelque autre chose, mais j'en ai assez du <u>Réveil</u>.

Gaspard Le Moine[115]

Montréal, 14 août 1876

Mon cher Buies,

J'ai vu M. Galt depuis que je vous ai écrit; il est impatient de vous voir à l'œuvre. Vous concevrez que si nous ne réussissons pas à relever nos compatriotes de la fange où le clergé les tient Sir Alex Galt et Huntington auront donné de grands coups d'épée dans l'eau... C'est votre journal qu'il nous faut. Comment allez-vous l'appeler? Je suggère: «L'émancipation» ou «L'émancipé» ou «Séjour» ou «L'Homme qui rit», quelque chose qui indique que vous secouez la poussière du cléricalisme.

Quelques idées pour votre prospectus: peindre la stagnation morale de nos compatriotes, leur indifférence pour l'éducation, leur incompétence pour l'industrie et le commerce. Presque rien de ce qui se meut au milieu d'eux ne leur appartient. Comme conséquence de ce marasme, les industriels politiques profitent de l'absence de toute opinion, cherchent fortune aux dépens du public. Chercher la cause de tout cela, la trouver dans l'abaissement des intelligences par l'ignorance calculée de haut lieu — dans l'ostracisme de quiconque veut faire usage de sa raison soit dans les conflits sociaux, soit dans la politique, soit surtout à l'égard des étranges prétentions de certains prélats catholiques.

Faites bien attention à ceci: quand vous reprocherez quelque chose au clergé et ce sera, hélas, tous les jours,

---

115. Avocat de profession, il fera fortune dans le commerce de gros et sera un des principaux actionnaires de la Compagnie de pulpe de Chicoutimi. Il est également le neveu d'Édouard Le Moine, beau-frère de Buies.

n'impliquez jamais la totalité du clergé. Laissez toujours un noyau d'hommes sages dans lequel pourront se classer ceux qui nous approuveront. Si vous attaquez tout le corps comme le faisait Dessaulles[116], vous constituez vous-même tout le corps en hostilité déclarée et implacable. Ça ne coûte rien de faire toujours une exception. Au reste, cette exception existe toujours quelque part.

Veuillez, je vous prie, ne jamais perdre ce conseil de vue.

Joseph Doutre

Québec, 1ᵉʳ septembre 1876

A. Buies, Québec.

Cher monsieur,

Je suis autorisé par mon frère François Langelier[117] à vous déclarer qu'à partir d'aujourd'hui il cesse de recevoir votre journal. Ce qui l'a amené à prendre cette détermination, c'est que vous vous êtes écarté de votre programme en parlant de religion dans votre feuille après avoir formellement promis de vous en abstenir.

Charles Langelier[118]

---

116. Louis-Antoine Dessaulles (1819-1895), un des fondateurs du *Pays*, membre de l'Institut canadien, anticlérical. Auteur, notamment, de *La grande guerre ecclésiastique. La comédie infernale et les noces d'or. La suprématie ecclésiastique sur l'ordre temporel* (1873). Meurt à Paris en 1895 après un exil de vingt ans.

117. Libéral «modéré», professeur de droit à Laval. Élu député de Montmagny en 1873. Représenta P.-A. Tremblay lors de la contestation de l'élection d'Hector Langevin dans le comté de Charlevoix pour «influence indue» (1876).
«La plaidoirie de M. Langelier dans la contestation de Charlevoix, dont *l'Événement* vient de donner un compte-rendu analytique, est un chef-d'œuvre de raison, de logique et de clarté. [...] la plaidoirie de M. Langelier n'est pas seulement excellente au point de vue de la raison et de la science légale, elle est encore une preuve d'un grand dévouement patriotique [...]. «Notes et commentaires», *le Réveil*, 7 octobre 1876, p. 203.

118. Charles Langelier (1850-1920). Avocat, élu député libéral à l'Assemblée législative en 1878. Propriétaire et éditeur du *Soleil* de 1883 à 1886.

Québec, le 28 décembre 1877

[À Arthur Buies]

Mon cher Arthur,

Le messager que tu as envoyé à la maison, avec ta note pour moi, a dit à la concierge, en la lui remettant, qu'il n'y avait pas de réponse.

C'est pourquoi tu n'as pas encore reçu de réponse.

Je n'ai encore rien reçu d'Ulric[119]; et je n'ai pas 20 [dollars] en main. Je n'ai que 7 [dollars] que je mets à ta disposition. Si tu veux venir les chercher, c'est avec plaisir que je te les passerai et je te donne ici, un baiser de cœur.

Ta tante affectionnée,
Luce G. D. Vve Casault

Ottawa, 13 février 1879

[À Ulric Tessier]

Mon cher Ulric,

Reçu ce matin ta lettre. Je te remercie infiniment des $ 5.00 que tu m'envoies. Je n'avais pas mangé depuis trois jours, et tu me rends la vie.

Je vais te faire dire une messe.

Tout à toi,
A. Buies

[1879]

[À Benjamin Sulte]

Reçu les $ 5.00.

Je me prosterne à tes pieds. Tu dépasses pour moi le pic de Ténériffe et tous les autres pics, voire même les picaillons dont je te prodigue ma gratitude, dont je recule à ton égard les bornes connues. Tu grandis à mes yeux à

_____

119. Ulric Tessier. Voir *supra*, n. 2.

mesure que se rapproche la distance entre Ottawa et Québec, grâce au Chemin de fer du nord, œuvre des siècles futurs. Mais ma reconnaissance te parvient en ligne droite, à vol d'oiseau, super valles et montes et flumina... L'humanité est rongée par un immense cancer qui s'appelle débine: une forte application de bank-notes, et le monstre est abruti provisoirement. Ce médecin des peuples peut être aussi celui des individus. Tu en as pris les traits glorieux et je serre mon sauveur dans mes bras.

A. Buies

Québec, 21 avril 1879

[À Alfred Garneau]

Mon cher Alfred,

Je t'écris un mot à la hâte pour te donner une grande joie; plus tard je te raconterai les détails. Hier j'ai communié, et je suis le plus soulagé, le plus heureux, le plus transformé des hommes. Ça été un coup de foudre. Après une semaine de crise morale et physique terrible, n'en pouvant plus, éperdu, désespéré, accablé, je suis allé me jeter dans les bras de mon bon ami M. Bégin[120], les sanglots m'étouffaient; le moment de la grâce était arrivé subitement. Moi qui avais nié pendant vingt ans, tout-à-coup je croyais ou je voulais croire de toute mon âme et je me précipitais dans le sein ouvert de Dieu. Ah! quel moment, mon ami!

«Je suis prêt à tout, à tout, m'écriai-je à M. Bégin, arrachez-moi de cet enfer.» Alors «Venez», me dit-il, et je tombai à genoux dans le confessionnal. J'avouai une vie de désordres et de crimes; j'en reçus immédiatement le pardon sans m'y attendre, sans pouvoir y croire, Dieu sans doute m'inspirait en une minute assez de repentir pour effacer toute une vie d'horreurs. Je me relevai, et, tout inondé de larmes, je tombai dans les bras de mon confesseur, de mon meilleur ami qui priait pour moi depuis des années.

---

120. Louis-Nazaire Bégin (1840-1925), entre 1877 et 1884, directeur du pensionnat universitaire; préfet des études; directeur du Petit et du Grand séminaire.
   Évêque de Chicoutimi de 1888 à 1892; succéda à Mgr Taschereau en 1898 comme archevêque de Québec.

Le lendemain, je m'approchais de cette table sainte que j'avais raillée, bafouée pendant tant d'années. Mais quelle émotion! quelle épreuve! J'avais une crainte terrible, c'était de ne pouvoir faire un pas, lorsque le moment solennel viendrait. Pendant toute la messe, je fus dans une agitation indicible, je tremblais de tout mon corps et je pleurais, sans pouvoir me contrôler. Je priais Dieu avec ferveur de me donner la force nécessaire; je l'eus pour me lever de mon banc et m'approcher de la balustrade; mais tu ne saurais croire dans quel état j'étais; je trébuchais presque, je voyais mal, je m'avançais comme un enfant qui apprend à marcher, comprends donc, moi! recevoir Dieu! je ne te dirai pas le reste, il y en a trop, il y en a trop; c'est un volume qu'il faudrait écrire pour raconter toutes mes émotions depuis trente-six heures... Aussi, je l'écrirai ce volume, et il remplacera la Lanterne. Fais part à tous mes amis de la bonne nouvelle; dis-la à tous ceux qui s'intéressent à moi, qui m'aiment et dont quelques-uns peut-être ont souvent prié pour le malheureux échoué dans l'abîme. Maintenant, je commence une vie nouvelle, toute nouvelle, absolument différente; je n'ai plus de passé... je vais édifier maintenant; je vais enfin vivre pour quelque chose de plus que le vain retentissement de l'orgueil et je vais travailler pour Dieu avec les armes qu'il m'a données, avec les débris de talent échappés au naufrage des passions et des vices; je vais faire pour le bien ce que le ciel m'a longtemps permis de faire pour le mal, enfin je vais réparer; cela va être l'œuvre de l'avenir et j'aurai de quoi m'occuper. N'oublie pas de voir le père Fillâtre[121] et de lui présenter mes meilleures amitiés. Dis au docteur Prévost que j'espère lui serrer la main avant longtemps... Oh! mon ami, quelle joie dans ma famille! ma pauvre sœur en a pleuré; ma vieille tante aussi, elle dont le regard ne peut plus guère apercevoir que le tombeau et le ciel... et tous mes amis... allons, je m'arrête. J'ai donné un immense exemple, et déjà il a porté ses fruits, je le sais.

Adieu, écris-moi, mais ne m'oblige pas à me servir d'une loupe[122], si tu peux t'en empêcher.

Dis à Antoine que je vais lui écrire cette après-midi au sujet de ma traduction. J'ai beaucoup de choses à dire là-dessus, et non moins de choses à régler.

Je te serre la main cent fois,
A. Buies

---

121. Joseph Fillâtre, oblat, né en 1848, ordonné en 1871. Enseigne la philosophie au collège d'Ottawa de 1875 à 1895.
122. Allusion aux caractères microscopiques de l'écriture d'Alfred Garneau.

[À Alfred Garneau]

Enfin, mon cher Alfred, je trouve une heure pour t'écrire. Tu vas te dire «Mais, diable, qu'est-ce qui peut bien l'occuper à ce point?[»] Mon cher, il n'y a pas d'homme plus occupé que celui qui n'a rien à faire (cela est vieux, je vais dire du neuf)... que celui qui cherche à faire quelque chose.

Or, j'ai perdu beaucoup de temps ces jours derniers; et quand j'aurais pu m'asseoir à une table, et prendre la plume, mon estomac s'y opposait. Ah! l'estomac, quel mauvais coucheur! Il n'y a jamais moyen d'être d'accord avec cet animal-là. Quand je veux écrire, il veut se promener; quand je me promène, il sème les vents autour de moi comme la tempête. Quand je veux lire, il me paralyse le cerveau, de sorte que ne pouvant presque jamais l'amener à me seconder en quoi que ce soit, je laisse tout là de découragement et je revêts toutes les apparences de l'oisiveté, sans en avoir ni le tempérament ni le goût.

Aujourd'hui, je dérobe à l'épigastre une heure fugitive. Hâtons-nous, car il n'est pas longtemps indifférent à ce que je propose, et si je n'achève ma lettre du coup, Dieu sait quand il me permettra de te l'envoyer.

Et d'abord, je suis certain que tu brûles d'avoir de mes nouvelles. Mon bon ami, je n'ai que des choses agréables à te dire. Tu ne pourrais concevoir, non, tu ne pourrais concevoir quel profond, quel complet changement s'est fait en moi. Bien que ce changement fût tel, il fallait que je fusse bien mûr, et je ne regrette pas aujourd'hui les causes multiples, tous les jours variant d'aspect, qui ont retardé ma guérison. Ces causes, tu les attribuais, toi, cornichon de première classe, à l'envie de mystifier ou à une insincérité quelconque que les moindres petits détails entrevus ou saisis par ci par là suffisaient pour justifier à tes yeux.

Dis-moi donc, je te prie, où tu avais la tête. Je m'explique d'autant moins cela de ta part que tu es un esprit droit éloigné de la duperie et nullement enclin au soupçon. Il t'a fallu être possédé d'une manie subite de dissection pour opérer sur moi de cette façon-là. Maintenant, es-tu convaincu, l'es-tu bien, de ta myopie à mon endroit? Je te pardonne, parce que je récite deux fois par jour le Pater, et qu'il y a dans cette prière, chef-d'œuvre de toutes les prières, un mot sur le pardon des offenses qui contient toute la charité évangélique, et parce que, te considérant comme mon plus grand ennemi, c'est à toi surtout que je pense en le répétant.

Eh bien! mon cher Alfred, je veux que tu sois ébloui, absolument confondu d'admiration; c'est là le châtiment que je t'inflige pour tes odieuses défiances. Je vais à la messe tous les matins, régulièrement, là, sans broncher, à 7 heures et cela fait que, tout le reste de la journée, je me comporte d'une façon diamétralement opposée à l'antique. Oh! çà n'est pas toujours facile. On ne compte pas avec 20 ans d'habitudes comme avec une belle-mère; témoin mon estomac qui, malgré la manière inattendue avec laquelle je le traite depuis quinze jours, n'en persiste pas moins dans ses séditions et dans ses bouderies — mais lui aussi devra céder comme a cédé l'âme qu'il contribuait tant à bouleverser. Mon bon Alfred, se peut-il qu'on ignore si longtemps le bonheur d'être chrétien, et le calme, la tranquillité, la résignation qui en sont le fruit? Être résigné! j'ignorais cela, moi, révolté de chaque heure, et, me sentant profondément déchu, je m'insurgeais sans cesse contre la loi inexorable qui veut que la faute porte en elle sa peine, et qui condamne l'homme à descendre de plus en plus lorsqu'il se refuse à la réparation.

Ah! mon Dieu, vous m'avez sauvé; eh bien! je veux sauver les autres. Mes pauvres amis qui avez partagé mes erreurs et mes crimes, vous que mon exemple a séduits et perdus, venez maintenant contempler cet autre exemple que je vous donne; venez me voir m'agenouiller au pied des autels, faire le signe de la croix et prier. Venez me voir au coucher recommander à Dieu cette pauvre âme rachetée par lui et n'avoir qu'une inquiétude, celle de me réveiller trop tard peut-être pour la messe. Contemplez mon sommeil sans agitation, sans frayeurs, sans alarmes, délivré des fantômes qui l'obsédaient et qui n'étaient autres que les remords sous mille formes. Venez me voir à mon lever, m'habillant à la hâte, et courant à l'église, cette église que j'ai tant bafouée et dont j'ai souillé le sein toujours ouvert, toujours tendu vers ses blasphémateurs. Pauvres égarés, je vous dois de vous racheter à votre tour, et que mon exemple commence cette œuvre de la réparation, de la rédemption.

Oui, je puis le dire, mon exemple a déjà eu de grands effets; il faut les continuer, et Dieu m'en donnera la force et les moyens. J'ai beaucoup à faire, oh! que j'aie seulement la santé et je ne reculerai pas devant l'œuvre; je ne suis pas de ceux qui s'arrêtent et je ne veux pas arriver à la fin de ma course sans avoir accompli tout ce que Dieu attend de moi.

Oui, vieux foyer d'épicurianisme [sic], je vais te dompter à ton tour, et je vais te dompter comme l'écrivait Pascal, en suivant plus les prescriptions de Jésus-Christ que celles d'Hippocrate. Quelle bonne chose que d'être chrétien! Au moins, si l'on n'a pas tout à fait la santé, on n'a plus les révoltes de la souffrance, et cela est la moitié du mal d'enlevée. Mes habitudes sont devenues à peu près régulières, et en cela je rends hommage à Dieu tout aussi bien que je préviens les accès de dyspepsie et d'hypocondrie. En m'imposant d'aller à la messe tous les matins, à une heure fixe, je commence chrétiennement une journée dont toutes les heures se trouvent ensuite comme réglées naturellement. Il n'y a plus moyen de me coucher tard et de passer la veillée en bêtises coupables. Et puis, le sommeil, dont je redoutais l'absence, reprend peu à peu l'habitude de visiter mon lit sans provocation, non plus comme lorsque je le forçais par le gin ou le whiskey, à venir bon gré mal gré.

Je cherche à combattre le respect humain et l'orgueil, encore deux écueils formidables. Mon but est de parvenir à vivre chrétiennement d'une façon absolue, à pratiquer les vertus qui sont la contre-partie des vices qui me rendaient autrefois si malheureux et m'éloignaient de plus en plus de mon chemin. Pour cela, je prie, et il me faut prier beaucoup. Je sais, et j'en ai eu la preuve déjà, depuis quinze jours, que Dieu se rend toujours à la prière sincère et fervente. Je lui dois d'avoir résisté à de fortes tentations. Je ne veux pas souiller la robe du repentir et du pardon; j'ai l'orgueil de ma conversion et je veux être digne de la grâce infinie que Dieu m'a faite. Retourner de nouveau dans la fange du vice, succomber à de vulgaires et infimes tentations, non, jamais. J'ai été purifié, Dieu même a pris mon âme et a soufflé sur toutes ses souillures; il la tient dans ses mains comme un vase où il peut répandre tous ses dons, et j'irais en faire un réceptacle d'impuretés, non, mille fois non. Quand un pécheur comme moi se convertit, après avoir longtemps attendu pour cela, après avoir longtemps résisté, c'est pour la vie; il ne peut être autre chose qu'un chrétien dans toute la force et la valeur du mot; sa conversion ne saurait être superficielle ou passagère... Dieu ne donne pas d'aussi grandes grâces pour qu'elles s'effacent au bout d'un temps, il ne joue pas avec lui-même, et, je le sens, je le sens, je mourrai étant encore sous l'effet de cette grâce qu'il m'a faite, afin que je comprenne bien qu'il ne saurait m'en accorder encore une semblable.

Maintenant, mon cher ami, je vais te serrer la main. Quand bien même je t'écrirais encore dix pages, je n'aurais pas fini; il me faudrait te voir pour te dire en détail tout ce que je sens aujourd'hui; peut-être avec le temps le raconterai-je, et cela aurait son utilité; je suis disposé à faire tout ce qui peut produire quelque effet, amener quelque résultat.

Adieu donc; écris-moi un mot quand tu en auras le temps et ne m'oublie pas auprès de tous ceux qui m'aiment. J'ai reçu la bonne lettre du père Fillâtre; dis-lui que je vais lui répondre bientôt.

Avant de terminer, je veux t'apprendre que je suis à la veille d'avoir une bonne situation aux terres de la Couronne. Il s'agit de me faire faire des monographies complètes de toutes les vallées du Canada. De cette façon je pourrais intercaler une biographie du curé Labelle[123] et un exposé de tous ses travaux dans la monographie de la vallée de l'Ottawa.

L'affaire est en très bonne voie, et je compte la voir réglée d'ici à une dizaine de jours.

Apprends-moi donc si M. Lemoine a nommé un autre traducteur pour les 50 pages qu'il me restait à traduire, ou s'il croit que je vais les faire. J'ai renvoyé de suite les revises que tu m'as adressées, avec le «Bon à tirer». J'espère que Boucher n'a pas perdu de temps pour m'obtenir le certificat de Hartney. En dehors des 112 pages que je viens de corriger, l'imprimeur a encore imprimé environ une dizaine de pages dont le caractère doit être debout, attendu qu'il n'en avait pas assez dans ces 10 pages pour constituer une feuille et la tirer. Si M. Lemoine le désire, je compléterai la traduction des seize pages de suite, afin de permettre à l'imprimeur de tirer une nouvelle feuille.

Bien des amitiés à Antoine.

À toi,
A. Buies

---

123. Mgr Antoine Labelle (1833-1891), mieux connu sous le nom de «curé Labelle». Promoteur de la colonisation du nord de Montréal et de la vallée de l'Outaouais. Nommé sous-ministre de l'Agriculture et de la colonisation en 1888 dans le cabinet Mercier. Buies fut son collaborateur et ami. Voir Arthur Buies, *Au portique des Laurentides. Une paroisse moderne. Le curé Labelle.*

[À Alfred Garneau]

Mon cher Alfred,

Puis-je apprendre de toi comment il se fait qu'on ne me paie pas ce qui reste de mon compte de traduction? J'ai écrit à Boucher lundi dernier, lui demandant une réponse quelconque courrier par courrier; j'attendais cette réponse hier, je ne l'ai même pas encore aujourd'hui, jeudi. Tu ne saurais croire l'état dans lequel je suis; c'est quelque chose d'indicible; j'en ai donné quelques détails dans ma lettre à Boucher, et je n'ai pas le courage de les répéter. J'ai tous les jours les plus irritantes et les plus misérables des humiliations, au point que le travail m'est devenu presque impossible, de même que l'accomplissement de devoirs sociaux auxquels je ne saurais manquer dans les circonstances ordinaires.

Mais je suis tellement agacé et je dirai bien indigné de la manière dont on me traite après les lettres les plus pressantes de ma part que je ne puis rien faire de bien ou de bon. C'est tout juste si je prends assez sur moi pour ne pas me laisser aller à une colère continue.

Il y a des bornes à tout cependant, et je pourrais bien en devenir malade; je n'ai pas les nerfs plus solides qu'il ne faut.

Prie le père Fillâtre, prie-le bien de me pardonner pour ne pas lui avoir encore écrit; j'en suis incapable pour le présent. Dès qu'on aura bien voulu me rendre à moi-même, je m'empresserai de répondre à cet excellent homme dont mon retour à Dieu m'a fait un ami personnel.

Si Boucher était malade ou empêché d'une manière quelconque, charge-toi donc de me faire payer au plus tôt.

Mais, dans tous les cas, réponds-moi courrier par courrier, afin que je sache au moins ce qui en est, et si je dois oui ou non compter mon argent. Il est temps que je cesse de faire des promesses qu'on me met dans l'impossibilité de réaliser, et je suis las de passer pour un blagueur.

Je te serre la main

A. Buies

[À Alfred Garneau]

Mon cher Alfred

Enfin, je suis sorti de la fondrière. Depuis le jour où j'ai communié de nouveau, après 23 ans d'abstention, je n'ai pas éprouvé un pareil soulagement. Tu n'as pas d'idée de la position atroce, devenue absolument intolérable, dans laquelle je me trouvais. Mais c'est fini, n'en parlons plus; j'ai fait une distribution merveilleusement rapide de mes $ 72.00; ils ont fui... tu sais, comme l'onde... qui... le zéphir qui passe sur la tête des créanciers me rend léger, ah! oui, me rend léger.

Je vais te charger d'une commission, peut-être pas absolument agréable, mais comme je ne vois à Ottawa que toi qui puisses la remplir pour moi, je n'hésite pas à te la confier. Sois-moi secourable, ô Alfred!

Quand je suis parti d'Ottawa, je restais devoir à Mme Côté $ 6.00 pour pension, plus 40 cents pour mon dernier blanchissage. Pensant revenir à Ottawa au bout de dix ou quinze jours, j'y laissai une bonne quantité de linge. Tu sais pourquoi je n'y suis pas retourné. Je n'ai pu jusqu'à présent me faire envoyer mon linge, vu que je ne pouvais le racheter. J'avais encore un habit à queue et un gilet tout neufs que Dumond m'avait empruntés, et que Mme Côté l'a obligé de lui laisser en partant comme gage de ma dette. C'est ainsi qu'en a agi envers moi cette femme pour qui j'avais tout fait, à qui j'avais rendu d'importants services, et qui, à chaque instant, avait besoin de moi pour cinquante choses.

J'ai dû subir pendant deux mois l'humiliation qu'elle m'infligeait et me passer de mon linge, dont j'ai eu souvent besoin. J'ai demeuré chez Mme Côté huit semaines et deux jours; je suis arrivé chez elle le lundi, 27 janvier, et j'en suis parti le mercredi, 23 mars; je lui payais un dollar par jour. Elle a reçu de moi cinquante deux dollars; mais 8 semaines et 2 jours font cinquante huit dollars. Je lui redois donc six dollars que je t'envoie ci-inclus, plus 40 cents de blanchissage.

Maintenant, fais-moi donc le plaisir de te rendre chez Mme Côté, réclamer mes effets, les faire empaqueter dans un double papier fort solide, y voir toi-même avant l'expédition, constater qu'ils y sont bien tous, et me faire adresser le paquet par l'express. J'ai tellement besoin de ces effets-là que je serais obligé d'en acheter de nouveau, et cela me coûterait le prix.

Je compte sur ton obligeance et écris-moi vite un mot. Tu recevras une lettre de moi prochainement.

Bien à toi,
Arthur Buies

Québec, 9 juin 1879

[À Alfred Garneau]

Mon cher Alfred,

Je voudrais t'écrire une bonne longue lettre; mais, décidément, je ne le puis pas. Figure-toi que je suis abîmé d'ouvrage de ce temps-ci. On m'a demandé une brochure[124] pour laquelle on me paie cent dollars et l'on me presse; il s'agit de l'avoir faite avant la fin du mois; j'ai une masse de documents et de matériaux à rassembler, puis à grouper; puis il faut en tirer ce qui m'est nécessaire, classer tout cela, élaguer, disposer, rédiger. Tu sais ce que c'est.

Aussi ai-je toutes les peines du monde à m'occuper d'autre chose. Si mon estomac me le permettait, j'aurais bien 3 à 4 heures par jour à consacrer à des sujets étrangers à mon travail; mais ces 3 à 4 heures passent en repos ou en exercice nécessaire. Donc, voilà la situation. Néanmoins, il est bien sûr que le père Fillâtre est à la veille de recevoir une lettre de moi.

Je ne sais pas comment Mme Côté peut faire l'erreur que tu me signales. Je n'étais pas chez elle au mois, mais au jour. J'ai eu bien soin de le lui faire remarquer en arrivant lorsque je lui déclarai ne pas savoir pour combien de temps je venais à Ottawa, que, dans ma pensée, je ne devais pas y rester plus de 2 à 3 semaines... Cela, elle le sait parfaitement. Or, du 27 janvier au 26 mars, jour de mon départ, il y a exactement 58 jours, le mois de février ne contenant que 28 jours. J'ai donné à Mme Côté 58 dollars; je ne lui dois plus rien et ne prêterai l'oreille à aucune espèce de réclamation. Quant aux compliments que Mme et Mlle Côté t'ont faits à mon sujet, je sais trop bien ce qui les a inspirés sur le moment pour les recevoir avec plaisir. Je serais au contraire fort obligé à Mme et Mlle Côté de me les épargner à l'avenir.

---

124. Elle paraîtra l'année suivante, sous le titre *Le Saguenay et la Vallée du Lac Saint-Jean. Étude historique, géographique, industrielle et agricole.*

J'ai reçu mes effets, et il ne me reste plus qu'à te remercier pour le mal que tu t'es donné; c'est ce que je fais épistolairement, parce que scripta manent, et je continue de voir en toi le premier des traducteurs comme le meilleur des amis.

Je te serre la main

A. Buies

5 novembre 1880

[À Arthur Buies]

Cher Monsieur

J'ai lu avec grand plaisir votre ouvrage sur le Saguenay et le lac Saint-Jean. Il me semble respirer l'air pur et jouir du grandiose spectacle de nos Laurentides! Vous avez donné à votre livre un cachet tout particulier, qui intéresse au plus haut point. Les Laurentides ont trouvé en vous leur véritable chantre. Vous en avez saisi la beauté. Votre puissant talent descriptif s'est manifesté dans toute sa souplesse et votre style a le charme de nos beaux lacs. Je remarque en plus que la pensée chrétienne donne de la vie à votre récit et l'embaume comme d'un parfum délicieux. J'espère que vous entretenez toujours l'idée d'être l'historien et le chantre de notre vallée de l'Ottawa (l'Outaouais) et j'ai hâte que vous veniez visiter nos contrées, pour écrire encore un beau livre qui sera utile à la religion et à la patrie. [...]

Le curé Labelle

E.-J. Auclair, *Le curé Labelle*, p. 58.

Québec, 2 février 1881

[À Alfred Garneau]

Mon cher Alfred,

Je suis arrivé ici à temps, grâce au ciel, pour empêcher l'expédition de la caisse que j'attendais à Ottawa. Maintenant, ce sont les cartes qui me manquent; fais-moi donc le plaisir de prendre toutes celles qui sont dans le placard, à l'état libre, c. à d. non empaquetées, mais simplement pliées, et de me les envoyer ici par petits paquets de quatre, jusqu'à ce qu'il n'en reste plus. Quant au rouleau et au paquet carré, laisse-les dans leur repos expectant.

En m'expédiant ces petits paquets par la malle, je n'aurai rien à payer ce qui augmentera les bons sentiments que je nourris pour son parrain.

Il y a maintenant un lien de plus entre nous; tu dois être bien heureux.

Fais mes amitiés à mon bon Antoine que je tente, et laisse-moi savoir si le relieur d'Ottawa est allé présenter son compte à ton bureau.

Pour toujours tuus
Arthur Buies

Québec, 16 février 1881

[À Alfred Garneau]

Mon cher Alfred,

J'arrive de Boston, ville délicieuse. J'y ai jeté les bases de futures épaves littéraires. Parkman[125] lui-même m'a recommandé à son éditeur qui attend un de mes volumes modifiés pour en faire une édition spéciale.

J'ai aussi fait des arrangements avec un libraire de Boston qui me vendra deux douzaines de volumes en moins de cinq ans. Mais il s'agit de lui faire parvenir ces volumes et d'éviter par là des frais considérables. Je te prierai donc de faire faire 4 petits paquets de 3 volumes chacun (avec les cartes et les gravures, bien entendu), de les faire affranchir par Pelletier, Dr Paquet ou Bureau et les expédier aux adresses suivantes:

Doctor Garceau,
10 Highland street,
Roxbury,
Boston, Mass.

---

125. Francis Parkman (1823-1893), historien américain, ami de l'abbé Casgrain. Connu pour sa série d'ouvrages sur la Nouvelle-France, et son récit de voyage dans l'Ouest, *The Oregon Trail*.

Calixa Lavallée
(même adresse que ci-dessus)

C. A. Dumas,
450, Washington st.
Boston, Mass.

Carl Schœnhof,
146 Tremont st.
Boston, Mass.

Huit jours après, tu pourras faire faire 4 autres paquets semblables et les expédier idem aux truffes, en ayant soin de m'en prévenir.

J'ai reçu le petit compte du relieur d'Ottawa; s'il envoie collecter à ton bureau, fais-lui donc dire que je ne veux pas payer plus de $ 1.50; c'est le prix — un dollar par cent cartes; je n'en démordrai pas. S'il courbe la tête, je te ferai tenir de suite ce montant.

Écris-moi sans délai, mon trop cher, et crois-moi

Celui que tu aimes pour la vie

Arthur

P.S. Envoie un petit paquet supplémentaire de deux volumes au Dr Garceau, mais sans cartes. A. B.

Québec, 26 février 1881

Cher M. Parkman,

Je me hâte de répondre à votre aimable lettre que j'ai reçue hier.

J'ai été rappelé précipitamment de Boston le lendemain même que je vous avais vu et que vous m'aviez mis en rapports avec votre éditeur.

Et maintenant, une mission à remplir à la Louisiane ne me permet pas de retarder plus longtemps mon départ pour ce pays, vu l'état déjà avancé de la saison; de sorte que je ne pourrai m'occuper de ce que je voulais faire à Boston qu'après mon retour.

J'ai intention de modifier mon volume, de façon à le rendre intéressant pour le public américain et d'y introduire quelques chroniques sur nos places d'eau. Je m'entendrai pour cela avec votre éditeur, s'il y a lieu, lorsque je pourrai me mettre à l'œuvre.

Je vous prie de vouloir bien me renvoyer ici les appréciations de la presse, dont je pourrai avoir besoin plus tard, mais de garder le volume qui s'en trouvera très-honoré.

J'aurais désiré beaucoup vous envoyer les trois volumes que j'ai faits antérieurement, mais il ne m'en reste pas un seul exemplaire.

Lorsque je retournerai à Boston, je me ferai un devoir de me présenter à vous le plus vite possible, et de vous renouveler l'expression de tout mon dévouement et de ma reconnaissance pour les services que vous m'avez rendus.

Arthur Buies

Québec, 22 mars 1881

[À Alfred Garneau]

Mon cher Alfred,

Je ne suis pas allé à la Nouvelle[126] comme je l'avais longtemps espéré. L'ajournement de mon mariage[127] en est la cause, mais je compte reprendre cela l'automne prochain.

Je suppose que cela ne te dérangera pas dans tes traductions ni dans tes corrections d'épreuves.

Je t'écris un mot pour te demander si tu as envoyé à Boston la 2e douzaine de mes livres, comme je te l'avais indiqué, et en outre de me dire combien il me reste encore de volumes à Ottawa. C'est tout; tu vois que je ne suis pas exigeant.

Je travaille à me faire une situation ici; j'ai une misère du diable, toutefois j'espère réussir, après bien des démarches et évolutions.

Je te serre la main avec précision et sincérité.

Ton vieil ami
Arthur Buies

---

126. Vraisemblablement la Nouvelle-Orléans.
127. Nous ne savons rien de ce mariage avorté.

[À Arthur Buies]

Mon bien cher ami,

J'ai parcouru avec le plus grand intérêt vos deux lettres. Vraiment vous auriez tort de vous alarmer; elles respirent l'affection la plus vive et me paraissent dictées par le bon sens. Si vous entendez bien vos intérêts, vous suivrez les conseils de votre amie. Vous laisserez au temps le soin de lever les obstacles. J'ai confiance que tout s'arrangera avant longtemps. Je ne puis pas vous écrire plus au long car la besogne ici réclame tout mon temps.

Bien à vous de cœur,
[J. É.] Désy[128]

Québec, 6 avril 1881

[À Alfred Garneau]

Cher, bien cher,

Aie donc l'extrême complaisance d'envoyer un de mes livres avec carte & gravures à M. Eugène Groulx, 71, rue de l'Église. Je reçois de lui ce matin un billet et $ 1.50 pour l'article en question; mais comme il est déjà tout rendu à Ottawa, je trouve plus simple de te demander de le faire parvenir à destination.

Veux-tu aussi me faire un petit paquet de tous les exemplaires et cartes qui sont épars? Je désire ne laisser à Ottawa que mes 10 paquets de 10 et cent cartes, pour avoir un nombre rond, et n'être pas exposé à des erreurs; ne touche pas aux gravures, j'en ai de reste ici, mais envoie-moi toutes les cartes au dessus du chiffre 100, s'il y en a.

Donne-moi des nouvelles. Mes affaires vont bien. Je vais être nommé d'ici au 20 courant agent de colonisation générale[129] pour tout le pays, avec un salaire de $ 1 000. et mes voyages payés.

---

128. Joseph-Édouard Désy, jésuite (1861), professeur au Collège Sainte-Marie (1877-1878), supérieur à Québec (1887-1896).
129. Nommé agent général de la colonisation le 23 avril 1881. Chapleau est premier ministre.

Je devrai, dans le cours de juin, parcourir toute la vallée de l'Ottawa, en remonter toutes les rivières, visiter les établissements, étudier le sol, me rendre compte de tout et faire un livre comme mon Saguenay qui débute par un outrage grammatical[130].

Cher Alfred, je te serre sur mon cœur et te prie de me répondre sans te soucier de ton écriture, attendu que j'ai fait l'acquisition d'une loupe.

Toujours,

A. Buies

Chute aux Iroquois[131], 11 août 1881

[Au curé Labelle]

Cher M. le curé. — Nous y voilà. Quel pays ce Nord! Je veux vous dire toute ma pensée sincère en quelques mots. Je crois toute cette région réservée à un riche et fécond avenir. Le peu de hauteur des montagnes, l'abondance des gorges qui permet d'établir des voies de communication dans tous les sens, les lacs multipliés et distribués providentiellement de façon à ce qu'ils apportent pour ainsi dire leur concours à l'homme au moment donné dans l'œuvre de la colonisation, les bois superbes, l'orgueil de nos forêts, les plus beaux, je crois, du pays (du moins, pour moi, je n'en ai vu nulle part qui leur soient comparables sur une aussi vaste étendue); la manière dont la colonisation se fait, manière méthodique et pour ainsi dire scientifique que vous avez inaugurée, la rapidité étonnante avec laquelle elle avance, chose absolument inouïe en Canada; la beauté du sol, franc-léger, pour la plupart du temps; le courage et le bon esprit des colons qui tous, sont contents de leur sort et fiers des progrès qui se font autour d'eux; le travail que chacun accomplit avec plaisir, parce que tout l'y encourage et l'y pousse; le développement rapide des industries locales encore dans l'enfance, mais dont l'existence seule indique, dans d'aussi jeunes établissements, la prospérité relative qui y règne déjà et la prescience chez les colons,

---

130. On peut lire dans l'avant-propos du «Saguenay et la vallée du Lac Saint-Jean», p. III: «Nous avons dû attendre des semaines entières *après* des renseignements...».

131. Correspond au village actuel de Labelle.

d'un avenir prochain plein de riches promesses, pourvu qu'ils continuent à le préparer comme ils l'ont fait jusqu'à présent; la complicité elle-même du climat dans l'œuvre patriotique que vous avez entreprise, climat propre aux forts, vivifiant et généreux; un sentiment religieux solide à la base d'un édifice si vaste, dont la charpente est formée de tant de pièces encore disséminées, encore éparses, mais qui ne tarderont pas à être reliées ensemble; tout cela fait concevoir les espérances les plus hautes et justifie les tentatives les plus audacieuses pour les réaliser.

J'ai observé et étudié aussi soigneusement qu'il m'a été possible de le faire sur mon passage, j'ai beaucoup questionné; j'ai fait parler les gens partout où j'ai mis le pied; j'ai recueilli des faits, des indications, noté les dispositions, les symptômes, la physionomie des populations ainsi que leur état moral, et l'aspect général des choses; j'ai saisi sur le vif des détails précieux, qui seront d'intéressants accessoires pour le livre que je publierai sur l'admirable région que je suis en train de parcourir; enfin, je n'ai rien négligé pour me mettre au courant de tout ce qu'il sera utile de connaître et de tout ce qui pourra retenir les canadiens dans leur pays en le leur faisant connaître et par suite aimer davantage.

Vous le savez, ce que les canadiens connaissent le moins, c'est leur propre pays, mais c'est ce qu'il faut essayer de leur faire connaître le plus dorénavant. Que d'hommes de tout âge, ignorant les beautés, les ressources nombreuses qu'il offre à tous les goûts et à tous les tempéraments, préfèrent faire en Europe des voyages dispendieux, sans utilité, parce qu'ils n'ont le temps de n'y rien étudier et que, du reste, ce qu'ils pourraient y étudier l'a été des milliers de fois déjà depuis longtemps, tandis qu'ils ont tout autour d'eux un espace vaste qui est leur propre pays, qu'ils peuvent parcourir dans bien des sens, assez pour accomplir de longs voyages extrêmement instructifs et variés, un pays qu'ils feraient bien mieux d'essayer de pénétrer, de connaître et auquel ils dévoueraient ensuite avec bonheur, avec ardeur, toutes leurs forces, toute leur activité, au lieu de les perdre dans des luttes stériles et la plupart du temps scandaleuses, comme nous en voyons depuis trop longtemps le triste spectacle.

Pour moi, qui ai voyagé sous des climats nombreux, qui ai vu des civilisations diverses, des populations variées

148

et des natures qui ne le sont pas moins, je vous affirme que je n'ai encore rien trouvé de plus appétissant et de plus captivant que des voyages dans les parties reculées, souvent isolées de notre pays, parmi les établissements à peine éclos, au milieu de ce qu'une nature grandiose et vigoureusement accentuée offre librement à notre admiration et à notre affection. Par malheur notre éducation sous ce rapport a été, jusqu'ici, extrêmement défectueuse. Athènes, Lacédémone, Rome, César et Napoléon prennent infiniment plus de place dans nos études que le Canada lui-même que nous devrions connaître avant tout quand bien même ça ne serait que pour le parti que nous en pouvons tirer, pour l'exploitation intelligente que nous en ferions. J'espère contribuer pour ma part à remédier à cette lacune, maintenir obstinément dans notre éducation par les livres spéciaux sur chaque région de la province comme celui que j'ai écrit sur le Saguenay, le premier de la série.

Vous voyez que j'ai du champ devant moi, mais pas encore assez pour me donner le vertige et j'espère bien arriver au bout de ma course, c'est-à-dire de nos régions, avant de glisser dans les bras de la Parque inflexible.

J'ai donc continué jusqu'à S¹-Jovite où le curé m'a donné une foule de renseignements.

Mon hôtelier Renaud va me conduire dans une couple d'heures au rapide des Puis où je prendrai le nouveau chemin qui conduit au lac Nominingue, puis à mon retour je me rendrai à la ferme Ross. Repartant de là j'arrêterai chez Boileau qui me fera faire l'excursion à la chapelle des Jésuites. De retour à la chute, Nantel, le canotier, me conduira au lac Désert, et ensuite je partirai avec lui, descendant la Rouge jusqu'à la Chute aux Bleuets. De là, j'irai voir Amherst et Ponsouby, puis je me rendrai en voiture jusqu'à Grenville.

Maintenant, cher M. le curé, je vous serre affectueusement la main et vous prie de croire que je ferai de mon mieux pour être utile.

Arthur Buies

le Nord, 18 août 1881, p. 2.

[À Alphonse Lusignan]

Buies à Lui,

Je me dévoue pour ton bonheur et ta gloire. Le nommé Oscar Dunn[132] est venu me trouver avec des larmes dans la voix et bon nombre d'angoisses tout autour pour me demander une nouvelle immolation au nom de cette amitié qui me serait chère si tu en étais plus digne. Toutefois, j'ai succombé; je pars, le front ceint de la douloureuse auréole, et j'arriverai à Ottawa qui doit être la plus grande ville du Dominion, selon M. Lebéique, le 27 du présent mois, calendrier grégorien.

En attendant, il faut que tu m'envoies des détails sur la solennité qui doit avoir lieu le 29 d'icelui. Quel en est le caractère? Quelle espèce d'auditoire? Qu'aimera-t'on à entendre sortir de ma bouche aux doigts de rose? Y a t'il des dames, et si oui, si en grand nombre. Combien de temps <u>maximum</u> m'accorde-t'on? L'auditoire aura-t'il des dispositions à l'enthousiasme? Faudra-t'il persuader, convaincre ou subjuguer. Devrai-je être à la fois compatissant et impitoyable, terrible et melliflue? Devrai-je comparer les peuples aux individus et dire que l'histoire se répète toujours? Devrai-je promener une pensée vagabonde de l'austral au boréal ou bien m'arrêter sur les bords heureux où croît la senelle? Parlerai-je de la faune et de la flore canadiennes? Lequel citerai-je, d'Aristote ou James Le Moine[133]? Enfin, dis-moi tout ce que je dois savoir. Il importe que je sois édifié.

Pas besoin d'adresse

A. Buies,

Québec

Voilà tout.

---

132. Oscar Dunn (1845-1885), dirige le *Courrier de Saint-Hyacinthe* de 1866 à 1868; correspondant parisien de *la Minerve* en 1868-1869. Conservateur à l'esprit ouvert, il publie en 1876: *Dix ans de journalisme; mélanges.*

133. James MacPherson Le Moine (1825-1912), professeur de droit à l'Université Laval, inspecteur du Revenu des terres et auteur de monographies en anglais et en français dont *l'Album du touriste. Archéologie, histoire, littérature, sport* (1872), dont Buies fait une critique acerbe dans «Chronique pour le "National"», *le National*, 25 août 1877, p. 2. James MacPherson Le Moine est le cousin d'Edmond Le Moine, beau-frère d'Arthur Buies. Voir R. Le Moine, *Un Québécois bien tranquille*, éd. Laliberté, 1975, 187 p.

[Au curé Labelle]

Cher M. le Curé,

Ne soyez pas inquiet; mon rapport avance bien, et dans quelques jours j'en livrerai le préambule à la presse; ce sera un pronunciamento.

J'ai été passablement dérangé durant le mois de septembre et j'ai perdu une bonne quinzaine au point de vue de l'avancement de mon rapport. Parce que j'étais agent général de colonisation, chacun voulait m'amener de son côté, visiter ceci, visiter cela, et faire des discours au gouvernement à propos de chaque endroit. Il était difficile de ne pas me rendre à d'aussi engageantes instances qui faisaient de moi un personnage généralement recherché, d'autant plus que j'ai toujours eu un faible pour les voyages[134]. Mais enfin, me voilà revenu à mon vieux cabinet de travail, et je vous promets que ça va marcher.

J'étais précisément absent à votre dernier voyage à Québec; voilà pourquoi vous n'avez pu m'y voir.

Maintenant, veuillez donc me donner quelques renseignements à ajouter à ceux que je tiens déjà de vous.

Où en est-on actuellement du chemin Howard, celui de M. Jodoin? A-t-on amélioré complètement la partie difficile dans le bois et l'a-t'on continué au delà du lac Joseph? Bisson a-t'il commencé le chemin qui mène directement de St-Jovite à la Chute aux Iroquois, ou bien quand doit-il être commencé? Le chemin Nominingue est-il fini? Pourriez-vous me dire approximativement combien il y a eu de lots de pris cette année en tout et partout, dans le bassin de la Rouge seul, bien entendu? Quel est exactement le parcours du chemin Rousselot; d'où il part et où précisément il doit aboutir, et si l'on a eu l'argent pour cela? Le chemin de Ste-Agathe au canton Archambault est-il fini? Lorsque j'ai passé par là, il n'y avait plus que deux à 3 milles à faire. Où est exactement la ligne de division des eaux de la Nord et de la Rouge?

Rappelez-moi donc dans quelle circonstance précise on a donné à la Repousse son nom. C'était, je crois, lors de vos premiers essais de colonisation; mais j'ai besoin de détails; il me faut toute l'histoire de votre pérégrination dans cette circonstance, avec les incidents, l'humeur et le nombre de ceux qui vous accompagnaient, et comment vous vous êtes

---

134. On peut lire dans une note manuscrite, non datée: «[...] je suis un homme possédé de l'amour des voyages, du nouveau, de l'inconnu [...]».

tirés d'affaire. Le chemin qui doit éviter la Repousse est-il en voie de construction, ou si seulement le projet est décidé?

Donnez-moi donc des détails sur votre voyage à travers bois de Wolfe à St-Jovite. Combien à peu près est-il parti de familles alors de Ste-Agathe pour aller s'établir à St-Jovite? Pourquoi la Matawin ne descend pas vers l'Ottawa et se décharge dans le St-Maurice? Faites-moi donc aussi un petit narré de l'histoire de Pilon, premier colon de Clyde.

Où en est Bureau avec son chemin du lac Maskinongé au canton Minerve? Le chemin de la Rouge à la chapelle St-Amherst est-il fini et dans quel état est-il?

Comme grande ligne, donnez-moi, je vous prie, sans retard, la situation stratégique des endroits les plus importants, et leur état actuel. Ce que j'aimerais beaucoup à savoir aussi, c'est l'aptitude spéciale de chaque canton pour tel ou tel produit. Quels sont les produits dominants, soit; mais ce qu'on peut espérer pour l'avenir. L'exploitation du pin est-elle entièrement finie et où en est celle de l'épinette? Y a-t-il eu réellement une exploration en vue de faire une voie ferrée de St-Jérôme à Ste-Agathe, et si oui, y a-t-il eu un tracé?

Toutes ces questions ne demandent pas une réponse immédiate, excepté celles que contient ce dernier paragraphe, car j'en ai besoin de suite pour mon préambule. Vous me ferez grand plaisir en me la transmettant aussitôt que vous pourrez le faire.

Votre dévoué et obligé,

Arthur Buies

P.S. Envoyez-moi, je vous prie, un exemplaire du discours que vous avez fait en avril, 1879[135].
Qu'est-ce que vous appelez «terres de Charbonneau»? Pourquoi cultive-t'on si peu le blé? A-t'on commencé à faire les travaux de la manufacture de papier à St-Jérôme[136]?

A.B.

---

135. *Projet d'une société de colonisation du diocèse de Montréal pour coloniser la vallée de l'Ottawa et le nord de ce diocèse,* compagnie d'imprimerie canadienne, 1879, 25 p.

136. Allusion à la construction de l'usine du libraire montréalais J.-B. Rolland, qui ouvrit ses portes à Saint-Jérôme en 1882 sous le nom de: Compagnie de papier Rolland.

[À Alfred Garneau]

Cher Alfred,

Je prépare un grand travail sur la vallée de l'Ottawa, en commençant par le bassin de la Rouge. Ai fort peu de documents; tout ce qui a été écrit sur cette région ne regarde que le côté sud de cette rivière; il n'existe presque rien concernant le côté nord. Si tu peux m'indiquer quelque chose, fais-le moi savoir, je te prie, sans délai. On pourra te renseigner à la Bibliothèque[137].

Dis-moi donc aussi s'il me reste des cartes du Saguenay dans le placard de ton bureau où je les avais déposées avec mes volumes. S'il y en a, envoie-les moi à Québec (les cartes seules).

J'ai beaucoup d'ouvrage de ce temps-ci, et je suis fort impatient de rassembler tous les matériaux possibles pour l'édification de mon volume.

Aussi je compte sur toi et te serre les phalanges avec effusion.

Toujours,

Arthur Buies

P.S. Donne-moi des nouvelles de tes yeux et de l'édition de l'Histoire du Canada que tu prépares.

Québec, 25 octobre 1881

[Au curé Labelle]

Cher M. le Curé,

Je viens tout juste de dévorer votre volume[138] et d'en copier les deux tiers, parce que je vous cite, et votre deuxième lettre m'arrive, emboîtant le pas dru sur la première. Je suis plongé dans le Nord; immersion complète.

---

137. La Bibliothèque du Parlement d'Ottawa.
138. *Pamphlet sur la colonisation dans la vallée d'Ottawa, au nord de Montréal, et règlements et avantages de la Société de colonisation du diocèse de Montréal*, John Lovell & Fils, 1880, 25 p.

Les grandes ombres des forêts m'enveloppent tout entier, et il me reste à peine un œil de libre pour contempler les vastes régions de terre franche — légère que nous allons couvrir d'innombrables colons.

J'ai classé immédiatement chacun de vos renseignements dans mon cahier de notes, sous la rubrique qui lui appartient, cela simplifie de beaucoup le travail. On ne peut jamais calculer, au début d'un ouvrage sérieusement élaboré, tout ce qu'il faut acquérir de connaissances en apparence étrangères à son sujet, mais qui s'y rattachent par mille liens dont l'ensemble contribue à constituer une charpente solide et variée pour l'œuvre qu'on a entreprise. Ainsi, j'ai dû étudier le Nord bien au-delà de la Rivière Rouge pour me pénétrer de ce qu'est réellement cette région dans ses aspects principaux, dans son caractère essentiel. Puis il faudra faire la part de ce qui est particulier à la Rouge, l'exposer avec sa physionomie propre.

Mon cher Curé, j'ai horreur de ce qui est fait à demi, et dès lors que j'attache mon nom à une œuvre, je veux au moins me rendre à moi-même le témoignage que je n'ai rien négligé pour la rendre complète et que j'ai pu être utile dans la mesure de mes moyens.

C'est pourquoi, ayant commencé mon préambule il y a déjà plus de quinze jours, et croyant pouvoir le finir promptement, je me suis trouvé arrêté tout à coup faute de connaissances générales sur la région entière du Nord qui me permissent de procéder par comparaison et par déduction.

Mais j'ai terriblement hâte d'accoucher; je deviens nerveux dans l'ardeur de la recherche et je m'irrite de voir qu'il faut apprendre tant de choses pour arriver à n'écrire qu'une page. Vous savez que pour faire un préambule, il faut avoir tout son volume dans sa tête; cela seul permet de faire les considérations générales, d'établir les grandes lignes et les points principaux. C'est la même méthode que vous avez adoptée dans votre colonisation: d'abord, bien connaître le pays, s'orienter parfaitement puis choisir les sites des églises et enfin indiquer la direction des grandes routes, qui devront partir d'un endroit et aboutir à un autre pour telle ou telle raison.

Aujourd'hui, heureusement, j'ai à peu près fini d'entasser autour de moi les solives, les madriers, les poutres et le mortier; vos deux dernières lettres m'ont apporté le complément nécessaire, et je crois pouvoir dès après demain enfourcher de nouveau le préambule et le finir en quelques jours. Dès que cela sera fait, je partirai pour Montréal en passant par Sherbrooke et St-Hyacinthe où j'ai affaire une journée, et je me rendrai voir la jolie Melle Rochon à qui je demanderai de me faire des cartes, quitte à lui offrir la mienne plus tard.

Je serais déjà allé vous trouver il y a huit jours, mais je me suis trouvé au milieu d'embarras inextricables. Ma longue absence de Québec durant l'été m'a créé une situation difficile dont je me tire petit à petit. Vous savez que j'ai monté toute une maison le printemps dernier, ce qui m'a occasionné des frais considérables[139]. Aujourd'hui j'ai à faire face à tout cela, régler, prendre des arrangements, enfin me rétablir dans mon assiette...

En outre, j'ai perdu un temps infini à me chercher une ménagère. Cette créature-là est très-difficile à trouver pour une maison de garçon; je n'y suis parvenu que lorsque je commençais à être complètement dégoûté et à vouloir abandonner toute la boutique. Puis, il a fallu faire nettoyer depuis le toit jusqu'à la cave et mettre mon gîte en état de subir sans succomber les rigueurs de la saison imminente. Que de pas j'ai faits dans la ville de Québec pour arriver à me confectionner un chez moi tolérable, et que de temps j'y ai perdu, alors même que je brûlais de travailler à mon rapport pour pouvoir le présenter au plus tôt! Tout est fait maintenant, dieu merci! et depuis une dizaine de jours, je prends tous les matins un bain de 3 ou 4 heures dans la Rouge.

J'ai adopté un régime de vie que je suis sans démordre, je ne me couche jamais plus tard qu'à 11 h du soir et le matin je suis debout généralement vers 6 $^{1}/_{2}$ h. Je prends un déjeûner très-léger et je travaille jusqu'à midi et demi. De cette façon, si la digestion ou des événements quelconques m'empêchent de travailler dans l'après-midi ou le soir, j'ai toujours à mon avoir les 3 ou 4 heures de travail du matin. J'ai déjà pu remarquer que ce régime là m'était avantageux sous tous les rapports, moraux et physiques.

---

139. Buies avait fait l'acquisition d'une résidence sur la Grande Allée à Québec. Voir Louis-H. Taché, «Souvenirs de Québec», *Nouvelles Soirées canadiennes*, IV (1885), p. 6-7.

Je vous donne ma parole que je vais pondre un petit livre dont vous serez content, mais il faut bien soigner et ne pas précipiter la gestation. Néanmoins, je crois que, d'ici à quinze jours, toute la presse du pays aura publié mon préambule en tout où en partie. Je ferai de mon mieux. Je tiens essentiellement à ce que le préambule soit la moëlle du livre, qu'il en contienne l'essence et donne, sans les faits, (lesquels n'entreront que dans le corps de l'ouvrage) toutes les notions indispensables.

Allons, je termine ma missive qui menace d'être beaucoup trop longue, et je vous donne une bonne vieille poignée de main en attendant que j'aille vous retrouver à St-Jérôme.

Arthur Buies

Québec, 28 octobre 1881

[Au curé Labelle]

Cher M. le Curé,

Je vous écris avec une hâte extrême; le fait est que j'ai de l'ouvrage plus que ce que je peux en faire; il faut se rattraper, voyez-vous, il faut doubler l'emploi des jours pour remplacer ceux qu'on a perdus.

Je viens de parcourir à la course votre dernière lettre, et ce soir je la réduirai en notes pour mon petit volume.

Je vous renvoie votre discours; j'en ai copié les deux tiers qui trouveront place sous une forme ou sous une autre dans mon livre; aussi sous la forme de citations.

Je crois avoir épuisé à peu près toutes les sources possibles de renseignements; mes matériaux sont tous rassemblés et classés dans un seul et même cahier de notes. J'ai pris la peine de tout copier, afin de mieux me graver les choses dans la tête, et, en outre, pour n'avoir pas à chercher mes paperasses de tous les côtés. Tel que je suis là, j'ai la tête bourrée de Laurentides, de calcaire, d'argile et de loam — ce qui est particulier à la Rouge, l'exposer avec sa physionomie propre. [...]

Arthur Buies

[À Alfred Garneau]

Mon cher Alfred,

Est-ce le cas que tu as refusé de faire partie de «l'Académie[140]»? Je t'en félicite dans tous les cas; tu respectes ta qualité d'écrivain et tu n'es pas prêt à accepter l'humiliation d'une présidence et d'une vice-présidence comme celles qu'on inflige à ce corps académique dont la moitié des membres n'a aucun titre à en faire partie.

C'est l'œuvre d'une basse et mesquine coterie qui a profité de l'ignorance du gouverneur à notre sujet, et qui fait de la soi-disant section littéraire française une amplification de la société d'admiration mutuelle.

À Québec on n'en parle même pas, tout le monde sachant que cette institution, qui aurait pu être quelque chose, avec des hommes de valeur et de mérite à sa tête, est fatalement condamnée à mourir sous le ridicule ou à avorter avant longtemps.

Donne-moi donc des nouvelles d'Ottawa.

Ne pourrais-tu pas m'envoyer une brochure intitulée «Le grand occident Canadien», avec la dernière carte du Nord-ouest? M. Trudeau te donnera cela pour moi. Je compte avoir fini mon volume dans deux mois environ. Tu me verras probablement à Ottawa dans deux ou trois semaines.

Mes amitiés à Antoine. Je te serre sur mon cœur flétri, mais non encore désabusé.

Dans ta réponse, tâche d'écrire lisiblement. Je commence à faiblir sous le rapport de la vue.

Ton ami

A. Buies

---

140. Allusion à la *Société royale du Canada*, fondée à Ottawa le 25 mai 1882 par le marquis de Lorne. La section de langue française était présidée par nul autre que James MacPherson Le Moine. Le vice-président était Faucher de Saint-Maurice et le secrétaire, Benjamin Sulte.

Parallèlement, un «Club des Dix» voyait le jour à Ottawa la même année, dont le modèle était peut-être l'Académie Goncourt. Ce club réunissait, entre autres, Alfred Garneau, Alfred-D. De Celles, Alphonse Lusignan, Joseph Marmette et Benjamin Sulte.

À ma future cousine,

Melle Francis Barnard[141]

J'ai voulu, moi aussi, vous faire mon petit cadeau de noces, mais c'est si difficile pour un vieux garçon[142]! Il ne sait comment s'y prendre ni quoi offrir. Les plus belles choses même venant de lui prennent de suite un air démodé, dépaysé, sans aucune harmonie avec ce qui les entoure. Il a toujours failli choisir une épouse, et il en est venu à ne plus pouvoir rien choisir du tout...

Dans cette perplexité extrême, j'ai eu une idée transcendante, et je vous la communique à l'instant sous la forme de ce volume auquel je vous prie de donner une petite place parmi les objets qui vous seront désormais sacrés, en mémoire du jour qu'ils rappellent et en témoignage de l'affection que vous avez fait naître.

Cela vaut peu de chose en soi, mais cela m'a coûté plus d'une année de labeur. C'est parce que cette œuvre m'est chère que je crois ne pouvoir vous offrir de cadeau plus agréable en souvenir du joyeux événement. Si vous y attachez quelque prix et le recevez comme une expression du bonheur dont je souhaite de vous voir jouir dans votre vie nouvelle, je serai royalement récompensé de l'heureuse inspiration que j'aurai eue.

Arthur Buies

CORRESPONDANCE

Au rédacteur du Nord,

Mon cher Nantel[143],

Le livre que je dois faire imprimer dans quelques semaines ne comprend pas seulement les Cantons du nord, comme vous l'annoncez dans votre dernier numéro. Il

---

141. Nous n'avons pu identifier cette destinataire.
142. Voir «Le vieux garçon», *Chroniques II*, p. 417-420.
143. Guillaume-Alphonse Nantel (1852-1909), rédacteur au *Nord* de Saint-Jérôme et à *la Minerve*. Député provincial de Terrebonne de 1882 à 1900.

embrasse toute la vallée de la «Rouge», celle de la «Petite Nation» et de la «Nord», enfin une bonne partie des bassins des rivières Lièvre et Gatineau. Je crains bien que la publication de ce livre ne soit retardée quelque peu par suite des modifications et des développements nouveaux que je dois lui apporter, et qui résultent des étonnants progrès de St. Jérôme en même temps que de la marche rapide des cantons du nord.

Vous avez fait également erreur en annonçant que le chapitre concernant St. Jérôme serait le premier du livre. Tout au contraire, c'est un des derniers. Il y a un proverbe qui dit «qu'on garde le bouquet pour la fin». Je suis trop bien élévé, Dieu merci, pour manquer à un usage si bien établi, surtout à un usage aussi conforme à la raison et à la nature.

Il y aura seulement cette différence. Le chapitre que j'avais préparé sur St. Jérôme ne contenait guère qu'une dizaine de pages de mon livre; maintenant, il en contient probablement quarante. Vous le verrez du reste par ce qui en paraîtra dans le Nord[144]. Vous me forcez la main, entreprenants citoyens de St. Jérôme. Vous faites ici en un an ce qui en prend dix dans d'autres endroits de la Province. Que voulez-vous?

Pour vous suivre il faut bien s'étirer. Eh bien! j'étirerai mon volume.

Votre tout dévoué,

Arthur Buies

le Nord, 17 août 1882, p. 2.

St-Jérôme, 28 août 1882

[À Alphonse Lusignan]

Cher Lui,

Encore une illusion d'envolée, dont l'une d'elles... Oh! mon Dieu! dire que j'avais vu et revu mes épreuves, et que je n'avais pas seulement soupçonné ce monstre! Merci, ô le meilleur des amis! Tu m'as castigé [sic] à propos; j'espère que Dieu te le rendra au centuple.

---

144. «Saint-Jérôme», le Nord, 17 août 1882, p. 1-2; 24 août 1882, p. 1-2.

Maintenant, tu m'invites à aller villéchiasser avec toi (villéchiasser, ce qui veut dire «chier en ville pour engraisser la campagne»); il faut que j'aille à Québec cette semaine; j'y vais chercher tous mes effets, parce que mon intention est de passer l'hiver, à Montréal et à Ottawa, mais pas dans les deux villes à la fois, successivement ou alternativement, tu sais. Ce qui n'empêche pas que j'irai me jeter dans tes bras à Papineauville, aussitôt de retour, ce qui ne sera pas long. Fais-moi seulement savoir combien de temps tu dois y rester encore, — tout de suite.

Présente mes meilleures amitiés à ton aimable épouse et crois-moi

Semper tuus,
A. Buies

St-Jérôme, 6 décembre 1882

[À Arthur Buies]

Cher ami,

J'ai appris à Montréal, avec regret, que vous aviez oublié vos bonnes résolutions. On me rapporte que parfois mon vicaire s'oublie un peu trop. Je dois vous dire qu'il y a déjà des plaintes contre vous au sujet de l'intempérance et s'il s'élève une tempête contre vous, je ne pourrai tenir tête à l'orage parce que vous m'ôtez les armes pour vous protéger et vous défendre.

Il est impossible par vos forces naturelles de vous maintenir ferme dans la vertu pendant longtemps. Il y a des moyens pour pratiquer le bien que Dieu a créés et s'ils ne guérissent pas le penchant au mal, ils donnent des forces nouvelles pour y résister. Pour profiter des bienfaits du remède, il faut les prendre et suivre un régime chrétien pour leur assurer l'efficacité en fuyant les occasions dangereuses. Dieu connaissait notre faiblesse et c'est pour cela qu'il est venu à notre secours tout en relevant la dignité humaine.

Ne défigurons pas notre âme en laissant les mauvaises habitudes l'asservir jusqu'à lui faire perdre l'activité dont elle a besoin pour répandre la vérité dans la société et servir le bonheur de ses semblables. Rappelez-vous les lignes de Bossuet: «L'âme est une Trinité créée que la Trinité incréée opère à son image.»

160

Vos bons écrits sur la colonisation vous rapprochent de Dieu qui opère par vous une grande œuvre. Les mauvaises passions opèrent aussi en vous mais à l'inverse du but que Dieu s'est proposé en créant votre âme à son image qu'on doit travailler toujours à embellir... Pensez-y, cher ami, sans la fréquentation des sacrements et la fuite des mauvaises occasions, vous serez emporté de temps à autre par un courant qui à la fin sera fatal.

Tout à vous,

A. Labelle ptre

Montréal, 30 décembre 1882

[À M. Bégin]

Mon bien cher ami,

Enfin, je puis répondre quelques mots à votre si bonne et si affectueuse lettre. Depuis ma sortie de l'hôpital[145], où je l'ai reçue, j'ai dû chercher d'abord à recouvrer mes forces, puis à m'installer dans un nouveau logement, ce qui a été chose longue et fatigante pour moi, puis à voir à une foule de petites choses qui étaient restées en souffrance depuis le commencement du mois. Me voilà maintenant à peu près dépêtré, installé et reposé.

Oui, mon ami, le ciel a voulu que je fisse une nouvelle et terrible chute, mais une chute effroyable, auprès de laquelle le récit que j'en ai commencé dans la Patrie[146] n'est qu'une pâle image. Eh bien! je remercie le ciel. Voyez-vous, je suis de ces natures qui ne peuvent se relever à moins d'atteindre le fond même de l'abîme; il faut que j'épuise une passion, une habitude, un penchant, ou un goût quelconque avant d'en être délivré. On a toujours dit que j'étais entier dans tout ce que je faisais ou sentais; avec moi, c'est tout l'un ou tout l'autre. Je me plonge dans une passion tête baissée jusqu'à ce qu'elle me brise; et quand je suis tout moulu, s'il me reste assez de force, alors seulement je me relève pour toujours, et cette passion est à jamais morte pour moi.

---

145. Voir Introduction.
146. «L'hôpital Notre-Dame», la Patrie, 30 décembre 1882, p. 2; 3 et 9 janvier 1883, p. 2.

Eh bien! cette fois, je suis allé aussi loin qu'il est possible. Sans chercher à me faire des illusions ni à en donner à mon meilleur ami, je crois avoir atteint le terme extrême après lequel, si l'on ne trouve pas la mort, il n'y a plus que le retour sur soi-même et une guérison radicale qui soient physiologiquement et moralement rationnels.

Mais si je ne me fondais que là-dessus, ce serait puéril comme bien des vaines conséquences que les hommes tirent des choses et des circonstances. J'ai reconnu enfin, après avoir essayé à différentes reprises d'échapper à cette vérité aujourd'hui éclatante pour moi, que je ne fais rien par moi-même; que Dieu ne tarde jamais à me punir de vouloir ne me fier qu'à mes propres forces; que, seul, sans le secours d'en haut, je suis faible, impuissant, désarmé; que l'ennemi, sous ses mille formes captieuses et perfides, est trop fort contre un homme aussi facilement entraîné que je le suis; et qu'enfin de Dieu seul peut me venir l'énergie nécessaire, la force de résistance et la persévérance qui me fera du moins fuir les occasions, si elles continuent à être dange-reuses pour moi. Convaincu enfin de ce qui était évident, mais dont j'avais toujours refusé d'admettre la vérité abso-lue, je me suis dit qu'il fallait avoir recours à Dieu, mettre en lui seul mon espoir et ma confiance, remplir fidèlement mes devoirs religieux, que j'eusse ou non pour commencer plus ou moins de foi sous certains rapports; me créer ainsi des devoirs réguliers, m'en faire une ligne de conduite suivie; prendre à part cela, tous les moyens secondaires possibles, bon nombre desquels j'avais précédemment négligés; prier, supplier le Sauveur d'avoir pitié de cette pauvre âme qui, affranchie de sa hideuse servitude, n'aspirait après tout que vers le bien, de répandre sur elle son infinie miséricorde, et de l'éclairer en même temps que de la guérir.

Et depuis ma sortie de l'affreux abîme où j'avais roulé, enveloppé de fange et de honte, j'ai prié, j'ai supplié mon Dieu de ne pas m'abandonner seul au milieu de tant d'écueils, j'ai conjuré la Vierge, mère de tous ceux qui souffrent, d'intercéder pour moi, j'ai mené une vie toute différente de celle que je menais jusqu'alors, et je sens dans l'âme une paix inconnue, je crois vivre dans une atmos-phère de salut et de régénération.

Je me suis confessé, mais n'ai pas encore communié. Cela aura lieu dans quelques jours. En attendant, je ne cesserai de prier, et je vous demande comme une grâce spéciale, mon bon et cher ami, de ne pas oublier d'en faire autant.

Oh! si le ciel m'accorde une bonne fois la guérison de ce qui n'est pas chez moi une passion, mais le résultat étrange, frénétique, prolongé, d'un entraînement subit, il me semble que je ferai un bien énorme pour réparer le scandale que je cause depuis des années. Prions pour que Dieu m'accorde cette grâce que je demande avant toutes; j'en ai besoin et soif. Il me semble que je ne craindrai plus de mourir après la réparation, et que Dieu, pesant dans la balance mes déplorables faiblesses et mes efforts pour en détruire les scandaleux effets, me recevra dans sa miséricorde éternelle.

Encore une fois, mon cher ami, merci pour votre affectueuse et encourageante lettre, et ayez confiance, puisque moi-même je ne désespère pas encore.

À vous toute ma reconnaissance,

A. Buies
34, rue St-Denis

Mercredi, 14 février [1883]

Cher Monsieur Bégin,

Je souffre d'une prostration nerveuse qui me rend faible et m'enlève le courage et la force de faire un mouvement en dehors. Et puis, l'idée d'aller respirer l'air froid, de me traîner dans la rue comme un malheureux chevrotant et tout ramassi dans une fourrure insuffisante m'horripile.

Ne pouvant donc aller vous voir, du moins d'ici à une couple de jours, je veux, tout de même, vous écrire un mot pour rester en communication avec vous, et pour que vous sachiez combien je regrette de ne pouvoir aller vous serrer la main. Qui sait cependant! Peut-être que demain il me prendra une de ces frénésies auxquelles cède la maladie elle-même avec son cortége d'impedimenta ridés et parcheminés, et je m'élancerai à travers les bancs de neige jusqu'à ce que j'atteigne le nouveau séminaire.

Je ne puis vous en écrire long, mon bien cher et précieux ami; la moindre tension d'esprit me fatigue, et je craindrais que vous ne découvrissiez bientôt des symptômes irrécusables de ramollissement de cerveau ou des signes alarmants d'aliénation mentale. Je préfère que vous gardiez quelque illusion sur mon compte que d'être obligé d'avoir pitié de moi.

Je passe des journées extrêmement intelligentes; malgré la défense absolue du médecin, je lis deux à trois journaux par jour, afin de conserver les grandes traditions littéraires, ce qui est indispensable pour le dernier des Pères de l'Église.

À revoir [sic] donc, mon ami, et ne m'oubliez pas dans vos prières. J'en ai toujours besoin, malgré que je sois le successeur immédiat de Bossuet.

Bien à vous,
Arthur Buies

Jeudi, 26 juillet 1883

[«M. Buies, ce fier écrivain canadien qui a si éloquemment décrit les cantons du Nord et les œuvres de la colonisation, vient de partir pour l'Ouest. Il nous écrit nous demandant de lui adresser le Nord, car il veut suivre pas à pas le mouvement de nos cantons. Il séjournera à Winnipeg jusqu'à la fin d'août et visitera tout le territoire que traversent actuellement le Pacifique et ses embranchements. Il préparera sur ce territoire une brochure que la C⁽ᵉ⁾ du Pacifique répandra par milliers de copies pour faire de la propagande et encourager nos compatriotes français à émigrer au Nord Ouest.

Nous n'avons pas à combattre un pareil mouvement, venant d'une compagnie privée, mais il doit nous être permis de dire que c'est le devoir de notre gouvernement de contrebalancer ce mouvement qui tend à vider la Province pour en remplir une autre où l'élément canadien ne jouera toujours qu'un rôle insignifiant.

Si encore nous n'avions pas de territoire à ouvrir, de place à offrir à nos compatriotes, nous pourrions nous croiser les bras, laisser dire et laisser faire. Mais c'est le contraire qui est vrai; il y a place pour des milliers et des milliers de Canadiens dans les seuls cantons du Nord.

Il vient de se publier, comme nous le disons ailleurs, une brochure sur ces cantons, laquelle est accompagnée d'une carte géographique, donnant tous les renseignements désirables. Eh bien! nous ajoutons que c'est le devoir des gouvernements de la répandre à profusion. L'on a fait assez jusqu'à présent pour attirer des étrangers au pays, que l'on fasse donc maintenant quelque chose pour garder nos compatriotes au milieu de nous.»]

Anonyme, le Nord, 26 juillet 1883, «Colonisation», p. 1.

[À Arthur Buies]

Mon cher Arthur,

J'ai reçu deux lettres de toi; une la veille de ton départ pour les P[rovinces de l']ouest et l'autre datée de Collingwood[147]. Mon cher frère, j'ai été bien heureuse en te lisant, en voyant tes bons sentiments. Pendant que nous soupions, j'ai lu ta première lettre à la famille, mais je t'avouerai que je n'ai pu la terminer à haute voix, tu comprends pourquoi.

Édouard et mes grands enfants l'ont lue à leur particulier. Je te dirai qu'ils sont toujours très empressés d'avoir de tes nouvelles. Nous faisons tous les jours Alice et moi une prière pour le succès de ton voyage. J'ai confiance que tout ira bien.

Nous n'avons pas à nous plaindre de la chaleur tout au contraire.

Le Col. Duchesnay[148] avec sa femme et ses enfants pensionnent chez M. St-Laurent nos voisins. Il va sans dire que nous nous voyons très souvent. Ils répandent de la gaieté aux environs, j'en suis bien aise. Ils ne sont venus que pour trois semaines ou un mois. Ils sont arrivés le 19 de ce mois. Jules Tessier[149] arrive de St-Pierre et Miquelon. Melle Jules est ici depuis une quinzaine. Ils partent pour Québec le premier août. Édouard a dit à Melle Jules combien tu étais reconnaissant à sa mère pour la bonne lettre d'introduction qu'elle t'avait donnée.

Mon cher Arthur, cette lettre te parviendra sans doute à Winnipeg. Je serais bien désappointée si elle parvenait trop tard. Quoique je ne t'écrive rien de bien intéressant, tu verras toujours combien je m'occupe de toi ainsi que toute la famille. Plusieurs dames de Rimouski se sont informées de toi. Je me suis empressée de leur donner de bonnes nouvelles. Tous se joignent à moi en baisers et amitiés.

Ta sœur affectionnée,

Victoria B. Le Moine

147. Buies part pour l'Ouest le 25 juillet et rentre au Québec le 13 septembre. Il publiera une série de chroniques dans *la Patrie* intitulées «Lettres du Nord-Ouest», puis «Lettres de l'Ouest», entre le 13 août et le 26 novembre 1883. Voir *Chroniques I*, bibliographie, p. 634.

148. Cousin d'Édouard Le Moine. Nous remercions M. Roger Le Moine de nous avoir transmis ce renseignement.

149. Jules Tessier (1852-1934), député provincial de Portneuf (1886-1903); président de l'Assemblée législative de 1897 à 1901. De tendance libérale. Fils d'Ulric Tessier.

[À Arthur Buies]

Mon cher Arthur,

J'ai reçu tes lettres du 27 et 30 juillet. Va sans dire que c'est avec le plus grand plaisr.

Je te vois si content, si heureux dans ton voyage. J'espère bien qu'il en sera ainsi jusqu'à la fin. Tu partiras je suppose ces jours-ci pour les Montagnes. Je te suis dans tes courses et je serai heureuse quand tu seras arrivé au terme.

Ici nous sommes tous bien. Maurice est parti depuis une semaine avec le fils aîné du Dr Fiset[150] pour la Côte Nord. J'espère que ce voyage lui fera du bien. Je l'attends d'un jour à l'autre.

Ce pauvre Alphonse est privé de tout cela, ainsi il trouve le temps long et ennuyeux.

Alice est rendue à Trois-Pistoles chez la famille Barri. Imagine-toi qu'elle s'est rendue là (en compagnie de d'autres dames) dans le yatch de Binder qui a fait construire ce petit vaisseau avec l'espoir de transporter les malles à la côte Nord et aussi faire le commerce de saumon entre les États et ici. Sénécal[151] est au fond de l'affaire à ce que l'on dit.

J'espère bien qu'Alice va revenir aujourd'hui. Les petits s'amusent bien. Ils sont moins exigeants que les grands.

La famille Duchesnay part la semaine prochaine. La vacance est déjà finie pour eux. Nous le regrettons. Nous sommes souvent ensemble.

Le Juge et Madame Tessier ainsi que Minette arrivent de la Malbaie. Ils ont aussi fait le tour du Saguenay. Ils sont très contents de leur voyage. Je suis allée faire visite à Mme Malcome Côté. Nous avons beaucoup parlé de toi. Sa maison est toujours prête pour te recevoir. Elle t'aime et te considère comme un frère.

---

150. Romuald Fiset, ancien député libéral de Rimouski à la Chambre des communes. Avait accompagné Louis Riel lors de sa prestation de serment en 1874, et lui avait ensuite procuré un abri à son domicile de Hull.
    En 1885, Romuald Fiset fît partie du comité formé pour la défense de Riel.
151. Louis-Adélard Sénécal (1829-1887), homme d'affaires. Président du Chemin de fer de la rive nord et de la régie des transports urbains de Montréal. Sénateur en 1887.

Adieu mon cher Arthur, j'espère que nous nous reverrons dans un mois. Je t'écrirai encore bien entendu mais je crois bien que j'attendrai que tu me donnes ton adresse de nouveau.

Édouard payera Didier Ouellet et t'enverra le reçu.

Mon mari se joint à moi ainsi que les enfants pour te faire mille amitiés.

Ta sœur,
[Victoria B. Le Moine]

Winnipeg, 7 août 1883

À monsieur G. A. Nantel, député de Terrebonne, rédacteur en chef du *Nord*.

Mon cher ami,

J'ai été quelque peu surpris, et, vous l'avouerai-je, presque aussi peiné de lire dans le numéro du <u>Nord</u>, du 26 juillet dernier, qui m'est tombé sous les yeux à cent milles de Winnipeg, «que je devais préparer sur le territoire traversé actuellement par le chemin de fer du Pacifique et ses embranchements une brochure que la compagnie du Pacifique Canadien m'achèterait par milliers d'exemplaires pour faire de la propagande et encourager nos compatriotes français à émigrer au Nord-Ouest». Et vous ajoutez: «Nous n'avons pas à combattre un pareil mouvement venant d'une compagnie privée; mais il doit nous être permis de dire que c'est le devoir de notre gouvernement de contre-balancer ce mouvement qui tend à vider notre province pour en remplir une autre où l'élément canadien ne jouera jamais qu'un rôle insignifiant[152]».

Je sais qu'avant même mon départ de Montréal pour le Nord-Ouest, il courait déjà des rumeurs sur l'objet et le résultat possible d'un voyage entrepris pour ainsi dire subitement. Je suis le dernier homme au monde à m'occuper des rumeurs; mais puisque vous vous en faites l'écho et leur donnez, par la publicité, le caractère de faits positifs, je dois à vos lecteurs de les rectifier. Et d'abord il y avait longtemps que je projetais un voyage au nord-ouest; mais j'en avais toujours été empêché pour une raison et par

---

152. Anonyme, «Colonisation», *le Nord*, 26 juillet 1883, p. 1. *Cf.* p. 164.

une autre, et surtout parce que le chemin de fer n'était pas encore établi jusqu'aux Montagnes-Rocheuses. Il y a environ six semaines, comme je causais de la chose avec quelques amis, que je manifestais le désir de faire un livre étudié et consciencieux sur ce pays que la population franco-canadienne ne connaît que très imparfaitement, on me fit entendre que j'aurais très facilement une passe de la Compagnie du Pacifique pour le trajet tout entier, à la condition que je donnerais suite à mon projet[153]. Vous comprenez que cela était tout accepté d'avance, attendu que moi-même, en premier lieu, je désirais vivement écrire sur le nord-ouest, qu'il y eût ou non une compagnie du Pacifique et que, d'un autre côté, une brochure française, préparée avec soin et avec exactitude scrupuleuse par un homme qui se rendait sur les lieux expressément pour les mieux étudier ne pouvait manquer d'être agréable à la compagnie. Deux jours après je recevais ma passe et je partais au plus tôt pour le pays des Métis. Voilà absolument tout ce qui s'est passé. Maintenant que la compagnie du Pacifique trouve plus tard que ma brochure peut lui être utile et qu'elle veuille en acheter plusieurs milliers d'exemplaires, c'est son affaire, et c'est surtout la mienne, je vous l'assure[154]. Il est bien certain que je ne repousserai aucune proposition de ce genre. Loin de vouloir faire de la propagnade en faveur du nord-ouest et de contribuer à faire abandonner notre province au profit de ce dernier pays, je dois vous déclarer que je suis plus que jamais acquis au développement de la colonisation sur notre propre sol et que j'y travaillerai de toutes mes forces toutes les fois que j'en aurai l'occasion. En agissant autrement je me mettrais en contradiction flagrante et absurde avec mon passé des dernières années: quatre années dévouées presqu'entièrement à la grande œuvre dont le curé Labelle est le facteur principal. La vie est trop courte, croyez-le bien, pour qu'on la gaspille à la poursuite de plusieurs objets différents, au risque de n'en atteindre aucun. Que nous réussissions à coloniser les vallées du lac St Jean et de l'Ottawa, cette tâche doit nous suffire et nous être chère avant tout. Mais je ne saurais empêcher la compagnie du Pacifique de profi-

---

153. C'est Rosaire Thibaudeau, sénateur et un des directeurs de la compagnie du Pacifique canadien, qui obtint un billet de faveur pour Buies. Voir «Récit de voyage», l'*Électeur*, 21 décembre 1889, (Supplément), p. 7.

154. Nous ignorons si cette brochure a jamais été écrite.

ter d'un travail que j'aurai fait sans autre intention que d'écrire et de donner à mes compatriotes des notions précises sur un pays qu'il leur faut absolument connaître puisqu'il fait partie de notre système politique.

Acceptez, mon cher rédacteur, une poignée de mains à cinq cents lieues de distance.

Arthur Buies

le Nord, 16 août 1883, p. 1.

Rimouski, 23 août 1883

[À Arthur Buies]

Mon cher Arthur,

Quoiqu'il soit dix heures du soir, je veux absolument t'écrire, car je suppose que demain je ne pourrai le faire. J'ai reçu ta lettre datée du 13 que nous avons tous trouvée bien intéressante, car il faut te dire que lorsque je reçois de tes nouvelles, c'est à qui d'Édouard ou des enfants qui te liront.

Tes deux correspondances nous ont bien amusés. Je ne doute pas qu'elles plaisent autant que tes chroniques. Je te le souhaite, cher enfant, afin de te récompenser sous peu de ton travail.

Tu apprendras probablement par les journaux avant que ma lettre te parvienne la triste nouvelle de la mort subite de ce pauvre Juge Alleyn[155].

Jeudi le 16 il est parti avec sa femme et trois de ses enfants pour se rendre à la ville.

Se sentant indisposé, il entra chez le Dr Fiset. Un instant après le D^r sort tout transporté et demande à Mme Alleyn de rentrer. Celle-ci lui dit «Qu'est-ce qu'il y a?» C'est un homme fini lui répondit-il et quelques minutes après il rendait le dernier soupir. Tu conçois l'angoisse de cette pauvre Mme Alleyn.

Maurice, c'est plus gai, j'espère qu'il deviendra tout à fait bien. Il voudrait bien travailler mais la difficulté est de

---

155. Richard Alleyn (c. 1835-1883). Député conservateur à l'Assemblée législative, élu en 1877. Défait en 1878. Juge à la Cour supérieure du district de Rimouski, en 1881.

savoir où il réussira. Alphonse se promène beaucoup. Ses béquilles ne le gênent pas. Alice ne manque pas d'occasions de s'amuser. Elle parle de t'écrire mais je crois bien que nous aurons le plaisir de te voir avant qu'elle se décide à le faire. Les trois petits sont bien. Ils s'en donnent au grand air. Nous devrions partir le 6 septembre pour remonter chez le Juge Tessier. On se porte bien. Je leur ai dit que tu leur faisais tes amitiés. Cela leur a fait plaisir. Quoiqu'il n'y ait pas beaucoup d'étrangers ici néanmoins il part et arrive toujours quelqu'un tous les jours. J'ai reçu cette après-midi ta carte postale. Je vois que tu proposes d'abréger ton voyage. J'en suis bien aise. J'espère que cet ennui que tu éprouves en m'écrivant est passé. C'est une mauvaise chose. Fais-y bien attention mon cher Arthur.

Je t'embrasse de tout cœur,

Ta sœur affectionnée,

Victoria B. Le Moine

Québec, 12 septembre 1883

[À Arthur Buies]

Mon cher Arthur,

Ton arrivée à Rimouski ne m'a pas trop surprise. Quelques jours avant notre départ je disais à Édouard.

Il me semble qu'Arthur n'est pas loin et qu'il arrivera peut-être avant notre départ d'ici.

Seulement tu es arrivé une journée trop tard. Je le regrette beaucoup. J'aurais tant aimé à te voir mais différé n'est pas perdu et j'espère que nous aurons bientôt ce plaisir. Combien tu dois trouver cela bon d'être un peu tranquille et pouvoir te reposer.

Tu me dis que tu as commencé à travailler, je suis bien heureuse de l'apprendre et je ne doute pas que tu feras un livre aussi intéressant que celui que tu as fait sur le Lac St-Jean.

Fais bien mes amitiés à Mme Côté et présente lui mes sympathies sur la mort de sa pauvre mère. Tu lui diras aussi que j'espère qu'elle se porte mieux et de ne pas manquer de venir me voir si elle monte à Québec.

Maurice a préparé tes effets qu'il a mis dans un quart vide de farine. J'ai pensé que c'était la meilleure manière de t'expédier tes effets vu que c'est le meilleur marché.

Je ne pourrai te l'envoyer que demain. Tu ne le recevras probablement que deux ou trois jours après. C'est ce qui arrive ordinairement par le train de fret. Tu me dis que je dois être bien occupée; je t'assure que tu ne te trompes pas. Figure-toi que je suis absolument sans filles, c'est-à-dire qu'il faut que je sois à la cuisine et aux chambres. C'est un peu trop d'exercice.

Ne blâme pas trop Alice. Elle t'a écrit le premier septembre. Tu recevras probablement sa lettre ces jours-ci.

Maurice est parti cette après-midi pour Saint-Michel; Alphonse a commencé à étudier la philosophie, mais il se plaint de ne rien comprendre!

Jeanne est un peu malade. Les autres petits sont bien. Édouard est assez bien. Amitiés de tous.

Ta sœur affectionnée
Victoria B. Le Moine

Montréal, 17 octobre 1883

[À Alfred Garneau]

Mon cher Alfred,

Ta lettre a couru après moi pendant près de trois semaines, pendant que je parcourais le bas du fleuve jusqu'à Cap Chat; elle m'arrive enfin ici toute [sic] abîmée.

Tu n'ignores pas sans doute que j'ai fait une maladie de dix semaines l'hiver dernier, et qu'à peine remis, j'ai dû reprendre le travail que le gouvernement m'avait confié sur la vallée de l'Ottawa, travail dont l'impression est encore indéfiniment retardée, pour plus d'une raison. Ensuite, je suis parti pour les Montagnes Rocheuses, d'où, revenu, j'ai filé sans débrider jusqu'à cent lieues en bas de Québec. De retour ici depuis deux jours, je me trouve en présence d'une somme de travail effrayante, de travail obligatoire, bien trop forte pour mon pauvre estomac qui continue à brailler, malgré tout le bien que lui a fait mon voyage dans l'ouest et les précautions sérieuses que je prends aujourd'hui pour le calmer.

Veux-tu me donner encore du répit? Je t'assure que l'édification d'un article «profond», comme tu le dis, sur la dernière édition de l'œuvre immortelle de ton père[156] est une chose que je désire autant que toi; mais tu sais ce que ces articles-là coûtent de travail et de méditation, chose dont je suis absolument incapable en ce moment, en dehors de mes occupations pressantes.

Il faut donc ajourner; mais, comme on dit, «différé n'est pas perdu». Je sais que voilà longtemps que je diffère, mais j'ai confiance en ta bonne amitié.

Crois moi toujours

Arthur Buies

34 rue Saint-Denis

Montréal, 13 décembre 1883

[À Benjamin Sulte]

Envoie fort, mon vieux, tape, baptême. Je viens de te lire dans la <u>Minerve</u>[157]...! D'abord, il faut que je te dise que ce de Bellefeuille est un idiot, jésuite dans tout ce qu'il y a de plus essence, moëlle et germe. Il ne reviendra pas contre toi; il verra qu'il n'est pas de force. Les jésuites sont forcenés contre de pauvres diables qui baissent la tête et n'ont pas l'histoire à leur service; mais contre toi ils procéderont avec mollesse, laissant aux taureaux furieux, comme l'antique Joseph Charles[158], donner des coups de tête obstinément et aveuglément.

Voilà qu'ils veulent recommencer à Montréal, où ils croyaient avoir tout étouffé, le jeu qu'ils ont toujours joué

---

156. Le tome IV de la quatrième édition de l'*Histoire du Canada* de François-Xavier Garneau parut en 1883.

157. Allusion à l'article «Communications — Les jésuites», *la Minerve*, 3 décembre 1883, p. 2, dans lequel E. Lef. de Bellefeuille critique vertement «Talon et les jésuites», article de B. Sulte paru dans *la Minerve* du 23 novembre, p. 2. Sulte réplique à de Bellefeuille dans l'édition de *la Minerve* du 13 décembre, p. 2, par un article intitulé «Talon et ces ecclésiastiques».

158. Joseph-Charles Taché (1820-1894), fondateur du *Courrier du Canada* (1857) avec Hector Langevin. Sous-ministre de l'Agriculture et des Statistiques de 1864 à 1888. Auteur de *la Pléiade rouge* (1855) et *Forestiers et Voyageurs* (1863).

ici et ailleurs, et surtout après leur réinstallation par l'évêque Bourget. Ils commencent déjà à faire une guerre sourde, oblique, contre les conférences de la Patrie; ils ne veulent rien, non seulement de ce qui peut leur être hostile, mais même de ce qui est tout simplement indépendant d'eux. Mais nous les avons dans le cul; et je t'assure que nous allons te les mener.

Dis-moi donc pourquoi cet abruti de Wilson s'est permis de te foutre des portraits effrayants comme ceux qu'il y a dans ton Histoire[159]? C'est un crime, cela.

Comment se porte ta patte? Te serre la main. Écris-moi un mot.

Vieille branche,
Arthur Buies

34, Saint-Denis

Séminaire français, 20 mai 1884
(fini le 25 mai)

Très Rév. M. C. É. Légaré, Québec

Monsieur le Grand vicaire,

[...] Vous vous rappelez que j'ai condamné autrefois le journal «Le Réveil» du fameux Buies. Il recommence dans la Patrie[160]. Je vous prie et vous autorise à condamner ce dernier journal en disant que c'est par mon ordre. Est-ce que Monseigneur Fabre ne dit rien? [...]

[Mgr Taschereau]

---

159. Benjamin Sulte (1841-1923), historien, journaliste, critique. Auteur de *l'Histoire des Canadiens français* (1882-1885). Ancien secrétaire de George-Étienne Cartier. Gendre d'Étienne Parent.

160. Buies avait écrit: «combien la science expérimentale n'a-t-elle pas détruit de superstitions, de légendes ridicules enfantées par l'ignorance et la fureur du merveilleux. Devant elle s'évanouit ce que la crédulité attache de surnaturel à ces stigmates et à ces plaies qui, dit-on, n'apparaissent ou ne s'ouvrent qu'à des époques déterminées et certaines».

Il s'était, par ailleurs, prononcé en faveur de la crémation. Voir «Causerie», *la Patrie*, 13 mai 1884, p. 2.

[À Louis H. Fréchette]

Mon cher Louis XIX,

Figure-toi que je suis pris d'un mal de pied sérieux; je ne puis presque plus marcher; mon allure est celle d'un chameau désossé ou d'un héron qui danserait avec des écailles d'huîtres aux pieds. Il est donc probable que je resterai ici plus longtemps que je ne m'y attendais. Pour lors, envoie-moi sans détour et sans ambages l'Abeille et le Globe, celui-ci tous les deux jours: j'aimerais énormément aussi avoir le «Meschacébé[161]», qui est un charmant petit journal pour les gourmets.

Prends-tu des vacances cette année? «Qu'il est bon d'être à la campagne!», comme disait Tésosthis. Je respire le doux parfum du varech qui pourrit sur la rive, et je songe à la grandeur de mon pays en voyant se débattre le fleuve au long cours emmanché d'un long cou.

Si tu as quelque chose de nouveau à m'apprendre, écris-moi familièrement. Je vais faire provision d'oxygène, encore pendant une bonne quinzaine, de sorte que tu auras tout le temps de me répondre.

N'oublie pas de m'adresser aussi le dernier numéro de «l'Aurore[162]», rédigée par la branche cadette.

Tu diras à l'ami Beaugrand[163] que j'ai répandu à profusion la «Patrie Illlustrée», et que tout le monde se fout de nous.

Te serre la main,

A. Buies

July 31" 1884

My dear Mr. Buies,

Many thanks for the novels you so kindly sent me. I am already engrossed in one of them & I am sure I will like the others very much as the authors are favorites of mine.

---

161. *L'Abeille* et le *Meschacébé* étaient publiés à la Nouvelle-Orléans et le *Globe* à Toronto.

162. Il s'agit vraisemblablement de l'hebdomadaire protestant de langue française, publié à Montréal.

163. Honoré Beaugrand (1849-1906), fondateur de *la Patrie*. Maire de Montréal en 1885. Auteur de *Jeanne la fileuse. Épisode de l'émigration franco-canadienne aux États-Unis* (1878) et *La chasse-galerie. Légendes canadiennes* (1900).

Your letter was a revelation to me. I thought our mutual friend was a source of interest as I [illisible] so much of the [illisible] & you felt freer to talk. I suppose I must be very green. You said so the other day.

The weather has been pretty fine all the week, but the rain has set in this afternoon, & I feel so awfully blue that I am just writing to you in desperation. I am awfully tired of the crowd, they are making frantic efforts to be gay, but it seems to me a dismal failure. They have had a couple of dances in the parlor & some of them are trying to get up a picnic for Saturday.

You spoke about Riv. du Loup, it is a perfect nest of hornets & if we were seen together there, I would be blackballed forever. Convention is a miserable affair. We are constantly kept away from those we like best, & I am so peculiarly situated that it requires pretty safe steering to keep away from the breakers.

Do not say that I am calculating or heartless to speak in this sort of a way, for you must know how much I have always appreciated you, & now perhaps more than ever.

Hoping to hear from you soon,

I remain,
Yours sincerely,
J.

Mansion House, Cacouna

Montréal, 21 octobre 1884

[À Louis-Joseph-Amédée Papineau]

Cher M. Papineau,

Je vous envoie aujourd'hui deux exemplaires de la Lanterne et de mon premier volume de Chroniques[164], lequel devra être suivi de trois autres[165], dont deux ne contiendront absolument que de l'inédit.

En même temps je me prépare à publier aussitôt que possible un journal hebdomadaire très-avancé[166], mais j'ai des frais épouvantables sur le dos, entre autres huit cents

---

164. Buies réédite *la Lanterne* et *Chroniques, humeurs et caprices*, qui prit le titre de *Chroniques canadiennes. Humeurs et caprices*.
165. Ces trois autres ne paraîtront jamais.
166. *Le Signal*, dont seul le prospectus paraîtra.

dollars de frais d'impression, rien que pour les deux volumes qui viennent de paraître, et que j'ai fait tirer chacun à 2,000 exemplaires.

Tout mon temps va se passer d'ici à deux mois, j'en ai bien peur, à me chercher des ressources pour mener à fin mon double plan, c. à d. continuer la publication de mes œuvres et faire paraître un journal.

Veuillez me donner un coup de main, au plus tôt, je vous prie car le délai que me donne mon imprimeur est bien court, et je tiens du reste à être correct avec lui, parce qu'il a très-bien fait les choses.

Je crois que vous serez content de ce que j'ai déjà fait: le plus dur a été de pouvoir commencer. Maintenant, pour peu que mes amis m'aident, ça ira sur des roulettes.

Soyez assez bon pour me répondre promptement, et croyez bien que je serai toujours,

Votre bien dévoué,
ARTHUR BUIES
34, Saint-Denis
Montréal

(De la main de Louis-Joseph-Amédée Papineau)
Envoi de $ 20 le 22 octobre

Personnelle

Ottawa, 14 novembre 1884

Mon cher M. Chapais[167],

Permettez-moi de vous exprimer mon étonnement, à propos des compliments, tout à fait lyriques, que vous adressez à Buies, comme écrivain[168].

---

167. Thomas Chapais (1848-1946), rédacteur en chef puis propriétaire du *Courrier du Canada* (1890). Auteur du *Cours d'Histoire du Canada* (1919-1923). Conservateur.

168. L'article en question, publié anonymement dans *le Courrier du Canada*, dont Thomas Chapais était un des rédacteurs, portait le jugement suivant sur l'écrivain Buies, à l'occasion de la réédition de *Chroniques canadiennes, Humeurs et caprices*, t. I: «M. Buies a des qualités littéraires très remarquables. Il a la verve, le rythme, le coloris, le mouvement, l'originalité. [...] En un mot, la Providence lui a départi quelques-uns des dons les plus précieux de l'artiste et de l'homme de lettres. [...] Buies est plus qu'un écrivailleur: c'est un écrivain», Anonyme, «Les œuvres de Buies et l'"Électeur"», *le Courrier du Canada*, 12 novembre 1884, p. 2.

Je vous invite à prendre du Buies et à l'analyser; vous ne manquerez pas d'y trouver de la ressemblance avec les productions de l'auteur de l'archétype de l'archipoète. Hélas! Le dévergondage n'est pas de l'originalité. Tout à vous,

J. C. Taché

Québec, 5 janvier 1885

[À Alfred Garneau]

Cher Alfred,

Il est absolument inutile d'attendre quoi que ce soit d'Ottawa; aussi me suis-je décidé à m'adresser ici à M. Ouimet qui prend tout ce qui me reste d'exemplaires du Saguenay[169], à prix réduit, si tu veux, mais, du moins, c'est chose réglée. Je te prie donc de me rendre l'ultime service que je puisse attendre de toi au sujet de mes livres, l'ultime, entends-tu, car je n'aurai plus à t'ennuyer, comme je l'aurais voulu depuis longtemps. Sois donc assez bon pour me faire faire cinq paquets de vingt-cinq exemplaires que j'ai laissés dans ton bureau, et me les expédier ici, n° 21, Remparts, Québec, chez ma sœur où je passe une quinzaine. Tu voudras bien faire un envoi séparé des gravures.

Rends-moi ce service-là de suite, mon cher Alfred; mon compte est prêt pour le dép' de l'Ins. Publique, et M. Ouimet attend, pour l'approuver, que tous les exemplaires de mon ouvrage lui soient remis.

Bonne et heureuse
Te serre la main avec une
douce émotion

---

169. Gédéon Ouimet (1823-1905), avocat, Premier ministre du Québec (1873-1874), surintendant de l'Instruction publique de 1876 à 1895. Voir «Qu'on se figure ceci!», la Lanterne, 17 décembre 1868, p. 237-240. Ces exemplaires étaient distribués dans les écoles comme livres de récompense.

[À Alfred Garneau]

Mon cher Alfred,

Que la paix soit avec toi et que tes jours soient heureux! Continue de les couler sur les bords de l'Ottawa aux reflets multiples et à t'épancher dans le sein de l'amitié, trésor tellement caché que les dieux mêmes ne le virent pas lorsqu'ils quittèrent la terre. Depuis, il a fructifié dans ton sein, et je vais en détacher illico une légère pépite.

Donc, j'ai laissé à ton bureau un certain nombre de cartes du Saguenay roulées ensemble, et une dizaine d'autres pliées. Ces cartes, tu le sais, sont en deux parties; veux-tu faire plier celles qui ne le sont pas, en faisant mettre ensemble les deux parties, et me les expédier par l'express avec les autres, plus vingt volumes du Saguenay. Je n'ai pas d'idée de ce que cela coûtera; je t'envoie à tout hasard $ 1.50; si ça n'est pas suffisant, laisse-le moi savoir en termes énergiques et précis. Demande donc aussi à Louison Taché de te donner trente exemplaires de la Lanterne et n'en fais qu'un paquet avec le reste.

Je sais bien que tu vas te donner du mal pour moi; mais il est si beau de se dévouer à ses amis, et le temps qu'on leur consacre leur est compté double, sans compter le plaisir que l'on éprouve soi-même et l'occasion qu'on donne de se manifester au plus rare des sentiments, la reconnaissance!

Je compte donc sur toi, et je te demanderais encore s'il est possible que tu te procures le dernier Dominion Annual Register, celui de 83; je l'avais demandé à De Celles, mais il m'a sans doute oublié, et cela, après les promesses les plus formelles. Oh! les hommes! J'ai absolument besoin de ce volume, et je ne sais comment me le procurer.

Si tu voulais aussi, en passant, chanter une poignée d'énormes bêtises pour moi à Louison, tu me rendrais un autre service, et ce n'est pas de celui-là que je te saurais le moins gré.

Fais mes amitiés à l'auteur de Mornac[170]; n'oublie pas de me laisser savoir où tu en es de tes Mémoires, de tes pastiches historiques dont tu m'as lu de si gentils extraits.

Te serre la main
A. Buies
34, rue Saint-Denis

---

170. Joseph Marmette.

[À Alfred Garneau]

Cher Alfred,

Reçu de toi hier les paquets que je n'ai pas encore ouverts; ce matin ton petit billet. Ai expédié de suite à De Celles[171] «Hommes et Dieux[172]» que je venais de finir. Mon Dieu! quel admirable écrivain! quel style! Je fais venir ce volume avec quelques autres par Rolland.

Reçu également mon rouleau de cartes, mais pas encore de <u>Lanternes</u>, quoique Louison me l'annonce. Tâche donc de m'avoir deux exemplaires des <u>Soirées</u>[173] de nov., comme je te l'ai demandé; je n'en ai même pas pour moi, et je tiens beaucoup à posséder mon article. Si tu vois De Celles, n'oublie pas de le talonner, pour qu'il m'expédie mon <u>Register</u>.

Je reçois ce matin une lettre de Gerbié qui a fort bien réussi à Paris, et qui me propose de s'aboucher pour moi avec des éditeurs de Paris. Je vais lui répondre ad hoc sur le champ.

Tu ne me parles toujours pas de tes jolies petites broderies historiques; il y a là-dedans quelque chose de très senti, de très-vécu, qui m'a laissé une impression sérieuse; j'y ai souvent repensé; tu as certainement attrapé une manière. Continue ces travaux-là, je te prie; il me semble que ça te vaudra plus que tu ne penses, sans compter le charme que l'on éprouve dans ce commerce des Lettres libres, dans ces évocations de temps et de personnages qui nous touchent et nous intéressent si vivement. Voyons, dégnafe-toi, et fais-moi le plaisir de ne pas t'arrêter en chemin.

Te serre main
A. Buies

171. Alfred D. De Celles (1843-1925), cousin de Buies. Journaliste, historien et bibliothécaire en chef du Parlement d'Ottawa. Collaborateur du *Journal de Québec* et de *la Minerve*. Auteur de *les États-Unis: origine, institutions, développements* (1896) et de *À la conquête de la liberté en France et au Canada* (1898).

172. Paul de Saint-Victor, *Hommes et Dieux, études d'histoire et de littérature*, Paris, Calmann-Lévy, 1882.

173. *Les Nouvelles Soirées Canadiennes*, revue littéraire à laquelle Buies collaborait occasionnellement. Il venait d'y publier une chronique intitulée «Bonne et heureuse», vol. 4, p. 3-7.

[À Alfred Garneau]

Mon cher Alfred,

Reçois à l'instant ta lettre, te réponds éloquemment et te remercie au préalable. Je te prie de mettre le comble à tes bontés en voyant de suite cet animal de Louison, à qui il est impossible de se fier un instant, que j'avais déjà chargé, il y a six semaines, de m'envoyer mes cartes, pendant que je te croyais toujours en quarantaine, et qui n'a encore rien fait. S'il ne les a pas encore fait plier, qu'il me les envoie telles qu'elles; j'en ai besoin maintenant, je les ferai plier ici même: si cependant, Louison peut me faire plier mes cartes immédiatement, qu'il le fasse; le paquet sera de la sorte bien plus commode à expédier, en y joignant les 30 Lanternes. Il est bien entendu que j'aimerais encore mieux qu'il abusât de la franchise, ça serait autant de moins d'enlevé à ma modeste escarcelle; mais l'essentiel, c'est que j'aie mes cartes et mes Lanternes sans retard.

Si tu pouvais obtenir aussi de Louison qu'il m'envoyât 2 ou 3 exemplaires des Soirées de novembre, j'en serais fort aise; je n'en ai pas un seul moi-même, quant à De Celles, dis-lui qu'il recevra son «Hommes et Dieux» dans quelques jours, sans faute; mais que cela ne l'empêche pas de m'envoyer de suite le «Dominion Register».

Tu vois que je me sers librement et abondamment de toi; c'est un hommage que je rends à tes solides qualités et à la confiance qu'inspire ton amicale sollicitude. Hein!

Blague dans le coin, j'espère que je ne te donnerai pas trop de mal et que tu feras en sorte que je reçoive mes affiquiaux [?] sans retardement.

Tu ne m'as rien dit au sujet de tes nouvelles œuvres; un mot en passant, car je m'intéresse beaucoup, à toi par amitié, et à ce que tu écris par plaisir.

Surtout, abîme Louison de bêtises, c'est le plus grand des services que je te demande.

À toi

A. Buies

34, Saint-Denis

[À Alfred Garneau]

Mon cher Alfred,

Sois donc assez bon pour aller voir de suite, coin de la rue O'Connor et de la rue qui suit la rue Albert (je ne me rappelle plus son nom), si Mlle O'Sullivan peut me laisser avoir la chambre qu'elle m'a louée au commencement de décembre dernier, ou une autre au besoin. Réponds-moi, je te prie, sans retard.

34 Saint-Denis
Ton ami
Arthur Buies

Montréal, 9 mai 1885

[À Alfred Garneau]

Mon cher Alfred,

J'arrive d'un voyage d'un mois dans la région inférieure du Saint-Laurent, et je suis quelque peu dépaysé, ce qui ne m'empêche pas de te demander de me rendre un léger service.

Lors de mon départ d'Ottawa, j'ai laissé divers objets à ma maison de pension, chez les D^{elles} O'Sullivan, 119, O'Connor; je devais y retourner au bout de 10 à 15 jours, et voilà de cela six semaines. Les dites demoiselles devaient déménager au commencement de ce mois-ci; j'ignore si elles l'ont fait. Ce que je te demande, c'est de vouloir bien le constater, et me laisser savoir leur nouvelle adresse afin que je puisse m'adresser à celle d'entre elles qui tient la maison et lui recommander mes effets.

Dis-moi donc aussi si De Celles[174] a envoyé chercher des «Saguenays» dans ton bureau, et combien. J'ai reçu, il

---

174. Dans «Arthur Buies», article nécrologique, De Celles raconte: «Depuis mon arrivée à la bibliothèque [du Parlement], Buies comptait beaucoup sur moi pour écouler sa marchandise. Il me décochait lettre sur lettre pour me «carotter» la forte commande. Rien de curieux comme ces épîtres où il fait patte de velours, se montre insinuant et aimable», la Presse, 16 février 1901, p. 4.

y a déjà plus d'un mois, un chèque de huit dollars du Département d'État, auquel je ne comprends rien, sous la rubrique «papeterie», et que je n'ai pas touché encore. Je voudrais savoir si le département d'État, au lieu de prendre 25 exemplaires, comme je l'espérais, n'en aurait pris que huit, et que c'est pour ces huit-là qu'on m'envoie le chèque des auteurs.

Renseigne-moi sur ces divers [...] [lettre incomplète]

[Arthur Buies]

Montréal, 19 mai 1885

[À Alfred Garneau]

Mon cher Alfred,

Où en es-tu de ton indisposition? Je ne suppose pas que la Parque te considère encore comme une victime atta-chée à son char; s'il en était ainsi, je te prierais de l'en-voyer paître; il ne faut pas faire de façons avec cette gros-sière intruse.

Quand tu seras sur pattes, ne m'oublie pas, je te prie, car je suis réellement inquiet au sujet de <u>mes choses</u>, et tu es le seul ami à Ottawa qui te donne la peine de rendre de ces services-là.

Je compte me rendre à Ottawa, à la fin du mois, et y séjourner quelques jours; tu me recevras avec émotion.

Si tu en es potent, donne-moi des nouvelles.

Demande donc aussi aux d^{elles} O'Sullivan si elles au-raient une chambre pour moi.

Te serre fraternellement

la main

A. Buies

[À Alfred Garneau]

Mon cher Alfred,

Peux-tu m'expédier immédiatement, courrier par courrier, instanter, subito, tous les livres que j'ai laissés dans le placard de ton bureau, sauf 25 exemplaires du Saguenay qui devront être remis à la bibliothèque du parlement? Vois donc aussi Ubalde Beaudry[175] pour qu'il te remette les volumes qu'il a à moi; fais-en faire un paquet, et, si c'est un effet de ta bonté, expédie-le moi par l'express, Riendeau Hôtel, St-Gabriel St, Montréal; le paquet expédié, tu me rendras un grand service en m'écrivant comment il se fait que je n'aie eu aucune nouvelle au sujet de la vente des dits 25 exemplaires à la bibliothèque du parlement, chose faite et parfaite. De Celles doit être en mesure de te renseigner là-dessus; dis-moi donc aussi pourquoi cet animal d'Ubalde ne m'a pas écrit et ne m'a pas envoyé mes volumes, quoique de ce dûment requis. Tu lui diras de ma part qu'il n'est qu'un vulgaire pignouffle [sic]. En m'expédiant mes volumes, écris-moi un petit mot pour me l'annoncer, tu m'écriras les détails après.

Te serre la main avec effusion,

Arthur Buies

Montréal, 23 novembre 1885

[À Alfred Garneau]

Mon cher Alfred,

Je reviens d'une absence de dix jours et, en arrivant, je trouve tes deux lettres. Ton ire a fait trembler mon Olympe. Que veux-tu, mon bon ami? Tu es le seul à qui je puisse me fier à Ottawa, le seul qui réponde à mes lettres.

---

175. Avocat d'Ottawa, membre du *Club des Dix*.

J'en ai écrit deux à ce sauvage de Beaudry, je l'ai traité de cloporte, de saducéen, de ventriloque; il n'a même pas daigné me répondre; alors je suis retombé sur toi et j'exploite ton obligeance. J'avais absolument besoin de mes livres, et je t'ai ouvert mon âme.

Crois-tu que ça n'est pas enrageant d'attendre, comme je le fais, quand tout a été réglé à Ottawa, depuis déjà six mois, que toutes les formalités ont été remplies, et qu'il ne reste plus à l'ultime fonctionnaire que de m'expédier un chèque! Faudra-t-il donc que je me rende à Ottawa, et que je dépense dix à douze dollars pour en retirer vingt-cinq! C'est un peu fort; je voudrais bien l'éviter; mais comment faire? Pourrais-tu te renseigner à cet égard et m'écrire où en est au juste la situation? Pourrais-tu voir Beaudry qui doit être fixé là-dessus, et lui demander en même temps de m'envoyer mes livres? Je sais bien que je te tanne la peau, mais si je te brûlais en effigie, ce serait bien pis. Je sais bien que je t'exploite, mais ton dévouement t'anoblit; un sacrifice bien placé est une véritable jouissance pour une belle âme, et je suis bien certain que, sous ta feinte irritation, tu caches le désir d'avoir encore plus à faire pour moi.

J'espère que tu n'es pas sorti exprès pour moi; je t'en voudrais plutôt que de t'en être reconnaissant; je veux bien que tu te dévoues, mais non que tu me sacrifies ton pectus; tu voudras bien m'apprendre dans ta prochaine que la guérison est accomplie et que tu peux désormais braver les orages. Cela corrigera largement l'amertume que j'éprouve tout de même à t'exploiter. Allons, mon cher Alfred, pardonne-moi comme on pardonne à tout ami incommode, mais affectueux, et envoie-moi à tous les diables, mais laisse-moi savoir que ta santé est rétablie.

Te serre la main

A. Buies

Hôtel Riendeau

[À Alfred Garneau]

Cher Alfred,

Reçu bouquins. Finis embêtudinis — desertum in armoriâ tuâ. Seulement, il y a toujours des seulements, sur les 25 bouquins expédiés mihi, il n'y a que 8 Saguenays, et 17 Chroniques et Lanternes; de là ahurissement; c'est moi qui aurai pris naguère les uns pour les autres et aurai laissé un dépôt de ces dernières, les prenant pour les Saguenays. Qu'importe, je vais trouver un moyen de parfaire le nombre, attendu que tout est vendu à l'Instruction Publique, et mon compte approuvé.

Tibi gratias ego pour ton amicale diligence. Je m'empresse de te faire savoir que je suis criblé de rhumatismes, dont un entre autres au bras droit, ce qui ne m'empêche pas d'écrire avec une plume élégante. Vidi fratrem tuum hier qui m'a demandé des nouvelles de ta bronchite; je lui ai répondu qu'elle était correcte.

Si tu vois cet idiot suranné de Beaudry, abîme-le donc de bêtises de ma part; tu vois que [tu] n'en as pas encore fini de mes commissions.

Je compte m'entendre avec le gouvernement de la province inférieure pour faire une série d'ouvrages comme mon Saguenay; mais à lui seul en appartiendra la distribution et la propriété; je ne ferai qu'émarger scrupuleusement, et ton armoire est assurée d'une existence tranquille.

Ci-inclus je t'adresse mille souhaits de bonheur et de longévité.

Puisses-tu voir les enfants de tes arrière-petits-enfants tirer ta barbe auguste, et t'appeler «l'Ancêtre», comme Victor Hugo! Quand tu n'auras plus ni dents, ni regard, ni voix, ni ouïe, alors tu seras ce qu'on appelle mûr pour l'éternité; en attendant, reste bon, même pour les goujats.

Ton meilleur ami,

A. Buies

21, Remparts

P.S. Je ne bois plus du tout; je me désaltère à même le vieux.

Mon cher Monsieur Buies,

J'ai eu l'espoir de vous rencontrer ces jours derniers parce que je voulais vous dire combien vous m'avez rendue heureuse en songeant à me procurer le plaisir dont j'ai joui pendant votre lecture[176] de mardi dernier. Puisque je n'ai pas pu vous le dire et que je ne sais pas quand je vous reverrai, je vais vous l'écrire. Je pense que c'est aussi bien, car je m'embrouille souvent quand je veux exprimer de vive voix quelque chose que je sens beaucoup, et pour me tirer d'embarras vous m'auriez sans doute interrompue et alors je n'aurais pas été contente... de moi. Est-ce vrai que les Montréalais n'aiment pas les Québécquois? Je suppose que vous vouliez parler des sentiments, s'ils en ont, des hommes d'affaires, car je connais bien des petites filles de Montréal et des grandes aussi qui admirent beaucoup un certain grand homme grand. Mais les héroïnes de romans et les auteurs de livres pieux s'accordent à dire que les hommes sont des ingrats.

J'ai écrit à Maman et lui ai dit que vous étiez venu me voir. Elle m'a répondu que j'avais bien de la chance et m'a chargée de vous dire mille choses aimables. Je suppose que «les autres» diraient que ce n'est pas la chose à faire que d'envoyer deux feuilles de papier comme première lettre. C'est un petit billet que j'aurais dû écrire, mais je ne puis pas écrire de petits billets parce que je suis trop grande bavarde. D'ailleurs, ce papier est très petit et ma jolie écriture a la prétention d'exiger beaucoup d'espace.

Je dois sortir avec mes enfants de Mme Smith, au revoir donc, cher Monsieur Buies. Je dévore votre petit livre de chroniques quand, après une journée avec les enfants je suis assez vivante pour être capable de faire quelque chose.

Je suis de tout mon cœur,

Votre petite amie,
Marie Steele[177]

---

176. Conférence intitulée «Sur le parcours du chemin de fer du Lac Saint-Jean», donnée à la salle Victoria le 31 mars 1886 et publiée sous forme de brochure.
177. Peut-être la fille d'une marchande de vêtements féminins, dont le magasin était situé au 1345, rue Sainte-Catherine à Montréal (voir publicité dans le National du 8 août 1877).

Québec, 19 avril 1886

À L'hon^ble J. Blanchet[178]
Secrétaire de la Province

Mon cher Monsieur,

Mr Buies vient offrir au Département de l'Instruction publique la lecture intitulée «Sur le parcours du Lac St-Jean».

Comme cette conférence doit être suivie de plusieurs autres sur le même sujet, qui réunies pourront former un volume qui pourra être donné en prix, si vous l'autorisez nous pourrions en prendre <u>500</u> exemplaires à <u>six</u> centimes chaque.

J'ai l'honneur d'être

Mon cher monsieur,

Votre tout dévoué,

P. de Cazes

Québec, 20 avril 1886

[Copie]

Le Dep^t de l'Instruction publique s'engage à payer à M. Arthur Buies, en juillet 1886, la somme de trente piastres ($ 30.00) pour cinq cents exemplaires d'une conférence intitulée «Sur le parcours du Lac St-Jean».

P. de Cazes[179]

---

178. Jean Blanchet (1843-1908), membre des ministères Mousseau, Ross et Taillon (1882-1887). Chef de l'opposition conservatrice durant la dernière année du gouvernement Mercier.
179. Paul de Cazes (1841-1913), journaliste d'origine française. Collabore au *Courrier de Saint-Hyacinthe*. Succède à Oscar Dunn en 1880 au poste de Secrétaire de l'Instruction publique jusqu'en 1906.

[Brouillon de lettre d'Arthur Buies à Mgr Taschereau]

Deux fois en quelques jours j'ai été conduit au seuil de l'éternité, deux fois j'ai vu la mort s'avancer sur moi, si prête à me saisir, que j'ai cru pendant des heures que chaque minute qui allait venir serait la dernière de ma vie. Mais j'ai été sauvé d'une manière si providentielle, le doigt de Dieu a été si manifeste dans mon retour si inattendu à la vie et à la santé que mon cœur en a été touché de suite et mon âme s'est ouverte à une lumière inconnue.

Dieu, qui est avant tout un Dieu de compassion et de miséricorde, n'a pas voulu que je meure sans avoir au moins quelque œuvre méritoire à lui présenter, sans quelque réparation éclatante de ma vie passée, et il m'a envoyé ces simulacres de la mort pour m'avertir, pour me ramener définitivement à lui et me donner le temps de détruire le mal que j'avais semé dans ma vie orageuse, sans frein ni règle ni pratique d'aucun devoir.

C'est pourquoi, reconnaissant sa tendresse et sa sollicitude, désirant rentrer sans retard dans le sein de l'Église et jouir, comme tous les fidèles des grâces et des priviléges de la bonté divine, je veux remettre entre vos mains une rétractation formelle, absolue, de tous les écrits, quels qu'ils soient, dans lesquels j'ai pu offenser la religion de mes lecteurs, les blesser dans leur conscience et dans leur conduite chrétienne, ébranler leur foi ou les détourner de leurs pratiques spirituelles. Je leur demande pardon du mal que je leur ai fait, les priant d'accepter comme une réparation le bien que je vais essayer d'accomplir désormais.

Je vous prie aussi, Éminence, de vouloir bien, au nom des ministres du culte, me pardonner les sarcasmes pitoyables et les outrages dont je me suis rendu coupable envers eux, et je vous demande de m'accorder votre bénédiction qui me sera une force dans les terribles combats que je vais avoir à livrer, dans les humiliations, les reproches et les dédains de bon nombre de ceux dont j'ai recherché jusqu'aujourd'hui les suffrages, et surtout dans la lutte contre moi-même, lutte effroyable, la seule dont je fasse réellement cas, et dont l'idée seule épouvante aujourd'hui ma faiblesse.

Je dépose à vos pieds, Éminence, l'hommage respectueux d'un cœur repentant.

Québec, 8 avril 1887

Arthur Buies, Esq.

Québec

Mon cher Monsieur,

C'est aujourd'hui le vendredi saint, jour où l'Église fait mémoire de la passion de Notre Seigneur, l'agneau de Dieu qui efface tous les péchés du monde par l'effusion de son sang divin. C'est un jour de deuil pour l'Église, mais aussi un jour de rédemption et d'espérance pour tous les hommes.

Votre lettre reçue hier matin m'annonce que le divin pasteur a retrouvé sa brebis égarée et l'a rapportée au bercail. Grâces éternelles au Dieu des miséricordes infinies!

Pour moi, je puis dire avec le père du prodigue: Mon fils était perdu et il a été retrouvé; il était mort et il est ressuscité. Je m'en réjouis de tout cœur avec les anges et les saints du ciel.

Maintenant il ne vous reste plus qu'une chose à faire en ce monde, c'est de persévérer toute votre vie dans la bonne voie où vous êtes entré par la grâce miséricordieuse de Notre Seigneur. La reconnaissance vous en fait un devoir impérieux et ce sera aussi le meilleur moyen de faire connaître à tout le monde la sincérité de vos sentiments.

Veuillez agréer, avec ma bénédiction spéciale, l'assurance de ma joie et de mon dévouement.

S.E. Card. Taschereau, arch. de Québec

Saint-Jérôme, 2 mai 1887

[À Arthur Buies]

Mon cher ami,

Mon départ précipité de Québec m'a empêché de vous voir. Tout de même, je suis allé à Ottawa et j'ai parlé de votre affaire à M. Chapleau[180] et j'ai failli dans ma demande. Seulement que M. Chapleau m'a dit qu'il en avait assez car

---

180. Joseph-Adolphe Chapleau (1840-1898). Premier ministre du Québec (1879-1882). Secrétaire d'État du cabinet Macdonald, lieutenant-gouverneur du Québec (1892-1898). Conservateur.

je désire beaucoup en dépit de tout, profiter de votre magnifique talent pour le bien de la colonisation. Tout n'est pas perdu et j'ai trouvé un moyen de sortir de la position. D'après les apparences ma loterie aura quelques succès. Voici l'offre que je vous fais.

Nous prendrons 400 exemplaires de votre livre au prix de une piastre le volume que nous distribuerons comme propagande en France et ailleurs comme il sera utile pour le succès de notre cause.

J'ai une vingtaine de photographies et même au-delà des cantons du Nord entre les mains de M... du collége d'Ottawa, car j'ai apporté un appareil de photographie de France dont il s'est servi l'an dernier pour prendre des vues. J'ai des photographies de Nominingue, Joly, Saint-Jovite, Saint-Faustin, Sainte-Agathe, de Wentworth que vous pourrez voir si vous vous rendez à Ottawa et que vous pourrez utiliser si vous le jugez à propos.

La Cie de l'imprimerie générale fera imprimer votre volume en à compte des $ 400.

On pourra vous donner $ 50. pour visiter les cantons du Nord toujours en à compte [sic] des $ 400.

Même si vous le désirez, quand votre livre sera fait, je tâcherai de le faire publier en France par la maison Hachette en me servant.

Voilà, cher ami, mon plan pour aller à votre secours, je n'en ai pas trouvé d'autres. En prenant la malle de Saint-Jérôme vous allez jusqu'au fonds du Nord à Nominingue. Je tâcherai d'avoir un passage à prix réduit du Pacifique pour aller au Témiscamingue.

Prenons courage, je vous donnerai tous les renseignements désirables lorsque vous viendrez me voir à Saint-Jérôme.

Je ne pourrai mettre à votre service mon Isidore[181], car j'aurai besoin de mes chevaux et de ses services. Dans tous les cas je vous seconderai autant que je le pourrai et si vous le voulez énergiquement *estote vir et robustus* nous arriverons à bonne fin.

Tout à vous,
A. Labelle ptre

---

181. Isidore Martin, dit Gauthier, homme de confiance du curé Labelle, qui remplit auprès de ce dernier de multiples fonctions. Voir E.-J. Auclair, *Le curé Labelle*, p. 56-57.

[À Arthur Buies]

Cher ami,

J'ai reçu votre lettre du 24 et j'y réponds de suite. Je désire beaucoup que vous fassiez cet ouvrage[182] et je comprends que vous devez profiter de l'inspiration du moment, loin des moustiques et des maringouins; je dois vous dire que je ne pourrai garnir de nouveau votre bourse, car j'ai eu une chance dont il faut savoir profiter en temps et lieu. J'espère donc vous voir au mois de septembre prochain continuer votre visite au Nord. Je désirerais qu'elle fût complète, car il s'agit d'une œuvre sérieuse pour le bien du pays et votre gloire.

Tout à vous,

A. Labelle ptre

MACKEY HOUSE

MATTAWA, ONT.

J. E. MACKEY, Proprietor.

[À sa fiancée, Mila Catellier]

Mattawa, Ont... [1887]
Samedi matin, 8ʰ, 40ᵐ

Éreinté, cassé, fourbu, moulu, massacré, abruti. Une pluie d'enfer toute la nuit. Un endroit sauvage comme une chevelure d'Indien que ce Mattawa; 3/4 d'heure de délai ici pour déjeûner, puis nous prendrons un petit bateau grand comme une coquille d'œuf de pigeon pour continuer notre route. «Il fume à l'horizon!»... L'horizon, c'est un cercle de broussailles tout autour de nous, avec une montagne comme un crête de vieux coq en face; cette montagne a environ 200 pieds de [illisible]

Quoique je sois un titan, je n'ai nulle envie de l'escalader, encore moins de la prendre sur mon dos. Chère bien-aimée petite Mila, que je vous aime, que je vous aime! Je n'ai pas fermé l'œil de la nuit, et j'ai rêvé de nous deux

---

182. *L'Outaouais supérieur* paraîtra deux ans plus tard.

tout le temps. Ma petite Mila[183], ma petite Mila! Les images les plus souriantes ont passé dans mon cerveau; il m'a semblé que ma lettre avait été une révélation pour votre papa, et que tout était changé en quelques heures! Dieu qui a commencé l'œuvre saura bien la finir; quant à moi je suis décidé à ne pas <u>broncher</u>. Chère adorée petite, je vois d'ici la figure du Père Gendreau[184] en me voyant arriver fidèlement ce soir, et commençant de suite à prendre mes notes; je ne veux pas perdre une minute, pas une, afin de pouvoir au plus vite prendre le train qui me ramènera tambour battant, sans interruption jusqu'au Sault, mais je ne négligerai rien non plus afin que l'on soit content de moi. Cette excursion au Témiscamingue, je le sens, me vaudra beaucoup. Il faut que j'écrive un mot à ma sœur, et j'ai à peine cinq minutes pour cela. À revoir donc, ma bien-aimée, ma petite Mila bien-aimée. À revoir bientôt.

Arthur Buies

Au Témiscamingue
Dimanche, [1887]

[À sa fiancée, Mila Catellier]

J'ai déjà beaucoup fait; je m'ennuie tant, ma petite Mila, que je travaille avec rage et que je fais merveille en fait de notes. Mais ma pensée est absente; non, non, c'est impossible, je ne puis plus vivre sans vous; vous m'êtes aussi nécessaire que l'air que je respire; à l'avenir, nous ne nous séparerons plus; quand je ferai une excursion, vous

---

183. Marie-Mila Catellier, fille de Ludger-Aimé Catellier, fonctionnaire à Ottawa. Née le 28 juillet 1863, elle était, dit-on, «très belle, fort intelligente et fort coquette». «Je me fiançai dans l'intervalle, ce qui n'était pas du tout dans le programme et ce qui n'avait pas été prévu. Le plus surpris ce fut moi-même de me trouver dans cet état. Je m'y étais jeté tête baissée, les yeux fermés, avec une détermination effrayante, sans balancer et sans peser quoi que ce soit, et c'est fort heureux, car autrement je n'aurais jamais osé et je n'aurais pas eu la meilleure des femmes.» «Le curé Labelle», l'Électeur, supplément du 18 avril 1891, p. 3-4.
184. Pierre-Edmond Gendreau (1840-1918), entra chez les Oblats en 1880; procureur de l'Université d'Ottawa (1882-1891).

viendrez avec moi; au moins, comme cela, je ferai mon ouvrage avec cœur, tandis que, maintenant, je n'ai qu'une idée, c'est de m'en débarrasser au plus vite. Néanmoins, je ferai mon devoir en homme d'honneur et de conscience; il faut absolument que je décroche de mon voyage de quoi faire une excellente brochure sur le Témiscamingue, depuis son origine jusqu'à nos jours; sans cela je serais ridicule aux yeux des autres et méprisable aux miens. Il faut toujours bien faire ce que l'on entreprend.

Demain matin, lundi, je pars pour la tête du lac, à 50 milles d'ici, et serai de retour demain soir tard. Mardi matin, j'explorerai dans la Baie des Pères où j'ai déjà pris des notes en masse. Mardi après midi je me rendrai à la Mission des Pères, au port de la Cie de la Baie d'Hudson, et chez le père Laperrière; après quoi j'aurai fini mes excursions et la rédaction de mes notes, lesquelles je compléterai au moyen des archives et des manuscrits des Oblats, en sorte que je serai prêt à repartir jeudi ou vendredi. Si je pars jeudi, je serai au Sault dimanche, le 24; si c'est vendredi, je n'arriverai au Sault que le mardi suivant, 26. En passant à Ottawa où il me faudra bien rester dans tous les cas 12 heures, j'irai voir popa Catellier, le Père Fillâtre et le Père Gendreau. J'ai rencontré celui-ci sur ma route, comme il revenait du Témiscamingue. Il m'a paru enchanté de me voir. Aussi vais-je lui faire une brochure qui le récompensera de cette bonne physionomie. Que j'ai donc hâte, que j'ai donc hâte, mon Dieu! d'être avec ma petite femme, travaillant à ses côtés et comme sous son souffle! Quels jours heureux nous coulerons, dans le travail, dans la tendresse mutuelle et dans une harmonie parfaite de nos deux âmes! J'y pense, j'y pense sans cesse; cette image est toujours devant mes yeux, et si ce bonheur allait m'être enlevé, je crois que ce serait la dernière de mes épreuves et que j'en perdrais la raison.

Contrairement à ce que j'avais pensé, il n'y a qu'une malle par semaine pour le Témiscamingue; je ne recevrai donc pas la lettre que vous devez m'adresser à la Baie des Pères; je donnerai instruction pour qu'elle me soit renvoyée à Québec.

Bonjour pour aujourd'hui, ma petite Mila bien-aimée; mardi matin, je vous raconterai en quelques mots mon voyage de demain. Préparez-vous toujours à me recevoir dimanche le 24 ou mardi le 26. Vous serez avertie à temps.

Mardi matin.

Hier j'ai fait un voyage extrêmement intéressant jusqu'au bout supérieur du lac; j'ai pris une quantité énorme de notes, je n'ai rien laissé passer, afin de rassembler le plus de choses possible pour ma brochure. C'est le Père Gendreau qui va être fier! Ce serait un miracle si je recevais une lettre de vous demain, mercredi, le seul jour que la malle vienne au Témiscamingue. Les mouches nous dévorent et la chaleur est ardente, mais tout cela n'est rien; c'est l'ennui qui me dévore bien plus que les mouches. Non, Mila, non, désormais il n'y a plus moyen pour moi de vivre sans vous; ma pensée, mais ma pensée constante de chaque instant, qui ne m'abandonne pas une seconde, c'est vous, Mila, ma Mila, ma petite femme bien-aimée; ce que je fais sans vous n'a pas de sens, il me semble, il lui manque le principal, l'âme, ce qui l'anime, ce qui lui donne le souffle; Mila, Mila, je compte les heures, les minutes qui me séparent de vous; je divise ma journée en trois ou quatre parties, afin de ne pas me décourager, et quand une partie est passée, c'est un poids de moins et le nombre des heures est ainsi plus facile à supporter. Aujourd'hui, à 2 heures, je me rends à la mission ancienne des Pères en face le fort de la Baie d'Hudson, où je vais rester deux jours, à prendre des monceaux de notes, et jeudi après-midi, mon travail ici sera fini; j'aurai tout vu et tout fait, je n'aurai plus qu'à rédiger. Les Oblats sont ravis de me voir ici et ils m'abîment de prévenances; vous comprenez, ce sont eux qui sont à la tête de la colonisation ici, et ils attendent merveille de mon travail. Le voyage d'hier a été fait expressément pour moi, sur l'ordre du président de la Cie du Témiscamingue, pour me permettre de parcourir le lac et de prendre mes notes, car autrement, c'est le mercredi que le vapeur fait ce voyage.

Je serai à Mattawa vendredi soir; j'y passerai quelques heures avec le Père Poitras[185] qui, paraît-il, a beaucoup de manuscrits sur le Témiscamingue; je m'arrangerai avec lui

185. Joseph-Urgel Poitras (1843-1926). Ordonné oblat en 1868. Missionnaire au lac Témiscamingue (1868-1869); dans les chantiers du nord de l'Outaouais (1869-1887).

pour en prendre communication et les garder si faire se peut, puis je prendrai le train qui m'amènera à Ottawa samedi matin, à 5 heures; d'où je partirai l'après-midi, à 5 $^1/_2$ h, et serai à Québec le dimanche matin; là j'irai me rafistoler quelques heures à ma pension, puis je prendrai immédiatement une voiture pour le Sault [Montmorency]. Il peut se faire que je n'arrive à Québec que mardi matin, c'est qu'il sera survenu des nécessités que je ne prévois pas, de prolonger mon séjour ici d'une journée; c'est ce que je veux empêcher à tout prix; peut-être aussi le Père Gendreau me retiendra-t-il à Ottawa une journée ou deux, mais cela encore, je ne le pense pas. J'espère trouver enfin ma montre à Ottawa; figurez-vous que j'ai été obligé d'en acheter une pour faire mon voyage, une excellente montre Waterbury, de celles dont tous les ingénieurs et les explorateurs anglais se servent dans leurs expéditions, pour $ 3.00. La bibliothèque de Québec m'a envoyé mon chèque à la dernière heure, et j'ai encore tout l'argent à recevoir de mon beau-frère, que j'évalue à quelque chose comme 40 dollars; tous frais payés, il me restera, sur l'argent que j'ai actuellement en poche, 25 dollars en arrivant à Ottawa; nous pourrons donc nous marier décemment.

Je m'attends à faire au moins soixante dollars, dans le cours d'août, avec les départements de Québec et la Cie du Lac St-Jean, et pendant ce temps-là je ferai ma brochure sur le Témiscamingue, dont le Père Gendreau me fera prendre deux mille exemplaires par le gouv' local dont il est le grand ami, tout cela en attendant la situation que doit me donner Mercier, de sorte que nous serons comme des petits rois à St-Valier. Mon Dieu! mon Dieu! que j'ai donc hâte de mener cette vie-là, d'avoir enfin ma petite femme à caresser tant que je voudrai, moi qui suis si aimant, si affectueux, moi qui ai tant besoin de tendresse et d'affection à mon tour! Quel voyage de misère c'est entre Mattawa et le Témiscamingue! Je frémis rien que d'y penser. Mais en retournant ça ne sera plus la même chose. En venant, j'étais d'avance accablé d'ennui et de lassitude; en retournant, mon cœur volera au devant de moi et je ne m'apercevrai pas des fatigues et des désagréments de toute nature qui m'ont accompagné dans le premier voyage. Ma petite Mila bien-aimée, toute mon âme, toute mon âme s'élance vers vous. J'espère que vous avez reçu les deux lettres que je vous ai envoyées, la 1re d'Ottawa, la seconde de Mattawa. J'aurais bien dû vous dire de m'écrire à Mattawa plutôt qu'à la Baie des Pères; mais je ne connaissais rien d'avance. Maintenant, il va falloir que je parte d'ici sans avoir un mot de vous! Enfin, pourvu que nous nous aimions, c'est le principal. Attendez-moi dimanche prochain après-midi, chère petite; je crois que c'est à peu près sûr, à moins, comme je le répète, que les notes que je vais avoir à prendre à la Mission ne soient tellement considérables que je sois retardé de 24 heures. Dans tous les cas, ma petite Mila bien-aimée, au nom du ciel! ne soyez pas inquiète, je vous conjure de n'être pas inquiète, ayez un peu foi en l'homme auquel vous allez vous donner, il le faut pour nous et pour moi; je vous arriverai comme je vous ai quittée, et vous embrasserez le plus sobre des hommes. Bonjour, chère, chère petite; encore cinq longs jours, et nous serons de nouveau réunis pour ne plus jamais cette fois nous séparer.

Arthur Buies

Vendredi matin, 5 août [1887]
dernier vendredi de garçon

[À sa fiancée, Mila Catellier]

Bonjour, mon beau bébé noir. On aime toujours le grand Buiès? Bien; ce soir, nous souperons ensemble chez moi; Mlle Verrault nous mettra une petite table à part; elle t'adore, Mlle Verrault, — et moi aussi, ça fait deux dans la même maison. Donc, au lieu d'être à 4 $^1/_2$ h sur l'Esplanade, tu ne t'y rendras qu'à 5 $^1/_2$ h, afin de me donner plus de temps pour mes affaires qui me prennent à la gorge. Je m'engage à ce que tu ne perdes rien pour attendre cette heure de plus avant de revoir l'homme de tes rêves, ton idéal, ton Buiès enfin, l'insaisissable et l'inattachable que, seule, tu as su saisir et attacher. Par conséquent, je t'aime de tout mon cœur, et je te le dirai à 5 $^1/_2$ h cette après-midi, le long de ton œil gauche qui est l'origine de tous mes bonheurs.

A. Buies

Mon cher Buies,

J'ai attendu que la lune de miel fût un peu entamée pour vous écrire un mot. Je n'ai pas besoin de vous dire que je suis heureux de vous voir enlacé dans les bras du mariage et j'espère que le remède sera souverain pour faire de vous un homme tel que je le désire et tel que vous l'avez désiré vous-même.

Les talents que la Providence vous a donnés sont de précieux dons et la femme qui vous aidera à les faire briller pour votre gloire et le bien de la patrie aura doublement mérité de son pays en dépit des mauvaises langues qui s'exerceront à qui mieux mieux sur le compte du prochain.

Je ne crois pas être de cette race-là. Les hommes de grands talents sont si rares qu'il faut bien être miséricordieux sur les peccadilles. Comme je le disais à Provencher[186] réduit à la dernière misère: on a pitié des simples, penses-tu qu'on n'aura pas soin des gens d'esprit.

Vous êtes bien bon de penser à moi dans vos remarquables écrits et je craindrais que vous soyez trop partial que l'amitié vous mît un voile sur les yeux pour juger si favorablement un chétif être comme moi. Je vous dirai en secret que j'en ai éprouvé un petit contentement car un certain nombre cherchent tout à dénaturer le peu que j'ai fait, qu'un compliment dans ces circonstances ravigote parfois cette pauvre nature humaine. Où l'orgueil va-t-il se nicher?

J'ai envoyé à Onésime Reclus[187] les deux derniers Électeur que vous m'avez expédiés et ne voilà-t-il pas qu'il me demande de lui faire parvenir toute la série de vos correspondances sur votre voyage au Témiscamingue.

---

186. Alfred-Norbert Provencher (1843-1887), brillant journaliste de la Minerve, envoyé à Paris en 1872 comme agent d'émigration pour le Canada. Surintendant des Affaires indiennes au Manitoba en 1873. Rédacteur en chef de la Presse. Meurt d'une cirrhose du foie. Buies écrira à son sujet «Cher vieux copain, c'est toi, toi qui portes depuis plus de vingt ans la chaine rivée à ton pied, qui peut, mieux qu'aucun de nous encore, peindre ce qu'il y a de pénible et d'atroce dans la vie du journalisme. Le journaliste franco-canadien surtout est un véritable manœuvre, une bête de somme, un forçat, un casseur de pierres, un limeur de cables sous-marins». «Causerie», la Patrie, 13 mai 1884, p. 2.

187. Onésime Reclus (1837-1916), frère d'Élisée, géographe, explorateur, auteur de La France et ses colonies (1886-1889). Voir «L'Établissement du Témiscamingue», l'Électeur, 21 mars 1888, p. 1.

Il a pris la balle au bond. Il s'y connaît en littérature, en économie politique, en philosophie. Vous lui enverrez ces <u>Électeur</u> à Ste-Foy-la-grande, où il réside. Je compte sur vous pour lui faire ce plaisir. C'est peut-être le commencement d'une ère nouvelle pour vous.

Il ne nous reste plus qu'à chanter les beautés de la vallée d'Ottawa car vous ne vous reconnaîtriez pas si vous visitiez ce pays une seconde fois.

Maintenant que les soins conjugaux absorbent un peu de votre temps, il est difficile que vous repreniez votre exploration d'autrefois à moins que vous puissiez conduire avec vous votre chère moitié. Et encore? si un petit menaçait de briser sa coque tout serait dérangé.

J'aurais voulu aller à Québec pour vous voir et causer à cœur joie avec vous mais je n'ai pas trouvé le temps de m'y rendre.

Vous serez quitte par cette lettre.

Tout à vous,

A. Labelle ptre

Québec, 29 décembre 1887

[À Louis Fréchette]

Je reçois ta lettre à l'instant, mon cher Louis. Que je suis heureux de retrouver mon vieil ami, et comme je souffrais depuis longtemps de cette sotte querelle que nous avons eue. C'est fini, enterrons.

Tu as appris sans doute que j'étais marié. Oh! by jove, j'ai battu Hercule. Pas fort [*sic*] que ça n'est pas imaginable.

Et figure-toi que c'est un trésor que cette petite femme-là! Pour savoir ce que c'est que ces petits monstres du sexe faible, il faut en avoir un à soi.

Elle ne vit que pour moi et son monde s'arrête à chacun de mes actes, à chacune de mes pensées. Je l'abîme de taquineries, de cruautés du matin au soir, all right! c'est toujours bon. Aussi je me noie dans l'ineffable.

Comme je viens de lui dire que je voudrais bien te serrer dans mes bras, «Eh bien! À moi donc, mon p'tit minn, (elle m'appelle son p'tit minn) dis-lui à M. Fréchette que je l'embrasse, moi aussi». Là, collé.

198

Quand te verrons-nous? Tu auras des choses énormes à nous dire.

Ma petite femme copie précisément en ce moment le «Vieux Patriote[188]», que je vais livrer aux typographes cette après-midi pour le n° de demain.

Écris-moi si tu dois venir faire un tour ici. Fais mes meilleures amitiés à ta femme. J'embrasse tes petits enfants.

Arthur Buies

Québec, 2 février 1888

[Au curé Labelle]

Mon cher curé,

Il est grandement temps que je vous donne de mes nouvelles. Peut-être aussi avez-vous déjà trouvé que je me faisais attendre. C'est que depuis deux mois, j'ai abattu rudement de la besogne, j'ai plus travaillé dans ce court espace de temps, plus que je ne l'ai fait en deux années de 83 à 85 par exemple. J'ai mené de front plusieurs ouvrages, mais sans jamais permettre à l'un d'eux d'empiéter sur le grand ouvrage que j'ai formé petit à petit dans ma tête depuis que j'ai commencé à écrire sur les cantons de la Rouge.

À l'heure qu'il est, j'ai mis sous une forme définitive peut-être la moitié du premier des deux livres que je veux faire paraître cette année sur tout le nord, depuis le Témiscamingue jusqu'au St-Maurice.

Ce qu'il y a de terminé jusqu'à présent, c'est un avant-propos dans lequel je jette un coup d'œil d'ensemble sur toute cette région, et où je laisse errer librement sans m'arrêter encore à aucune question ni à aucun aperçu en particulier, le souffle qui doit animer tout l'ouvrage.

J'ai conçu mon livre avec méthode et je l'exécute par divisions et sections. Le premier chapitre contient un exposé de la vallée de l'Outaouais, surtout au point de vue qui s'en suit: sol, productions, climat, développements progressifs et le reste. Le deuxième chapitre embrasse la question

---

188. Ce poème de Louis Fréchette paraîtra dans l'*Électeur* du 30 décembre 1887, p. 1.

forestière dont je fais une véritable étude économique et conséquemment jusqu'à un certain point, philosophique. Le troisième chapitre renferme une hydrographie scientifique et détaillée de l'Outaouais et de ses principaux affluents, accompagnée de considérations sur l'avenir qui attend une région si admirablement arrosée, au double point de vue agricole et industriel.

Mais, la pensée qui domine le tout, quelque côté spécial que j'envisage, c'est l'établissement et l'expansion de notre race particulièrement dans tout le pays au nord du Saint-Laurent et des Grands lacs.

Le quatrième chapitre comprend une étude jusqu'en 1886 inclusivement des phosphates de l'Outaouais[189], leur histoire, leur étendue et leur exploitation. Le cinquième chapitre encore inachevé, parce qu'il m'a manqué certains renseignements que je suis à la veille d'avoir, est un exposé des développements du nord, surtout depuis une quinzaine d'années dans lequel entre nécessairement, comme facteur principal le réseau des chemins nouveaux. À ce propos il faut que vous me mettiez sans retard au courant de la position où vous en êtes très exactement aujourd'hui avec Beemer[190]. Ce que je trouve à ce sujet dans la brochure le «Nord Ouest provincial» et dans le rapport sur les chemins de fer de 1887 ne me suffit pas. Je tiens à avoir de votre plume des détails plus circonstanciés. Où en est le chemin de fer de St-Jérôme à St-Lin? Doit-on continuer bientôt de St-Lin à Joliette ou à St-Félix de Valois? Beemer doit-il entreprendre le chemin de la Gatineau en même temps que le vôtre jusqu'à la Chute aux Iroquois? N'y a-t-il pas moyen d'avoir sur le parcours de la Lièvre et de la Gatineau d'autres notions que celles qui ont été publiées jusqu'à aujourd'hui? J'ai cherché en vain dans tous les rapports des commissaires des terres depuis une douzaine d'années. Beausoleil[191] m'a envoyé des détails très complets sur son chemin de fer de St-Félix à St-Gabriel de Brandon. D'autre part, j'ai eu au département des chemins de fer tous les

---

189. Voir «Les phosphates de l'Ottawa», l'Électeur, 22 mai 1888, p. 4; 23 mai 1888, p. 1.

190. Horace-Jensen Beemer, entrepreneur. Travailla en étroite collaboration avec le curé Labelle et l'ingénieur français Lucien-Bonaparte Wyse, qui avait déjà participé à la construction du Canal de Panama et s'était chargé de trouver des appuis financiers auprès d'investisseurs français intéressés par les projets du curé Labelle.

191. Cléophas Beausoleil (1845-1904). Rédacteur au Nouveau-Monde et à l'Événement. Fonde le Bien public en 1874. Député de Berthier de 1887 à 1899.

renseignements qu'on a pu m'y donner sur les nouvelles lignes qui traverseront bientôt la région du St-Maurice, en sorte que si vous faites diligence pour me donner de votre côté tous les détails qui seront en votre pouvoir, je ne tarderai pas à compléter mon chapitre des chemins de fer que je tâche d'élever comme les autres à la hauteur d'une question nationale.

En voilà sans doute assez long mon cher Curé; j'ai tenu à vous mettre au courant de mes travaux et à vous associer par la pensée. Écrivez-moi au plus vite, je vous prie et soyez abondant. Vous savez jusqu'à quel point j'ai besoin de vous et combien vous me serez agréable.

A. Buies

le 29 février 1888

[À Arthur Buies]

Parlons de notre chemin de fer. Notre charte, mon cher Buies, nous donne droit de l'étendre jusqu'au Témiscamingue. La ligne doit passer par les meilleures terres des Laurentides. Je préfère mon nord au Nord-Ouest, mais je dois reconnaître qu'il est plus difficile à coloniser, parce qu'il faut d'abord le défricher. L'avenir quand même lui appartient. Ce chemin de fer devra, après avoir touché les grands lacs de l'Ontario, se prolonger par le nord du Népigon jusqu'à Winnipeg, en rasant les lacs Manitoba et Winnipeg. Il continuera ensuite par la Saskatchewan jusqu'à Saint-Albert pour finir à l'Océan Pacifique. Ce sera un Grand-Tronc-Pacifique qui, par la rivière Mattawa, se soudera au réseau du district de Québec. On verra ensuite toutes les principales rivières de Québec mises en communication avec ce Grand-Tronc par les chemins de fer. La «Gatineau», la «Lièvre», la «Nation», la «Rouge», la «Nord», le «Saint-Maurice» et autres seront longés par les chemins de fer.

Comme il faut commencer par le commencement, je m'occupe actuellement des chemins de fer, que je regarde comme assurés, de la «Gatineau», de Saint-Jérôme et des Basses-Laurentides, avec les embranchements projetés du lac Saint-Jean. Beemer est le maître de la compagnie de la «Gatineau» et de la nôtre. Il possède la majorité des actions

ou la plus grande partie du capital investi dans ces entreprises. Par conséquent, il est le maître des octrois des deux
compagnies. Il a déjà dépensé cinquante mille piastres pour
notre chemin de fer et il continue les travaux. Il a acheté
récemment quatre mille tonnes de lisses. Il doit se rendre
jusqu'à La-Chute-aux-Iroquois et c'est son intention de
marcher toujours en avant. Cet été, il va faire quarante
milles. Il ne lui en restera plus que trente à faire l'autre
année. Vu l'argent qu'il a déjà dépensé, c'est son intérêt de
finir au plus tôt ces soixante-dix milles. Après cela, on fera
une petite pause. Puis, on se dirigera de là vers la rivière
Gens-de-Terre pour aller joindre la vallée sud de l'Ottawa.
On prolongera jusque-là le chemin de la «Gatineau». Enfin,
de l'embouchure de la Gens-de-Terre on pourra facilement
pénétrer dans cette belle plaine qui se trouve en arrière de
la source de la «Lièvre». Le gouvernement fédéral nous oc-
troie, par statut, un subside de cinq mille cent vingt-six
piastres par mille pour nous rendre jusqu'à La-Chute-aux-
Iroquois et les ministres de Québec ont décidé de nous
accorder cinq mille piastres par mille avec, en plus, cinq
mille acres de terre... Nous avons en mains l'ordre en conseil (de Québec) qui a été adopté en août dernier et l'on
nous promet de tout régulariser par une loi à la prochaine
session. Ce n'est pas tout. J'ai négocié avec la Banque du
Peuple[192]. Beemer, comme garantie collatérale, lui donne ses
octrois de tant par mille, et la banque avance l'argent nécessaire pour chaque dix milles de chemin à faire. Est-ce
assez? — Wyse a l'intention de se mettre de la partie. Il
demande pour s'en mêler le contrôle du chemin et ne veut
pas sans cela fournir d'argent. Mais Beemer est prêt à le
lui accorder. Humainement parlant, notre chemin de fer
jusqu'à La-Chute-aux-Iroquois est assuré et je crois qu'il
en est de même pour le chemin de la «Gatineau».

Un jour, mon cher Buies, notre chemin de fer de Saint-
Jérôme ira rejoindre celui du lac Saint-Jean, et Montréal,
à cause de sa position géographique, aura le commerce des
trois quarts de la région des Laurentides. Je ne crois pas
qu'il y ait un chemin de fer au monde qui ait plus d'avenir
et qui soit plus important pour la race française. Il devient
naturellement comme le débouché pour la colonisation des
trois quarts de la province. À vingt lieues de Montréal, il
«branchera» au nord-ouest et au nord-est, comme par deux

---

192. Fondée en 1835 par Viger, Dewitt et Co.

immenses bras, pour tout saisir et entraîner sur son parcours. Le nord lui appartiendra. Avec le temps, les lieux, les circonstances, la nature des choses, tout cela se fera! Mais, j'en laisserai une partie à faire à nos descendants. Avant de mourir, je veux donner à ce projet une poussée tellement forte qu'elle vaincra tous les obstacles, en dépit de la sottise des hommes qui est toujours plus à craindre que leur intelligence. La ligne du Grand-Nord, déjà commencée, qui se rend à New-Glasgow, se poursuivra jusqu'à Sainte-Julienne, et, plus tard, jusqu'à Québec, par des raccordements au réseau du Saint-Maurice et du lac Saint-Jean, et, d'autre part, de Saint-Jérôme à Lachute (Argenteuil). Ce sera un chemin très prospère, le «Tronc» qui fera affluer les produits de l'agriculture et de l'industrie des Laurentides vers les grands marchés de l'est et de l'ouest par la voie la plus courte. Il développera immensément les pouvoirs d'eau que fait jaillir la descente des Laurentides et aucune ligne parallèle ne pourra lui être opposée, les chaînes de montagnes se dirigeant du sud au nord. Ce qu'il y a à craindre, c'est que tout le monde veuille avoir son chemin de fer à la fois, ce qui serait un moyen de n'en avoir nulle part. En passant chacun son tour, tous auront leur part. Il faut bien que les premiers passent les premiers...

[A. Labelle]

E. J. Auclair, *Le curé Labelle*, p. 172-174.

St-Jérôme, 7 mai 1888

[À Arthur Buies]

Vous avez fait un magnifique article sur notre chemin de fer[193] et je vous en remercie de tout cœur. Vous avez su comprendre mon grand plan de l'avenir, l'éclairer d'idées lumineuses et le faire connaître en bon français. Il fait plaisir de voir qu'au moins on sache embrasser le présent et l'avenir par le projet de nos chemins de fer dans le Nord.

[A. Labelle]

---

193. «Les chemins de fer de la rive nord. Le Montréal et Occidental», *l'Électeur*, 4 mai 1888, p. 1.

M. A. Buies
Québec

Mon cher ami,

Merci de l'envoi de votre opuscule[194]. Je l'ai parcouru avec le plus vif intérêt. Vous méritez la reconnaissance de tous les Canadiens intelligents pour le service que vous leur rendez en signalant à leur attention les anglicismes et les canadianismes dont un trop grand nombre se rendent coupables.

Votre reconnaissant et tout dévoué ami en Notre Seigneur,

J. É. Désy, s.j.

Sault Montmorency, 2 juin 1888

[À Alfred Garneau]

Mon cher Alfred,

Te souviens-tu qu'un matin de l'été dernier, étant poursuivi par le divin Bacchus, et hors d'haleine, je me précipitai dans tes bras et te priai de me prêter un dollar pour payer un cocher désagréable?

La même précipitation s'est répétée plusieurs matins de suite chez différents amis, entre autres Achille Fréchette[195] et Toussaint Courcelles, jusqu'à ce que je fusse tombé sur le carreau, sans possibilité de jamais me relever, aux yeux de tout le monde, excepté aux yeux de celle qui comprenait, même au sein de ma profonde misère, qu'il y avait encore un remède pour moi et que la Providence la suscitait pour me sauver.

Jamais inspiration divine, jamais mission n'ont été plus manifestes. Depuis le jour où ma chère petite femme m'a pris par la main dans le bourbier où j'étais englouti, je n'ai fait qu'ouvrir de plus en plus les yeux, que marcher

---

194. *Anglicismes et canadianismes*, brochure qui réunit une série de chroniques sur la langue française parues dans *l'Électeur* entre le 9 janvier et le 18 février 1888.
195. Achille Fréchette, peintre. Frère de Louis Fréchette.

de plus en plus dans la voie où je serai non seulement sauvé, mais où je me rendrai utile à mes compatriotes dans toute la mesure de mes forces.

L'avènement du curé Labelle au poste de directeur de la colonisation, avec pleins pouvoirs et liberté d'action illimitée, a mis le comble aux espérances que j'avais conçues.

Le curé vient de m'assurer une existence convenable en me donnant $ 1 000 de salaire fixe, en dehors de mes frais d'exploration et de voyage, ce que j'évalue à environ $ 300 dollars par année, cela sans compter tout ce que je retirerai de différentes brochures que je publierai çà et là, suivant les circonstances.

La grande affaire, c'est que je sois établi et que je puisse travailler en paix, sans inquiétude sur le sort de la petite famille qui pointe à l'horizon des âges. Je t'annonce de suite, sans aller à la ligne, que ma moitié, d'un grand bout la meilleure, se prépare très-prochainement, à émerveiller mes contemporains trop longtemps incrédules sur mes facultés reproductives. J'ai presque peur qu'elle ait fait trop bien les choses, et qu'elle ait voulu, dès le coup d'essai, réparer bien du temps perdu.

[A. Buies]

Sault Montmorency, 12 juin 1888

[À Alfred De Celles]

Cher Alfred,

Je te remercie de ton aimable procédé à mon égard. Je voudrais te serrer sur mon sein qui fermente, mais il y a encore des distances, malgré la vapeur et malgré l'électricité.

Nonobstant, je nourris le doux espoir de te contempler dans le cours de cet été, si tu vas à la Malbaie. J'irai passer deux ou trois jours plus compos [sic] que l'année dernière, et moins exposé à perdre le reste de mon habillement, déjà pas trop varié.

Sache que j'habite les hauteurs, comme Jupiter. J'ai bâti mon aire au sommet de la chute Montmorency, et de là j'illumine l'abîme de mon regard de feu.

Bientôt je vais accoucher de deux volumes comme mon Saguenay, sur la vallée de l'Outaouais, aussi complets que possible, et dont je surchargerai les bibliothèques de tous les pays connus.

Ces deux volumes auront d'abondantes et plantureuses illustrations pour lesquelles le curé Labelle vient de me faire obtenir une allocation convenable.

J'aspire à me faire couronner.

Sois heureux de ma gloire et embrasse-moi.

Tu voudras bien faire mes meilleures amitiés à ta belle petite femme.

A. Buies

Québec, le 13 août 1888

M. Arthur Buies
Sault-Montmorency

Mon cher ami,

Un de nos Pères de Montréal m'écrit ce qui suit:

«Je crois que vous êtes en rapport avec M. Arthur Buies. À la page 69 de son livre sur le Saguenay, il cite un extrait du journal du P. Laure. Je suis bien désireux de savoir entre quelles mains se trouve ce journal actuellement. À la page suivante, il parle également d'un journal du père Coquart. Où peut-on le voir, ainsi que le registre des postes mentionné à la page 71?»

Si vous pouviez sans vous donner trop de mal me donner ces renseignements, je vous en serais bien obligé.

En attendant, je vous prie de présenter à Madame Buies mes salutations respectueuses, et de croire à mon entier dévouement.

J. É. Désy, s.j.

Sault Montmorency [s.d.]

[Au Père Désy]

Mon cher Père,

J'ai reçu votre lettre il y a trois jours. Si je pouvais me rendre à Québec, j'irais de suite vous trouver. Mais je suis retenu ici par la maladie très sérieuse, pas du tout rassurante de ma femme.

Elle a eu un accouchement fort pénible, et nous sommes, sa mère, le docteur et moi, presque constamment auprès d'elle pour la soigner tour à tour. Cependant, nous n'avons pas à proprement parler d'inquiétude, mais nous n'avons pas un instant à nous.

Il est à peu près certain que j'irai en ville lundi. Je m'empresserai d'aller vous voir, et je tâcherai de vous fournir une réponse pour le Père au sujet de qui vous m'écrivez, quoique je ne me souvienne guère des sources où j'ai puisé lorsque j'ai fait mon livre.

Je vous serre la main et vous prie de me croire,

Votre dévoué et affectionné,

A. Buies

Un bon mot pour moi au Père Resther[196].

[À sa femme]
HOTEL RIENDEAU
64, St. Gabriel Street
Montréal.

JOS. RIENDEAU, Proprietor.

Montréal, 25 août 1888
Samedi matin

Ma petite femme bien-aimée, ma petite Mila, ma petite femme, je suis tout le temps près de toi; je n'ai pas perdu une minute depuis mon arrivée ici. Quelle ville d'affaires que Montréal! Figure-toi que mon éditeur, Granger, m'a fait des propositions magnifiques pour mon nouvel ouvrage[197]; il veut m'imprimer mes deux volumes lui-même et faire un contrat qui me garantit dix pour cent meilleur marché que tout autre imprimeur, et cela pour tous les ouvrages que je voudrai publier. Il a lui-même un contrat avec un imprimeur, ce qui lui permet d'exécuter à ces conditions là de rabais. Il a vendu mes deux cents Anglicismes, moins 14, et en veut de suite 200 autres, de sorte que j'écris ce matin à mon imprimeur Darveau de les expédier. Granger, tel est le nom de mon éditeur d'ici, va commencer sans faute la

---

196. Zéphirin Resther (1823-1893). Prêtre; entre chez les jésuites en 1866.
197. Nous ignorons de quel ouvrage il s'agit.

réimpression de mon deuxième volume de <u>Chroniques</u>, ce qui est une chose superbe pour moi, attendu que mon «Voyage à San-Francisco[198]» est extrêmement demandé. Il commencera cet automne même. Il se charge de tous les frais d'impression, me donnera dix pour cent par exemplaire pour mes droits d'auteur, et si je voulais, disons 100 ou 200 ou 300 exemplaires, une bonne occasion se présentant d'en disposer dans les départements ou dans les institutions publiques, il me les laisserait à moitié prix. Ce sont là les meilleures conditions possibles qu'on puisse obtenir dans ce pays-ci. Cela m'assure une vente certaine de trois cents dollars environ, je veux dire tous mes ouvrages réunis.

J'ai pleuré et j'ai sauté de joie, ma petite femme adorée, quand j'ai reçu le télégramme de ton papa hier après-midi. Mon Dieu, que je t'aime, ma petite femme! J'ai un courage de lion et une détermination de crocodile. Je vais changer la base des Laurentides.

Attends un peu; je sors à l'instant pour aller recevoir la réponse à mes propositions de la part de deux excellents photographes avec qui j'ai été mis en relation hier. Tantôt, je te dirai le résultat. Dans tous les cas, je pars cette après-midi à 5 h. pour Saint-Jérôme. J'attends mon curé ici dans une couple d'heures; nous ferons le voyage ensemble.

2 $^1/_2$ heures p. m.

Tout est arrangé avec mon photographe qui, paraît-il, est un artiste sérieux. Il m'a fait un excellent effet; on m'en fait beaucoup de compliments. Je compte faire un bon voyage avec lui — je pars à 5 h tantôt; mon photographe vient me rejoindre à St-Jérôme lundi. Nous en partirons mardi matin de bonne heure. Je t'écrirai un peu avant mon départ. Je compte recevoir une lettre de ton papa lundi à St-Jérôme, en même temps que tu recevras celle-ci de moi.

Figure-toi que mon petit encrier de voyage, ayant été mal fermé, s'est répandu dans ma petite malle et a abîmé complètement mon pardessus d'alpaga à carreaux. Néanmoins, j'ai eu chez le pharmacien une composition qui, paraît-il, enlève les taches d'encre. J'ai acheté pour $ 1.75, un charmant petit sac à dos, en cuir, pouvant contenir une foule de petites choses.

Dans l'instant, je vais revoir mon éditeur. Je suis enchanté d'être resté ici une couple de jours. Cela me vaut beaucoup.

---

198. Il s'agit de «Deux mille deux cents lieues en chemin de fer», récit de voyage publié en 1874 dans *Chroniques, Voyages, etc.*

Bonjour, ma petite femme bien-aimée, je suis plein de confiance dans le succès de mon voyage. Je suis en train de bâtir là un joli cottage pour notre bébé[199].

Il sera heureux si tous les souhaits qu'on m'a faits ici se réalisent. Embrasse-le bien pour son père, notre pauvre petit, embrasse-le tout partout.

Des grosses, grosses amitiés pour tes papa & maman.

Papa Buies

Saint-Jérôme, 25 août 1888

[À Louis Fréchette]

Mon cher Louis,

J'étais à la veille de mon départ, lorsque nous avons reçu ta carte et celle de ta femme, avec vos félicitations «conjointes».

Je t'écris maintenant un mot de St-Jérôme, où je fais une halte avant de me transporter jusqu'aux dernières limites des habitations dans la région du Nord. J'attends ce soir un photographe qui doit m'accompagner tout le long du voyage et prendre des vues, pendant que j'essaierai de peindre, dans un style surhumain, les monts, les vallons, les chaînons et les cantons.

C'est un voyage affreux que j'entreprends là, par des chemins incohérents et illogiques; de la fatigue, de la misère, de la saleté, de la privation, des tours de reins, des rhumatismes, du froid, de la pluie et cent autres accessoires de pèlerinage. Mais mon patriotisme déborde; il faut que je me sacrifie pour mon pays ou que je rende l'âme dans un honteux repos. J'aime mieux crever en route.

Il m'a fallu laisser ma petite femme encore au lit, mais assez forte néanmoins pour que nous n'eussions plus à redouter aucune complication. Mon bébé, qui vocatur Alphonse Antoine, est déjà redoutable. Il a fallu lui appliquer les fers, et le tirer, à sept reprises différentes, avant de le décider à quitter le sein maternel. On est si bien là-dedans! Aussi a-t-il trois blessures à la tête qui étaient en voie de guérison, lorsque je suis parti.

L'accouchement de ma pauvre femme a été horrible. Trente heures de souffrances! Mon Dieu! mon Dieu! quelle

---

199. Leur premier enfant, Alphonse-Antoine, venait de naître le 16 août.

épreuve et combien une femme nous devient sacrée quand on la voit subir de pareilles tortures pour mettre au monde l'enfant dont on est le père! Mon cher, ma petite femme et mon bébé, c'est désormais toute ma vie. Elle m'a dit de bien vous remercier tous deux pour le souvenir que vous avez eu de nous, et elle sera bien heureuse de connaître ta femme, ce qu'elle espère l'automne prochain, très prochain, puisque nous en avons déjà la température.

Demain matin, mardi, je me mets en route. Il ne me sera pas possible d'être de retour avant le 20 septembre. Ah! massacre! C'est ça qui va être long! J'apporte des balles pour les ours et des mouches pour les truites, mais surtout beaucoup de confiance en la bonté divine qui ne me laissera pas cheoir [*sic*] en route.

Adieu, mon cher Louis. Garde-moi toujours un bon souvenir et embrasse ta femme pour nous deux, la mienne et moi.

Papa Buiès

TELEGRAM.

To: Madame A. Buies
    Montmorency

27th August, 1888

From: St-Jérôme

How is health? leaving here tomorrow morning. all correct. received letter. answer by telegraph immediately.

A. Buies

Chute aux Iroquois
Lundi soir, 9 h., 3 septembre 1888

[À sa femme]

Enfin me voilà arrivé à la Chute aux Iroquois, ce qui constitue une bonne partie du voyage. Encore une dizaine de jours et je compte être de retour à St-Jérôme. L'ennui m'accable, ma petite femme bien-aimée; je prends sur moi constamment et je m'encourage par la pensée de tout le bien que me rapportera le sacrifice douloureux que je fais en ce moment. Cette lettre va partir demain matin, mardi, 4 sep, à 5 h. du matin, mais tu ne pourras la recevoir que vendredi midi. Je suis épuisé de fatigue, mais surtout d'ennui. Ah! que mon cœur se serre et comme j'ai besoin de faire appel à tout mon amour pour toi pour ne pas succomber!

Demain, mardi, après-midi, je pars dans le canot du curé Labelle pour faire le tour des lacs. Nous camperons deux nuits sur leurs bords, successivement, et nous serons de retour jeudi soir. Vendredi matin, nous nous mettrons en route pour l'Annonciation à 15 milles d'ici, et de là pour le Nominingue qui sera, je le crois, le terme de mon voyage pour cette fois. Il n'y a pas moyen de faire en un seul voyage tout ce que m'a demandé le curé Labelle; il faudrait pouvoir aller dans toutes les directions à la fois. Le curé comprendra bien cela, d'autant plus que je ferai bien mieux en divisant. La prochaine fois je pourrai t'amener avec moi jusqu'à Ottawa. Nous verrons. Toujours est-il qu'ayant entrepris cette pénible besogne, je suis décidé à aller jusqu'au bout. Dieu nous en récompensera.

Mon photographe est à moitié mort; ses appareils sont considérablement endommagés, grâce à l'impraticabilité des chemins, et il m'assure qu'il lui est impossible de faire plus de dix jours de plus d'ouvrage, en sorte que je compte être de retour à St-Jérôme le 15, en repartir le 17 au matin et me retrouver dans tes bras le même jour dans l'après-midi. J'ai reçu une lettre de ma sœur qu'elle m'adressait à St-Jérôme. Elle te couvre d'affection et de vœux, et m'annonce qu'elle sera de retour à Québec le 6 au matin. Je n'ai aucun doute que mon beau-frère et Alice s'empresseront d'aller te voir.

Je t'expédie en même temps que la présente plusieurs brochures et papiers dont je n'ai plus besoin et dont je débarrasse mes malles. Je trouve une grande force dans la prière, ma petite femme; sans cela, le courage me manquerait pour aller jusqu'au bout. Et puis, ton affection me soutient, et le sentiment du devoir que je comprends de mieux en mieux à mesure que les responsabilités augmentent pour toi, et que toute mon âme est enveloppée dans une affection profonde, vraie et sainte. Chère, chère petite femme, tu verras à mon retour combien ce voyage-ci aura implanté davantage en moi la tendresse sans limites que je ressens pour toi; je ne puis écrire plus long; la blessure de l'ennui s'ouvre trop avant quand je te parle; j'aime mieux tout refouler en moi et faire le silence autour de mon cœur. Ton image y est vivante et fortifiante, je te porte en moi comme une source d'ardeur et de courage qui me ranime sans cesse sur la route du sacrifice, et plus je me dévoue pour toi et pour notre enfant, plus tu m'es chère et plus j'aurai mérité que le ciel bénisse en moi un bon époux et un bon père. À revoir, chère, chère petite femme, je t'embrasse de toute mon âme. (tourne)

Écris-moi de suite au reçu de la présente et adresse ta lettre, poste restante,

Papineauville.

A. Buies

6 septembre 1888

Monsieur Arthur Buies
Ste-Luce

Monsieur,

Le compte du nommé Joseph Forget que vous m'adressez a été soumis au curé Labelle avant son départ pour l'excursion qu'il fait actuellement dans le Nord. Il m'autorise à vous répondre que le Département ne peut payer maintenant des comptes de cette nature. Le seul compte de cocher qui devra être présenté pour paiement est celui de Gascon dans lequel celui de Forget pourra alors être inclus. Ainsi, que Gascon avance à Forget la somme actuellement réclamée et nous le rembourserons plus tard.

J'ai l'honneur d'être

Votre bien dévoué

A. Sylvestre

Assistant secrétaire Départ. Agriculture

[À Arthur Buies]

J'apprends que vous êtes malade (érésy-péle... Patrice soumission). D'ailleurs si le temps presse pour votre livre, quelques jours de méditation chez vous avec votre bonne femme ne nuiront pas à votre œuvre. Madame vous trouvera moins beau pendant quelque temps, mais sa charité sera plus grande. Vous aurez l'occasion de la mieux apprécier sous ce rapport et de juger de l'ardeur de son amour et quand vous êtes beau et quand vous êtes laid par la maladie.

A. Labelle, ptre

Québec, lundi [20 octobre] 1888

Mon cher Buies,

J'ai donc fait mon rapport qui est entre vos mains pour correction. Sera-t-il bien accueilli? Plaira-t-il à Mercier[200] voilà la question. C'est une espèce de programme politique. S'il est digne d'estime, le gouvernement veut le publier à force copies et ici et en France[201]. Il le fallait court et frappant juste.

Les idées bouillonnent dans la caboche, mais les harmoniser, les revêtir de soie et de fin lin c'est une tâche au dessus de mes forces. Il me semble toujours que je réchauffe des lieux communs en mauvais français. Pour me débarrasser de cette pensée, je lance ma plume à fond de train et vogue la galère. Pour comble, c'est Buies qui en aura toute la peine parcequ'il sait trop bien le français. Ciselez, taillez, coupez, c'est là votre [illisible] par droit d'auteur et de bon littérateur. Je vous envoie un article, à la demande de Mercier, qui doit paraître dans un n° de l'Électeur.

---

200. Honoré Mercier (1887-1894), chef du Parti libéral provincial en 1885 et Premier ministre en 1887. Renvoyé par le lieutenant-gouverneur en 1891 à la suite du Scandale de la Baie des Chaleurs.

201. Il s'agit vraisemblablement du «Rapport sur l'agriculture, la colonisation, le rapatriement et l'immigration pour l'année 1887 et 1888», Québec (Prov.). Législature. Documents de la session, XXII, 1, Québec, C.-F. Langlois, 1889.

Que faire de plus? Il faut encore me livrer en pâture au public. Puis-je parler autre chose que de colonisation?

[illisible] je jette mon coursier en avant sur le prêtre défricheur. Vous y verrez une esquisse décolorée d'un tableau qui mérite la meilleure palette. Encore de l'ouvrage pour Buies qui doit faire des gambades multipliées à chaque mauvaise phrase, à chaque expression impropre.

Après cela, je jouerai le rôle d'un geai pour ne pas faire tort à la réputation des pages qui exigent que je parle, comme Buies, en bon français.

Bien des respects à Madame Buies et un baiser au bébé.

Tout à vous,

A. Labelle ptre

13 décembre 1888

Mons. A. Buies
St-Raymond

Monsieur,

Je suis chargé par M. le curé Labelle de vous adresser les documents ci-inclus qui doivent servir de préambules aux rapports officiels sur l'agriculture & la colonisation. Vous voudrez bien en prendre connaissance et corriger les expressions qui vous paraîtront en guerre ouverte avec la langue <u>française</u> tout en laissant à l'ensemble autant que possible le cachet typique que notre brave curé sait donner à l'expression de ses idées. Vous voudrez bien nous renvoyer aussi tôt que possible ces documents.

Bonne santé à votre bébé et mes respects à Madame.

Permettez-moi de signer

Votre ami dévoué,

A. Sylvestre

214

Mr A. Buies
Ottawa

Cher ami,

J'ai oublié de vous écrire immédiatement après avoir reçu votre lettre.

Ce n'est pas ma faute, car les affaires souvent s'accumulent tout à la fois.

J'ai répondu à Desbarats[202]. Je trouve le marché raisonnable, mais je l'ai suspendu parce que nous avons reçu les vues magnifiques sans aucun besoin de correction d'un nommé Henderson de Montréal qu'on pourra utiliser à bon marché. Nous attendons votre arrivée pour faire un triage de ces photographies et vous emporterez celles que vous avez laissées chez Desbarats pour mieux faire le choix. Bien des respects à mon filleul et encore plus à sa maman.

Tout à vous,

A. Labelle ptre

31 janvier 1889

Mons. A. Buies
Ottawa

Cher monsieur Buies,

M. le curé Labelle insiste pour que la gravure des vues que vous collectionnez ne soit pas commencée avant que nos recherches soient terminées. Sur le nombre assez considérable de photographies que nous aurons en mains, il faudra nécessairement faire un triage minutieux et éliminer tout ce qui n'offrira pas un intérêt bien particulier. Car

---

202. George-Édouard Desbarats (1838-1893), fondateur du *Canadian Illustrated News* (1869-1883) et de *l'Opinion publique* (1870-1883). Un des hommes d'affaires francophones les plus entreprenants de son époque.

il ne faut pas oublier que la gravure et l'impression de chaque planche nous coûtera, au bas chiffre, $ 40.00 d'après M. Desbarats lui-même. À ce compte je ne crois pas que nous puissions insérer dans votre ouvrage plus de 30 à 40 planches, ce qui entraînera déjà une dépense de 12 à 15 cents dollars.

Ainsi je vous prie de prendre un peu patience. Et mieux vaut, je crois, vous exposer à quelques retards de plus que de jeter à la légère dans la caisse du graveur une bonne part de l'octroi qui est pour ainsi dire votre bien à vous. Prenez en bonne part ces remarques et, tout en vous permettant de tempêter contre nos exigences, veuillez nous les pardonner, en grand homme que vous êtes, en souvenir de tout l'intérêt que vous portent et le puissant curé Labelle et son ignoré secrétaire.

Avec respect,

Bien à vous,

A. Sylvestre

Saint-Raymond[203], Comté de Portneuf,

Jeudi, 21 février 1889

[À Alfred Garneau]

Cher Alfred,

Envoie-moi donc de <u>suite</u>, de <u>suite</u>, le petit cahier contenant un article sur les «Voyageurs» et la Chanson de <u>Moore</u> traduite, que tu m'as fait voir un soir chez Marmette. Adresse-le «poste restante», Québec. Je me rendrai à la ville dans deux ou trois jours, et je le réclamerai au b. d. poste.

J'ai ferme espoir de te faire arguepincer [sic] un petit $ 20.00 pour une revue de mon livre, avec moult corrections et autres attributs. Je crois que la chose sera décidée dès que ma dernière page sera entre les mains de l'imprimeur. Je viens d'en pondre 35 de plus; il m'en reste encore une vingtaine à matagroboliser [sic]; lorsque tout sera fini, je te passerai les épreuves, et je compte pouvoir les

---

203. «S' Raymond — Cette jolie place de campagne devient d'année en année plus populaire. Cette année des familles de Philadelphie, Brooklyn et d'autres villes des États-Unis et du Canada sont en villégiature en cet endroit», la Justice, 28 juin 1886, p. 3.

accompagner du petit dont je fais mention si éloquemment. Ça ne te fera pas de mal et ça me fera beaucoup de bien.

Je te renverrai ton petit cahier dès que j'y aurai puisé ce dont j'ai besoin.

Dis à Marmette qu'il m'a oublié, mais que je l'aime toujours.

À toi,

A. Buies

St-Jérôme, 29 février 1889

[À Arthur Buies]

Cher ami,

J'ai reçu votre lettre avec le plus grand plaisir. J'admire la guerre que vous faites aux barbarismes, anglicismes... Je ne me doutais pas que l'on écrivît si mal le français. Vraiment c'est à faire peur. Je voyais bien par ci par là beaucoup de fautes sur nos journaux, mais ça foisonne. Vous fites bien de taper dur là-dessus. Vous ne pouvez trop fouetter notre mauvais français. Plus d'un profitera de la leçon. Plus notre langue sera pure, plus aussi la race en recueillera les bons fruits. Ce sera une preuve éclatante qu'elle conserve libre de tout alliage le beau sang qui coule dans ses veines.

Maintenant je vois que vous êtes le serviteur utile par excellence. Vous employez admirablement votre temps à faire un bel ouvrage. Tout cela confirme que le mariage est votre salut et que vos beaux talents vont servir admirablement au bien du pays et ici et en Europe. Le Canada est connu de mieux en mieux en France et ce sera un temps favorable pour imprimer votre ouvrage. Il pourrait bien se faire que Reclus[204] exige que cela paraisse dans le Tour du Monde[205]. Vous ferez la partie qu'il a demandée à l'abbé Proulx que celui-ci ne pourra faire.

Je crois qu'il faudra avoir force photographies, car c'est ce qui paye mieux: 20 francs pour une page photographiée; 10 francs pour une demi-page et 5 frs pour un quart. En outre vous recevrez de 5 à 6 cents la ligne.

---

204. Élisée Reclus (1830-1905), géographe et théoricien anarchiste, collabora à plusieurs revues, dont la *Revue des Deux Mondes*. Il publia en 1875 la *Nouvelle géographie universelle* qui établit sa réputation de géographe en France et à l'étranger.
205. Publication sur les voyages qui paraît en France à partir de 1860.

Il faut que votre livre[206] ait des photographies nombreuses comme la géographie de Reclus ou Desbarats qui vient de m'écrire qu'il voudrait faire un petit volume de notre Nord avec force photographies. Ne pourrait-on pas s'arranger avec lui? Cette petite brochure coûterait 25 cts. Vous reprendrez le temps perdu et je suis certain que votre livre fera sensation pour votre honneur et la gloire du Canada. C'est alors que les mauvaises langues garderont un souvenir et que notre triomphe sera complet. Votre chère moitié en jubilera de joie et ses parents verront que après tout vous n'étiez point un si mauvais parti. J'ai fait ce que j'ai pu pour vous satisfaire car je sais que vous faites une œuvre qui mérite les encouragements de tout homme intelligent et qui aime son pays. Saluez Madame Buies pour moi qui va nous valoir de beaux livres.

A. Labelle ptre

P.S. Ah! si les Canadiens savaient se gouverner et ne pas dépenser leur force à se culbuter et à s'entortiller les uns les autres pour se donner les meilleures jambettes, nous pourrions voir l'avenir avec moins d'inquiétude. Les hommes sont les hommes et il faut bien les endurer comme ils sont. Tâchons de les corriger de leurs excès et de leurs bonnes qualités.

A. L[abelle]

Saint-Raymond, 4 mars 1889

[À Alfred Garneau]

Mon cher Alfred,

Je t'ai expédié de Québec ton petit cahier d'extraits et te remercie. Tu verras par mon bouquin que j'en ai tiré parti.

Veux-tu parcourir les chapitres de mon livre qui suivent le chapitre préliminaire que tu as corrigé. Je fais faire deux éditions simultanément; l'une renfermera nécessairement les fautes qu'il est trop tard pour corriger;

---

206. *L'Outaouais supérieur.*

l'autre, n'ayant pas encore été mise en forme, en sera exempte. Les deux éditions seront de 5 000 exemplaires chacune. Je compte pouvoir publier d'ici à un mois; les gravures marchent bien, la carte doit être livrée dans deux ou trois jours; je n'ai plus, pour ma part que 20 à 25 pages à faire, ce qui ne me prendra pas grand temps, car tous mes matériaux sont prêts. Je viens pour cela passer une douzaine de jours à Saint-Raymond, où je travaillerai en paix. Au bout de ce temps, je compte que les gravures seront prêtes, et je n'aurai plus qu'à corriger ma dernière forme.

Une imitation de printemps nous arrive tout à coup, après une onde de froid terrible qui a duré trois jours. On prétend qu'au lac Édouard le thermomètre est descendu à -38 F; ça me paraît fort; néanmoins, je ne me rappelle pas avoir senti un froid pareil depuis bien des années.

Si tu vois Sylvain, dis-lui que je tiens à garder Mackenzie jusqu'à ce que mon livre paraisse, mais s'il en a besoin, qu'il me le fasse savoir de suite, et je le lui enverrai immédiatement.

Bonjour, cher ami, je te serre la main. Si tu m'écrivais un petit mot ici, ça me ferait plaisir.

Arthur Buies

Saint-Raymond, 9 mars 1889

[À Alfred Garneau]

Cher Alfred,

J'ai reçu tes deux envois. Impossible aujourd'hui de t'écrire plus qu'un mot. Nous sommes en plein déménagement, et tout est sens dessus dessous dans mon loghouse. Il faut néanmoins que je te prévienne de m'adresser dorénavant tes envois à Québec, poste restante. J'y ai trouvé un logement, mais nous n'y pourrons entrer que le 1er avril. En attendant, nous pensionnerons.

Je te suis reconnaissant du plus profond du cœur. Je ne me doutais pas qu'il y aurait tant de fautes dans mon ouvrage. Je t'écrirai au long de Québec.

Serre la main

A. Buies

Québec, 11 mars 1889

[À Alfred Garneau]

Mon cher Alfred,

J'arrive à Québec où je trouve une dernière forme prête à t'être expédiée. C'est la correction de cette forme qui presse le plus en ce moment. Veux-tu la faire de suite et l'adresser directement à mon imprimeur. Pour la suite des autres corrections que tu as entreprises, tu pourras la faire après la présente.

Je t'écrirai probablement demain. Adresse toujours directement à Darveau.

Bien à la hâte,
Ton ami
A. Buies

Québec, 16 mars 1889

[À Alfred Garneau]

Mon cher Alfred,

Enfin, je puis t'écrire un mot. Depuis mon arrivée à Québec j'ai toujours été sens dessus dessous, pressé de tous côtés par des exigences diverses. Tes craintes au sujet de la translation [sic], de tes [illisible] aux Communes doivent-elles se réaliser? Ou bien n'as-tu fait que redouter l'exécution d'une nuance imbelle [sic]? De loin, il me semble qu'il n'y a qu'un de ces mille projets sans raison et sans suite, qui naissent à tout propos, surtout dans la cervelle des députés. Je ne pense donc pas que tu doives être triste pour cela ni craindre de ne pouvoir léguer au Sénat tes restes inamovibles. Je te supplie donc de redonner à tes traits cette sérénité qui en fait le charme et de ne plus te laisser émouvoir par de vains propos ou projets humains.

Ce qui ne sera pas, je l'espère, un vain propos, c'est l'érection d'un monument à ton père en face le palais législatif. Je n'ai pas entendu parler de ce projet depuis le jour où j'ai rencontré ton frère; du reste, je suis si occupé de ma propre affaire et je suis si souvent appelé de différents côtés que je n'ai vu aucun des députés pour en causer avec lui. La Chambre est l'endroit où je vais le moins souvent. Je te renvoie la lettre de ton frère que tu as dû m'adresser par mégarde. En outre, je suis rarement bien, et j'éprouve une difficulté énorme à travailler; j'ai dans la tête une pesanteur «de mauvais aloi», comme disait Cardinal; tout le temps, le sommeil semble me guetter et vouloir tomber sur moi à la plus petite occasion; c'est avec bien de la peine que je combats cette torpeur qui, de la tête, se répand dans tout mon système; c'est là ce qui explique pourquoi je remets beaucoup et ai tant de peine à mettre ma machine en mouvement quand je parviens à m'y décider. Plains-moi, si tu m'aimes.

Mon imprimeur n'a pas eu de nouvelles de toi depuis plusieurs jours. Est-ce que l'exemplaire de mon livre, que je t'ai envoyé ne dépasse pas la page 192? Fais-le moi savoir, afin que je t'expédie la suite, et que tu puisses corriger jusqu'au chapitre des Oblats que tu as corrigé à Ottawa. Les corrections que tu fais en ce moment ne paraîtront que dans la 2ᵉ édition, celle que je fais tirer pour mon compte personnel. Pour la 1ʳᵉ, il était trop tard. Les deux éditions seront tirées simultanément, parce que, d'ici à ce que le graveur me donne mes illustrations, je vais avoir le temps de faire finir la 2ᵉ édition.

Laisse-moi donc avoir de tes nouvelles prochainement. Renvoie-nous donc aussi les feuillets que tu as en main, de la page 288 à la p. 295. Il est inutile que tu attendes la suite de ces feuillets-là, car je ne ferai peut-être pas une forme complète et ne dépasserai guère 300 pages. J'ai dit tout ce qu'il y avait à dire.

Je te serre la main et te prie de ne plus songer aux Communes que pour les répudier.

Ami Buies

Québec, 20 avril 1889

[À Alfred Garneau]

Mon cher Alfred,

Je suis malade, très malade, la plupart du temps au lit. Mon système nerveux est ébranlé, en sorte que je ne puis rien faire encore d'ici à une huitaine au moins. Alors, je devrai endosser de nouveau la livrée de combat for life, et pour le petit que ma femme porte en elle. Il remplacera l'autre, cher petit chien qui est disparu si inopinément, si brusquement[207].

---

207. Allusion au décès d'Antoine-Alphonse, survenu le 31 mars.

221

Je te confie donc le soin de corriger les fautes typo-
graphiques de trois formes que tu as déjà revues au point
de vue du langage. C'est tout ce qui reste à faire pour
que mon ouvrage soit prêt à être publié. Les gravures sont
prêtes, moins la revise des titres qui doit m'arriver lundi
ou mardi prochain. Il arrivera que les gravures et l'ouvrage
d'impression seront prêts en même temps, si tu veux bien
me donner un coup de main.

Nous avons reçu ton affectueuse carte et nous t'en
remercions, ma femme et moi.

Il est probable que tu me verras à Ottawa en juin,
pour mon livre.

Ton ami,

A. Buies

Rimouski, lundi midi, 19 août [1889]

[À sa femme]

Je t'écris à la hâte, chère petite femme bien-aimée; on
est toujours à la hâte en voyage. Mon Dieu! que je voudrais
donc t'avoir avec moi! Je n'ai que cette pensée-là tout le
temps. Sans toi, les choses n'ont plus le même aspect, ni
aucun charme, et cependant, je me trouve bien mieux qu'à
la ville. C'est incroyable l'influence du grand fleuve et de
l'air salin sur moi! Ça me renouvelle des pieds à la tête; je
ne sens vraiment la vie, dans toute sa plénitude, que sur
les bords de mon beau Saint-Laurent, bien loin, bien loin
de la ville. Ah! pour sûr, nous y resterons désormais tous
les ans au moins quatre mois. C'est pour moi, ma chère,
vois-tu, un brevet de vingt-cinq ans de vie. La seule chose
qui me fasse une peine réelle, c'est de te savoir seule à
la ville, seule dans cette maison bête à 4 étages, sans horizon, sans lumière, sans un sourire du ciel, m'y attendant
dans l'ennui, et toujours avec quelque inquiétude, quelque
souci qu'il est impossible de chasser de sa pensée. Ah!
ma petite femme, ma bonne petite femme chérie, c'est une
dure condition que celle qui nous est imposée de ne pouvoir assurer le confort et la certitude d'un avenir tranquille à sa famille qu'à force de sacrifices de jour en jour
renouvelés. Une seule chose en console, c'est le but à
atteindre, c'est la joie de la récompense, qu'elle soit arrosée
de sueurs et de larmes, tant qu'on voudra... Tu sais que je
n'ai jamais autant aimé mon bébé, mon tit fan, fais ta tite

222

risette à tout tit pé, cher, que depuis que je l'ai perdu, et bien! toi, c'est la même chose. Pour savoir, pour me rendre compte combien tu m'es chère, combien tu me tiens par toutes les fibres de l'âme, il faut que je sois loin de toi. Pauvre chère petite, comme je vais donc t'embrasser à mon retour!

Je pars tantôt à 2 ¹/₂ h. p. m. Je serai à Campbellton ce soir, à 7 h demain matin, je recevrai ta lettre. Écris-moi là encore un mot demain matin, mardi, et attends de mes nouvelles avant d'écrire davantage. Tu pourras mettre ta lettre à la poste centrale jusqu'à 7 h p. m.

Bolduc, l'inspecteur des postes, a fait le voyage jusqu'ici avec moi. Il m'a dit que tu as dû recevoir samedi après-midi le télégramme de Maniwaki annonçant que tes lettres en étaient reparties le 14. Elles doivent arriver ce matin ou elles arriveront demain matin au dép', comme j'en avais donné instruction, et si Sylvestre ne te les expédie pas de suite par son messager, ne perds pas de temps pour y voir.

[Arthur Buies]

Québec, vendredi, 23 août 1889

[À son mari]

Cher petit nini à mé,

Je n'en ai pas pour trop longtemps sans te revoir, que j'ai donc hâte!

J'ai reçu ton télégramme de Dalhousie et je me hâte de t'écrire quelques lignes. Maman est ici avec Zita; elles partent à 5 hres. J'ai reçu trois «Saguenay» de M. Pelletier et j'ai envoyé un mot à M. Sylvestre lui demandant d'envoyer cinq Outaouais supérieur en retour. Quand maman n'est pas ici j'ai Edgard Bélanger pour coucher. Je tiens compte de toutes mes dépenses; je sais que tu aimes l'ordre dans les affaires.

Avant hier soir je suis allée chez le D' Hamel et d'après ce que je lui ai dit, il croit que j'en suis aux derniers temps[208]. Vous êtes dans les dernières semaines, dit-il. Si tout peut arriver comme il faut et que j'aie le temps d'avertir mon monde. Le père de Mme L'heureux vient le soir pour blanchir la cave. Je pense que tu seras bien satisfait à ton

---

208. Victoria-Yvonne naîtra le 14 octobre.

arrivée; te faire plaisir, mon chéri, c'est mon bonheur. Tu seras si bien pour écrire dans ton petit coin tout près de moi. Comme c'est agréable la vie à deux! Toutes les petites tendresses, toutes les bonnes petites choses qu'on peut se dire lorsque l'on s'aime! Je serai bien contente de retrouver notre bonne petite vie. Mais malgré l'ennui que je ressens durant ton absence, j'aime mieux que tu fasses toutes tes affaires avant de revenir. Ça ne prendra pas grand temps maintenant. Tout de même, j'ai bien hâte de te donner un bon petit bec cher petit mamour à mé. J'ai peut-être la chance d'envoyer ma lettre maintenant.

À toi mon bien aimé reviens bientôt cher c'est triste sans toi.

Ta bonne petite femme qui t'aime de tout son cœur.

Mila [Buies]

Rimouski, 23 août [1889]

[À sa femme]

Enfin je puis t'écrire, ma petite femme bien-aimée. Je veux vider mon cœur entièrement dans le tien. Mon Dieu! que je m'ennuie donc, que je m'ennuie donc loin de toi. C'est impossible, je ne puis pas vivre sans ma petite femme. J'ai beau courir la province, changer de scène deux à trois fois par jour, partout je suis comme un poisson hors de l'eau. Rien ne me charme, rien ne m'attire, et j'ai beau me promettre, à propos de tel ou tel endroit, des enchantements et des enthousiasmes qui me tiendront lieu, pendant quelques heures, du sentiment qui est enraciné dans tout mon être, c'est inutile; là où tu n'es pas, il n'y a plus rien pour moi, la nature est muette et mon cœur est comme un battant sans cloche. En revenant de Maria, je voulais prendre à Dalhousie le train qui m'eût transporté à l'île du Prince Édouard, je n'en ai pas eu le courage. Je trouvais déjà interminable le bout de chemin que j'avais fait; la longue suite des paysages, les grèves se déroulant à perte de vue, les montagnes se succédant dans une uniformité prétentieuse, tout cela avait fini par m'affadir et me donner des nausées, une nostalgie irrésistible. Six jours loin de toi, j'en avais assez, et je trouvais que l'espace à parcourir pour te rejoindre n'en finissait plus. Maintenant, me voilà rendu à Rimouski, et je vais essayer ici de me remettre d'aplomb et de m'arranger de façon à ce que mon voyage me rapporte au moins beaucoup de fruits en échange de l'ennui que j'ai enduré.

Je n'ai pas été sans prendre autant de renseignements et de notes que j'ai pu le faire; mais tous les contretemps sont venus fondre sur moi. Figure-toi qu'arrivé à Campbellton, j'apprends que Mgr Guay[209], à qui j'avais écrit, vient de partir pour une retraite des prêtres à Rimouski. Bon; je me trouvais avoir fait un voyage blanc, de ce côté là du moins. Heureusement qu'on m'annonce quelqu'un pour remplacer Monseigneur, ou à peu près. Ce quelqu'un c'est l'agent des Sauvages. Il faut te dire que Sainte-Anne de Ristigouche, où demeure Mgr est juste en face de Campbellton; la rivière Ristigouche les sépare. Cette rivière est admirable en cet endroit et ressemble beaucoup à notre fleuve. Une quinzaine de milles plus bas, à Dalhousie, elle se décharge dans la baie des Chaleurs par une ouverture immense. Or, Sainte-Anne de Ristigouche est une mission de sauvages. L'Église est bâtie sur la réserve même, et Mgr s'y est construit grâce à des quêtes et à des bazars et à toute espèce de trucs, un presbytère, ou plutôt une villa, d'une élégance remarquable et d'un luxe surprenant. Ce n'est pas qu'un petit gars que ce Mons[gr]; je te raconterai à son sujet des choses épatantes. Toute la matinée de mardi dernier, je la passai à Ste Anne avec mon agent des Indiens qui m'a tout fait voir, tout expliqué et tout appris, excepté la partie historique. Dans l'après midi de mardi, j'eus la chance de pouvoir me rendre à Dalhousie dans un petit bateau d'excursion qui faisait un voyage spécial. J'y passai la soirée à visiter de mon mieux et à fureter partout; à 9 h je me rendis à bord du bateau l'Admiral, qui partait le lendemain, à 4 h du matin, pour Gaspé. Je ne savais absolument pas jusqu'où j'irais ni de quelle manière je parcourrais la baie des Chaleurs, si tant est que je devais la parcourir. Avec toi je ferais le tour de la Sibérie, mais sans toi, j'étais incapable de m'arrêter à aucun dessein, et je n'avais pas plus tôt projeté quelque chose que, crac, je le lâchais. Comme j'étais sur le pont, par une nuit noire comme l'anus d'un crocodile, éclairée seulement par les fanaux des mâts, j'entends tout à coup une exclamation «Mais c'est bien le diable, voilà Buies rendu ici.» Je me retourne et je trouve 4 à 5 Canadiens de Québec, de Sherbrooke, de Montréal et autres lieux, qui venaient justement d'arriver et prenaient également le bateau pour des

---

209. Mgr Charles Guay, né en 1845, curé de Restigouche (1884-1890); a été vicaire à Sainte-Flavie (1870-1871) et à la cathédrale de Rimouski (1871-1875).

destinations quelconques le long de la baie. Après bien des épatements, des ébahissements et des questions, que vois-je? Antoine en personne, le mari de Laetitia, qui arrivait de son côté d'un voyage de l'autre côté de la Baie, à un endroit appelé Petit Rocher, où il va s'établir dans quinze jours. Il abandonne Maria. Il me presse et me décide à descendre avec lui à ce dernier endroit, où j'avais bien, il est vrai, décidé de me rendre, mais sans être absolument traître à cet égard. Le lendemain matin, après une nuit d'orgie, nous arrivions à Maria, à 7 heures du matin. Nous nous rendîmes chez Antoine et je pressai dans mes bras Lucile palpitante et fléchissante. Je t'assure que ce n'est pas drôle, Maria, et qu'Antoine fait bien d'en partir. Quel trou! Rien à manger, pas même du poisson, et la baie est là, ronflante devant soi! Ce qui m'avait porté à aller à Maria, c'est que je voulais revenir par le chemin de fer nouveau, et voir ainsi l'intérieur du pays. Mais le chemin de fer ne fonctionnera qu'à la fin de septembre, si même alors. Premier contretemps. Je voulais encore, et surtout, rencontrer le curé Gagné, de l'endroit, qui est un chercheur, un collectionneur, et qui m'aurait admirablement renseigné sur l'histoire et les développements de la baie. J'apprends que lui aussi était parti pour la retraite des prêtres. Deuxième contretemps; mais celui-là était comme un coup de massue et je devins tellement écœuré que je résolus sur le champ de ne pas aller plus loin, et de reprendre le bateau dès le lendemain pour revenir à Dalhousie, d'où je m'élancerais vers l'île du Prince Édouard. Je revins donc le lendemain, je couchai à Dalhousie, et au lieu de prendre dans la nuit le chemin du Nouveau-Brunswick, je pris le lendemain matin celui de Québec, et me voilà maintenant à Rimouski, où, me trouvant chez nous, en état d'arrêter et de fixer mes pensées, j'en profite d'abord pour écrire à ma petite femme adorée, qui a pris tout mon cœur, d'un bout à l'autre, et ensuite pour voir ici même Mgr et M. Gagné que j'ai en vain relancés chez eux et en tirer le plus de renseignements possible. Je t'ai télégraphié ce matin, en partant de Dalhousie, afin de te tenir au courant, t'annoncer la présente lettre que tu recevras demain, samedi après-midi, et pour te demander de m'écrire ici toi-même. J'attends donc une lettre de toi demain après-midi. Que j'ai de choses, que j'ai de choses à te raconter! Cela est impossible dans une lettre; je n'en ai pas le temps. J'ai reçu ta 1re lettre à Campbellton, et ta 2e à Maria: tout a marché magnifiquement bien. Je partirai de Rimouski, soit dimanche matin, à 6 h, soit lundi, à

1 ¹/₂ h. après dîner, à l'heure où nous sommes partis ensemble. Il y a un train le dimanche matin, parce qu'il faut bien que ce train parti d'Halifax le samedi soir, se rende à Québec, il ne peut pas rester en route; mais il n'y a pas de train lundi matin. Parvenu à la Rivière du Loup, resterai-je une journée en attendant que je prenne le train de Témiscouata, qui part tous les jours à 1 ¹/₂ h. de l'après-midi, ou me rendrai-je tout droit à Québec; c'est ce que je ne sais pas encore. J'incline fortement à prendre mon courage à deux mains et à pousser une pointe tout de suite de ce côté, jusqu'à Saint-Jean, N. B. Ça serait bien mieux et je serais débarrassé, outre que l'objet de mon voyage serait entièrement rempli. Cela dépendra beaucoup de la lettre que je recevrai demain de ma petite femme bien-aimée; si elle m'en donne le courage, j'irai jusqu'au bout; sinon, j'en serai quitte pour me reprendre un peu plus tard, après m'être de nouveau retrouvé près de toi. Dans tous les cas, je te tiendrai au courant par le télégraphe. Écris-moi toujours lundi matin un petit mot et adresse-le à la Rivière-du-Loup (en bas). Si je dois filer à Québec tout droit, tu recevras un télégramme de moi lundi matin, à temps pour t'empêcher de m'écrire; sinon, écris. Mon Dieu! que je voudrais donc t'embrasser! Mon Dieu! ma petit femme que t'é [*sic*] aimé. Toute mon âme est à toi, du nord au sud et de l'est à l'ouest. Il faut que je te dise aussi, pour compléter ton bonheur, que Jack te dispute une fraction de mes meilleurs sentiments. La pauvre bête! Si tu avais vu comme il s'en est donné et comme il était heureux de n'avoir plus à gémir sous ton joug de fer! Quel attachement, quel dévouement à ma personne. Lui non plus ne peut vivre sans moi; il me ressemble. Apprends de plus qu'il est devenu un nageur furieux, et qu'il aime autant l'eau maintenant qu'il la redoutait naguère. Je veux enfoncer le poignard de plus en plus dans ta blessure, et je te dirai que Jack a fait l'admiration des passagers et passagères, et que même j'ai dû le surveiller d'un œil jaloux, pour l'empêcher d'être victime d'un rapt.

Adieu, ma petite femme bénie; je ne puis t'en écrire plus long. Mon ventre se gonfle outre mesure et j'ai besoin d'aller marcher. Je t'embrasse sans imites, je te fais une grosse serrerie, grosse grosse té lé [*sic*] embrasse, et je vais passer la soirée avec toi dans mon cœur, pour faire le beau délé sommeil.

Bonjour, cher beau ptit chien.

A. Buies

P.S. J'ai rencontré sur le train le surintendant McDonald; il m'a dit que je pourrais désormais avoir un billet de faveur sur le Témiscouata, quand je voudrais. Adresse-moi donc à la Rivière-du-Loup la dernière Union Libérale[210] et les deux ou trois derniers Électeurs. Tu auras l'Union chez Béland, tout près de chez nous. Envoie-moi aussi le dernier Courrier des États-Unis hebdomadaire; tu l'auras chez Holliwell.

AB.

St-Jérôme, 3 novembre 1889

[À sa femme]

Je puis encore causer un peu avec toi, ma petite femme bien-aimée. L'après-midi achève, j'ai fait une bonne marche, et, en attendant souper, je me reporte avec tendresse vers notre petit nid où tu m'attends et où je vois notre bébé, qui doit être à la veille de faire ses petits ta ti, ta ti, maintenant.

J'ai passé la journée d'hier en voiture avec le curé, qui m'a fait voir nombre de choses intéressantes, et m'a ouvert bien des pages que j'ignorais. Nous étions dans une planche[211]; aussi je t'assure que c'est fatigant que de voyager de la sorte avec un gros homme comme le curé, qui prend les trois quarts de la place, et vous réduit à n'avoir qu'une fesse en place et à attraper des crampes et du froid de vingt manières. Pour du froid, j'en ai tant attrapé qu'aujourd'hui je souffre d'un mal de reins atroce, qui ne me permet ni de me retourner, ni de me lever vivement, ni même d'éternuer, sans lâcher un ouac. Je ne me rappelle pas avoir eu un mal de reins aussi fort depuis longtemps.

---

210. *L'Union libérale* (1888-1896), fondée à Québec par un groupe de jeunes libéraux. Préconise l'autonomie provinciale, l'indépendance du Canada et des changements à l'Acte de l'Amérique du Nord Britannique. Alexandre Chauveau, cousin de Buies par alliance, en sera un des collaborateurs.
L'Électeur, fondé à Québec en 1880 par un groupe de libéraux, dont François Langelier, Wilfrid Laurier et Joly de Lotbinière, eut pour rédacteur en chef Ernest Pacaud. Buies en fut un des principaux collaborateurs, avec Louis Fréchette, Ulric Barthe et James MacPherson Le Moine.
En 1896, *l'Électeur* disparaît et devient *le Soleil.*
211. Planche: voiture à quatre roues, dont les planches de fond servent de ressort.

Demain matin, lundi, à 7 h, le curé part pour Ste-Thérèse, à 12 milles d'ici; mais il reviendra le soir même. Quant à moi, je partirai sans faute mercredi matin pour le canton de Howard, puis celui d'Arundel, puis Ponsouby, au bout duquel je déboucherai dans Grenville. De là, par le train, je me rendrai droit à Ottawa. Je renonce à aller sur la Lièvre, car cela ne me servirait de rien; les jours sont trop courts et la saison trop mauvaise. Je ne pourrais rien voir; il sera facile de faire cette excursion de bonne heure, le printemps prochain. Quand j'aurai fait les 50 à 60 milles de voiture que je suis tenu de faire à l'heure présente, par des chemins abominables, et passé huit jours de plus à Ottawa, loin de tout ce que j'aime, j'en aurai fait assez pour gagner mes extras. À propos, ma petite femme, ménage, ménage à force, je t'en prie; tu n'as besoin de rien payer, puisque nous avons crédit partout, excepté ce que tu pourras prendre chez Grenier, car mon compte est assez élevé là pour que nous ne l'augmentions pas davantage. Je voudrais qu'avec l'argent que tu as, tu pusses payer Mme Cantin. Il ne me reste que 50 dollars pour toutes mes dépenses, jusqu'à mon retour, ce qui n'est pas de trop. Il est vrai que je puis faire beaucoup d'argent en route, mais cela n'est pas sûr, parce que je n'aurai pas le temps d'attendre, et si je m'ennuie trop, tu comprends que je flanquerai toute la boutique de côté.

Je suis traité ici comme un roi, mais mon mal de reins m'abîme, et j'ai une peur terrible de prendre encore bien du froid dans mon voyage en voiture. Il a plu terriblement ici la nuit dernière, et le ciel est encore plein de barbouillages. Néanmoins, ce que j'ai à faire, je le ferai. Des horizons nouveaux se sont ouverts à moi, et je crois posséder la clé de mon ouvrage. Une fois que j'aurai ouvert la première porte, tu me verras bientôt envahir tous les appartements. J'attendais une lettre de toi hier soir; je suppose que tu n'as pas voulu m'écrire avant de savoir au juste où je me trouvais. Néanmoins, j'en attendrai encore une demain soir; quant à celle-ci, tu la recevras mardi matin. Ne m'écris pas maintenant avant jeudi soir, et alors adresse ta lettre aux soins de ton papa. J'ai un appétit superbe et je dors comme une souche. Depuis mon arrivée à Saint-Jérôme, j'ai été tout le temps dans des jours sacrés, ce qui m'eût paru passablement ennuyeux si ça m'était arrivé à la fin de mon voyage. Le moindre mouvement que je fais sur ma chaise me fait un mal du diable aux reins. Je voudrais bien avoir quelques-unes de tes petites images. Demain, l'homme du curé me mènera compléter mes investigations, et je consacrerai une partie du mardi à visiter en détail la magnifique et immense fabrique de papier Rolland, qui n'a pas de supérieure dans toute l'Amérique. Je t'assure que j'emploie bien tous mes instants. Le curé voit que je suis sérieux et que je veux faire un deuxième livre qui ne déméritera pas le premier. Aussi, il ne néglige rien. Il a un vicaire qui parle aussi fort que lui et qui aime à discuter, de sorte que, parfois, leurs voix réunies arrivent au diapason du tonnerre, et que la maison tremble sur sa base. Que j'ai hâte d'avoir des nouvelles de toi! Je commence à trouver qu'il y [a] là un bon bout de temps que je t'ai quittée. Donne-moi des nouvelles en quantité, je t'en prie; tu sais que les plus petites choses m'intéresseront. Dire que personne n'avait voulu croire jusqu'à mon mariage, que j'étais fait pour la vie de famille! Ma petite femme, sois certaine que je t'aime de toute mon âme, absolument, entièrement, et que l'idée que je chéris par-dessus toutes, c'est de te rendre heureuse, et pour cela d'être le meilleur et le plus affectueux des maris. J'ai hâte de voir ton père; je lui en dirai des choses moshorificardantes! Je voudrais te voir lisant ma lettre, mon p'tit chien frisé, je suis si heureux de te donner une heure de contentement! Je fais une prière ardente pour toi tous les soirs, et je suis certain que Dieu nous bénira. J'ai assisté à la messe tous les jours depuis mon arrivée à Saint-Jérôme, il s'agit de rattraper le temps perdu. De ton côté, n'oublie pas de faire une bonne petite prière tous les jours. Il n'y a rien, rien au monde comme la prière pour nourrir l'espérance et pour aider à supporter toutes les contrariétés de la vie. Tâche de voir ma sœur au plus vite, et donne-lui de mes nouvelles. Celui [sic] lui fera tant de plaisir! Couvre de baisers notre petit pour moi. Comme je dois passer, à partir de mercredi, dans des endroits où la malle ne vient pas tous les jours, tu ne recevras pas de nouvelles de moi régulièrement, mais je t'enverrai des télégrammes qui te tiendront au courant de mon itinéraire et de mon état. Je serai certainement à Ottawa samedi soir. Adieu, chère bien-aimée petite femme, je te garde dans mon cœur, et tu me retrouveras plus tendre, plus aimant que jamais.

Arthur Buies

[À sa femme]

Enfin, j'ai reçu une lettre de toi cette après-midi; je t'assure que je commençais à être réellement en peine, mais me voilà rassuré et consolé. J'étais parti pour m'ennuyer atrocement; ta lettre m'a donné un nouvel élan.

Je pars demain matin pour l'orphelinat agricole de Montfort. C'est à 23 milles d'ici; je dinerai en route, à St-Sauveur, et j'y arriverai pour souper. J'en repartirai le lendemain matin, après avoir bien visité l'établissement et pris mes notes. Je serai de retour à St-Jérôme jeudi avant souper. Je ne comptais pas revenir à St-Jérôme; mais, d'après des renseignements pris ici, j'ai constaté que les chemins étaient impraticables, dans cette saison, au delà de Montfort, de sorte que je reviendrai sur mes pas. Vendredi matin, à 7 h, je prendrai le train pour Ottawa. Peut-être, par suite de circonstances très imprévues, serai-je retardé jusqu'à samedi matin, mais c'est archi-improbable. Je compte donc être dans les bras de ma belle-mère vendredi, à 1 h, pour luncher avec elle et lui dire des choses melliflues. (Cherche dans le dictionnaire). Si donc tu m'écris jeudi, vendredi à mon arrivée à Ottawa, je trouverai ta lettre, c. à d. qu'elle voyagera avec moi. N'oublie pas de m'envoyer les paquets d'Outaouais et le Courrier des É. Unis.

Ce soir, mon curé revient de Montréal, escorté du colonel Rhodes et de son fils, suivant un télégramme qu'il a envoyé ici dans la journée. C'est moi qui vais trouver le moyen de m'esquiver!!

D'après ce que tu me dis, je vois que nous ferons bien de conserver Mme Cantin; c'est toi qui es juge de ces choses-là. Si elle te convient, garde-la, offre-lui $ 8.00 au mois, son blanchissage et celui de l'enfant compris; si tu peux l'avoir pour 7, c'est fort bien, mais, dans tous les cas, je t'ouvre ma bourse pour huit. Tu ne me parles pas de la glace. As-tu vu le glacifobe, et l'as-tu payé?

Je voudrais bien que tu retires mon livret, chez Grenier; écris-moi de suite combien je lui dois. Je suis heureux que tu sois allée chez Emma Duchesnay[212]; as-tu vu

---

212. Épouse de Robert-Auguste Le Moine, avocat, greffier du sénat, fille de Antoine-Louis Juchereau-Duchesnay, seigneur de Beaufort. Voir Roger Le Moine, «En conjuguant mon plus-que-passé», *Mémoires de la société généalogique canadienne-française*, vol. 41, n° 1, printemps 1990, p. 24.

ma sœur, et Mme Chauveau et Minette Tessier? Comment se porte-t-on chez ta tante Bélanger? Tu diras à Clémentine que j'ai une véritable inflammation de l'appendice caudal. Je voudrais l'Ibrahimiser. Très-bien, je te remercie.

Tu ne me dis rien de notre chère petite Nounoune[213]; son embarras du larynx est-il guéri?

Va donc voir chez Bélanger, le doreur, où il en est rendu avec mes cadres. S'ils sont prêts, fais-les porter à la maison. Tu mettras les deux petits de chaque côté du grand, la farandole, sur la cloison au pied du lit, et les petits chats au-dessus de ma table de travail. Néanmoins, si tu trouves une autre disposition plus judicieuse, je m'en rapporte à toi. Je voudrais bien aussi que tu fisses monter le petit poêle, en haut. Il a tout le tuyau nécessaire, et si le petit ne suffisait pas, que Dugas le complète avec du plus gros, et la feuille d'adaptation qu'on lui avait appliquée à Saint-Raymond. Il serait bon de mettre le poêle dans la chambre de débarras, de sorte que le tuyau seul passerait dans la chambre des étrangers. Je compte être une semaine à Ottawa, en sorte que je serais de retour à Québec, dimanche matin, pour déjeûner, le 17. Je prévois qu'il me sera impossible d'arrêter à Montréal; cela me mènerait trop loin; pour me rattraper, je ferai autant d'affaires que possible à Ottawa.

Tu n'as pas d'idée comme j'ai lu, écrit, pris des notes et employé mon temps de toute manière à St-Jérôme; je suis très satisfait du séjour que j'y ai fait.

Malgré un ravissant soleil, il a fait très noir aujourd'hui; je crois la neige prochaine; aussi je me dépêche de filer, pour n'avoir plus à redouter le voyage en voiture. Je t'assure que ce n'est pas avec enthousiasme que je pars demain matin, les chemins sont très durs, et le froid insupportable en voiture découverte... mais il faut bien endurer quelque chose pour assurer un bon babuss à son tit fan [*sic*].

Bonjour, ma petite femme bien-aimée. Je n'aurai pas de nouvelles de toi maintenant, avant vendredi; heureusement que d'ici là je vais être tout le temps en voyage, et que je n'aurai pas l'occasion de m'ennuyer trop. N'importe, c'est dur d'être comme cela loin de tout ce qu'on aime.

Que je vais donc t'embrasser, que je vais donc t'embrasser mon Dieu! Et ma chère petite nounoune, aussi.

Arthur [Buies]

---

213. Victoria-Yvonne.

[À sa femme]

J'arrive, je n'ai que le temps de t'écrire un mot; je viens de te lire. Mon Dieu! j'espère que tu n'as eu qu'une indisposition passagère. Au nom du ciel, s'il survenait la moindre chose, télégraphie-moi de suite. Je meurs d'inquiétude, quand je suis loin de toi. Je t'en conjure, ménage-toi, fais attention, ou bien tu vas me rendre fou d'angoisse.

Je pense bien n'être pas obligé de rester ici, d'après ce que j'ai vu de suite, plus de 3 ou 4 jours, en sorte que je t'arriverai plus tôt que je ne pensais. Décidément, ma petite femme, nous ne sommes pas capables de nous séparer, nous deux. Pour ma part, je commence à n'y plus tenir. Au diable les affaires, s'il faut que j'y sacrifie le peu de bonheur que j'ai en ce monde.

La malle part dans l'instant; ton papa m'avertit pour la troisième fois, il faut que je m'arrête.

Mon Dieu, mon Dieu, fais attention à toi, ou tu me vas me [sic] faire mourir. À demain, ma bien-aimée, je t'écrirai longuement.

Fais tout ce que tu voudras au sujet des changements dans la maison; arrange les appartements à ta guise; pourvu que je sois avec toi, c'est tout ce que je demande. J'arrangerai les cadres. Fais venir le menuisier qui est chez Langlois, un peu plus haut que l'église Saint-Jean, pour enlever les planches et le rat avec.

Sois assez bonne pour faire absolument comme tu l'entendras.

Bonjour, chère bien-aimée. Si St-Pierre revient, paie-lui $ 4.00, et dis-lui que je le verrai pour le mois d'octobre. Je suis content que tu aies assez d'argent pour Mme Cantin. Retiens-la absolument pour [sic] jusqu'au printemps.

Embrasse, brasse, brasse, la petite noonue, toi, chère petite femme bien-aimée.

Arthur [Buies]

Québec, 19 décembre 1892*

[À M. Ph. Chaloult
Jules Gendron
Cez. Fraser Delage
Louis Demers, étudiants en droit
Université Laval]

Mes jeunes amis,

J'aurais voulu répondre de suite à votre si aimable et si flatteuse lettre. Mais je suis débordé d'ouvrage de ce temps-ci. En outre, s'autorisant d'un succès passager (et que je paierai peut-être un jour du prix de ma réputation, parce que je ne puis espérer toujours si bien réussir), plusieurs éditeurs de journaux, de différentes villes, n'ont pas hésité à me demander des «Chroniques» pour leur journal particulier, comme si cela se faisait à la mécanique, et comme si mon fonds était intarissable!

Votre lettre me rappelle le temps où je fus jeune aussi, facilement enthousiaste et épris des noms que la renommée faisait passer en tapinois par dessus les murailles du collége.

Vous l'êtes aujourd'hui; je ne vous dirai pas de faire durer ce plaisir: la jeunesse, hélas! n'a qu'une saison, et cette saison est moins longue que nos hivers.

Mais gardez toujours la jeunesse du cœur. Celle-là nous appartient jusqu'au dernier souffle. Elle vous sauvera de bien des regrets, de bien des amertumes. Avec elle le passé sera toujours présent, et vous mourrez octogénaires, au milieu d'une atmosphère parfumée de souvenirs heureux.

Je vous remercie, mes jeunes amis, d'avoir bien voulu me faire connaître l'agréable impression qu'ont pu vous causer mes «Réminiscences», et je vous prie de croire que le témoignage des «jeunes» est celui qui me touche et m'honore le plus.

Arthur Buies

---

* *Note de l'auteur:* cette lettre rompt évidemment l'ordre chronologique.

Québec, 12 avril 1890

Cher Monsieur Douville[214],

Je vous envoie en même temps que la présente deux volumes, l'un qui date de l'année dernière, l'autre tout frais sortant de chez l'imprimeur.

Comme ce sont là des ouvrages très instructifs, faits avec le plus grand soin, à tous les points de vue, je crois que les colléges devraient les donner en prix aux élèves des classes supérieures.

Soyez donc assez bon pour me faire connaître votre avis à ce sujet.

«L'Outaouais Supérieur» est beaucoup plus coûteux que les «Récits de Voyages», mais, pour faciliter les opérations, je les mets tous deux au même prix.

Que vous décidiez ou non de prendre mes œuvres, croyez que je n'en serai pas moins un des plus aimables élèves du collége de Nicolet d'autrefois, et un de vos plus dévoués serviteurs.

Arthur Buies

284, rue Saint-Jean, Québec

Québec, 16 avril 1890

Cher Monsieur Douville,

Je vous envoie sans plus tarder une douzaine d'Outaouais et une douzaine de Récits, convaincu d'avance que le prix de $ 0.50 l'exemplaire ne fera pas reculer d'épouvante l'Économe du Collége. Le prix de l'Outaouais est de 75 centimes mais j'établis un prix uniforme pour les deux ouvrages, afin de simplifier les opérations et d'allécher les préfets d'Études, mes meilleurs amis.

Je compte avoir eu une bonne idée en voulant faire connaître notre pays à la jeunesse canadienne par la géographie en action, semée de tableaux, d'épisodes, de descriptions pittoresques et d'histoire intime. J'irai aussi loin que je pourrai dans cette voie, et la route s'ouvre de plus en

---

214. Joseph-Antoine-Irénée Douville avait été professeur au Séminaire de Nicolet et en était devenu préfet des études. Il occupera les fonctions de supérieur entre 1895 et 1904.

plus devant moi. Si Dieu me prête vie, je paierai ce prêt, avec les intérêts composés, à mes concitoyens, en œuvres immortelles.

Si chaque collége de la province me fait une commande, je m'engage à atteindre les dernières bornes de l'immortalité.

Je vous donne une bonne poignée de mains en ancien camarade.

Arthur Buies

Québec, 22 avril 1890

Cher Monsieur Douville,

J'accuse avec reconnaissance réception de votre dernière lettre et du mandat qu'elle contenait.

Vous pouvez tenir pour certain que je m'efforcerai de mériter la réalisation des souhaits que vous formez pour que je puisse produire «longtemps encore» des livres utiles à la jeunesse de mon pays.

Je n'ai malheureusement eu cette inspiration que tard dans ma carrière, mais si «mieux vaut tard que jamais», je compenserai par un redoublement de labeur le temps perdu. Je suis bien décidé à passer en revue toute notre province et à la monographier avec entrain.

Au sujet du 2ᵉ volume de Chroniques dont vous me parlez, je vous annonce qu'il est actuellement à l'impression[215], qu'il y en a six formes de complétées, revues et corrigées avec soin et que le volume entier serait imprimé à l'heure qu'il est, si les remaniements ministériels, qui bouleversent le secrétariat provincial et, par suite, les «pensionnaires de Lettres», n'apportaient forcément un délai dans cette opération. Je compte néanmoins pouvoir livrer à la publicité ce volume dans le cours de juillet prochain. Je m'empresserai alors de vous en adresser une couple d'exemplaires, avec mon précieux autographe, ce qui, je l'espère, fera votre bonheur pendant de longues années.

Ce qui vaut encore mieux, c'est que j'irai probablement faire un petit tour à Nicolet pendant notre fugitive belle saison, et que j'aurai le plaisir de revoir mon vieux collége

---

215. Ce deuxième volume ne verra jamais le jour. On présume que Buies envisageait une réédition de Chroniques, Voyages, etc. etc.

et son personnel, où je retrouverai des condisciples d'il y a trente-cinq ans.

Permettez que je vous donne une bonne poignée de mains.

Arthur Buies

Marinini, 6 juin 1890

[À Arthur Buies]

Cher ami,

Vous ai-je oublié? Nullement. La gloire ne peut m'atteindre jusqu'au point d'oublier mes bons amis du Canada[216].

D'ailleurs, les journaux vous apprenaient mes pas et démarches. Les circonstances m'avaient placé si haut que la tête m'en tournait quand je regardais en bas. Heureusement qu'elle a tenu bon jusqu'au bout et que je n'ai pas fait la pirouette même à Rome. La politique qui domine ici, c'est celle qui a eu autrefois les secours de votre bras et de votre bienveillance. Comme vous le voyez, on s'en sert encore. Mais vous n'y êtes plus et sans doute que les événements ne vont pas aussi bien.

Vous avez choisi une autre vie qui est plus douce, plus aimable, plus tranquille. Vous avez une charmante épouse qui vous comprend, qui vous dorlotte et adoucit les moments d'ennui de cette vie par les secrets d'amitié et d'affection que seule la femme connaît, en voilà assez pour rendre un homme content heureux tout en faisant de bons livres. Aujourd'hui au lieu de fonder des royaumes, vous faites des enfants, et, il faut avouer que votre Sara, votre Rebecca l'emporte sur ses devancières, sinon, en amour, du moins en fécondité. Tout cela fait mon affaire car je ne perds pas de vue mes colons et mes colonnes. Qui l'aurait cru que vous seriez un jour un facteur de colons et il paraît que vous savez parfaitement remplir vos nobles fonctions.

Badinage à part, comment va la bonne dame, le bébé, et que sais-je? il y en a-t-il encore un autre? Les livres germent-ils dans votre illustre tête? La portez-vous toujours

---

216. Mgr Labelle séjourne à Rome de la mi-avril à la mi-juin 1890, pour y demander l'érection d'un évêché à Saint-Jérôme.

237

en l'air à la façon de nos réussis. J'aime cette allure fière qui donne de la majesté et de la grandeur. Quant à moi, on me reproche de la porter trop basse. Serait-ce parce qu'elle est trop pesante? Je pars de Rome la semaine prochaine. Le pape veut que, pour ce qui me regarde, on continue le [illisible] jusqu'à nouvel ordre. En Europe, le pape est heureux de réfuter les mensonges qu'on répand contre le clergé (qu'il est contre le progrès, etc.) en me montrant, en Canada comme assistant-ministre. Ma position est un agrément pour lui en Europe, mais comme elle ne l'est pas pour Taillon, Nantel et autres en Canada, il faut quitter d'un jour à l'autre. Taillon a prouvé que sa tête est plus grosse que celle du pape, si lui et ses partisans m'obligent à quitter le poste. C'est ce qui va arriver, mais pour tourner en mieux. Laissons faire. Il est rare que je ne botte pas mes adversaires même par le silence. Bien des respects à Madame Buies et un baiser au toutou.

A. Labelle, ptre

Québec, 20 octobre 1890

Mon bon Marmette,

Te trouverai-je ou ne te trouverai-je pas? Es-tu ou n'es-tu pas à Ottawa? Je suis perplexe autant que mermeix de coulisse en thébord [sic]. Et toi, ta santé est bonne, je te remercie. Plus loin, sur la plaine azurée, tu découvriras le beau Nautilus, type des constructions les plus navales, qui fait aux au pluriel: Ex: des navaux, pour cinq cents. Le 9 novembre prochain sera jour d'actions de grâces, je ne te dis que ça. Sois gracieux, ô Joseph! On discute depuis longtemps s'il est opportun ou ineffable de conserver les langues mortes; oui, sans doute, bien assaisonnées, bouillies à point, avec une pointe de laurier, d'où vient «Sylver-tongued Laurier» [sic].

Tu gémis... n'est-ce pas? Tu fais absolument comme le nord-est dans ma fenêtre en ce moment. Seulement, ton gémissement est moins perceptible.

Mes beaux jours, mes beaux jours sont passés... Ne fatiguons pas l'écho de plaintes inutiles. Aimes-tu la tête de mouton? Tu peux t'en procurer à discrétion. Tu n'en trouveras nulle part autant que sur les épaules des Canadiens.

On m'apprend que le petit Louison Taché est officier d'académie. Il n'y avait donc pas assez de Beaugrand. Je demande à être couvert d'opprobre et offert en vente à l'encan. En attendant, sois-moi propice et envoie-moi instanter la version anglaise des «Archives» pour 88 et 89. 86 ¹/₂ Saint-Eustache.

Je t'embrasse,

Arthur [Buies]

Québec, 24 janvier 1891

[À Alfred Garneau]

Mon cher Alfred,

Je t'écris à la course. Je ne sais pas ce que cela veut dire; je ne fais rien et je n'ai jamais un instant à moi. Depuis la naissance de ma petite dernière[217], je n'arrête pas, et cependant, au bout de la journée, je me demande en vain à quoi j'ai avancé.

Ton petit mot a fait un plaisir extrême à ma chère bonne petite femme, elle t'en remercie et te serre la main. Je savais que mon article[218] touchait la bonne corde, parce que je l'ai écrit avec ma douleur vraie et mon accablement du moment, dont il me semblait que je ne pourrais sortir, tant les nerfs avaient été ébranlés en moi par tous ces chocs successifs.

Aujourd'hui, grâce à Dieu, j'ai repris l'empire sur moi-même et je vais poursuivre l'édification de mon monument à la mémoire de mon grand et bon curé.

Il est à peu près décidé que je me ferai faire à moi-même une opération, comme celle qu'on a faite au curé, d'ici à un mois. Mais je n'ai pas les mêmes dangers à redouter; ce n'est pas l'opération qui a tué le curé, c'est sa maladie antérieure, parvenue au dernier degré, et les circonstances mortelles qu'entouraient cette opération à laquelle on n'a eu recours que comme pis-aller in extremis.

Au revoir, mon cher Alfred,

A. Buies

---

217. Éléonore-Mathilde, née le 27 décembre 1890.
218. «Saint-Jérôme. Une page consacrée à la mémoire du regretté curé Labelle», la Patrie, 15 janvier 1891, p. 1-2.

[À Alfred De Celles]

Mon cher Alfred,

Je reçois à Rimouski la lettre que tu m'adresses dans les termes fallacieux auxquels t'a habitué une diplomatie corrompue. Je te réponds avec la vélocité du cerf. Le «Correspondant» m'est parvenu vers le milieu de juin; j'en été [sic] tiré tout ce dont j'avais besoin. Il dort en ce moment dans un tiroir du bureau de mon beau-frère Le Moine, greffier des Bills Privés, d'où il ne pourra être exhumé qu'à mon retour à Québec à la fin d'août. Ainsi, sois tranquille au sujet de cet article.

Maintenant, puisque tu professes, dans un langage aussi rampant que problématique, de ne pas m'oublier, tu devrais bien te rappeler que je passe ma vie à tirer la langue sans imites, et que tu m'as donné à entendre à Ottawa que tu te compromettrais sérieusement pour moi au mois de juillet. Le temps est venu de t'immoler. [lettre incomplète]

[Arthur Buies]

Rimouski, 9 août 1891

Cher M. Laflamme[219],

Je viens vous demander de vouloir bien me rendre un service signalé.

J'ai entrepris de faire une monographie du comté de Montmorency, sans savoir le premier mot de mon sujet; c'est ce que l'on appelle en termes appropriés de l'effronterie. Néanmoins je voudrais éviter de tourner au cataclysme[220], surtout dans mon ouvrage; cela est bon tout au

---

219. Joseph-Clovis Laflamme (1849-1910), professeur de minéralogie et de géologie à l'Université Laval depuis 1870.

220. Dans «Le Saguenay. Essai de géographie physique», paru dans le *Bulletin de la Société de géographie* de Québec (1885, p. 47-65), l'abbé Laflamme avait réfuté l'hypothèse avancée par Buies dans le *Saguenay et la Vallée du Lac Saint-Jean* (p. 258-281), selon laquelle un cataclysme serait à l'origine du Saguenay.

plus pour le Saguenay, et même je crois qu'il en est guéri, depuis la dose d'érosion que vous lui avez administrée. Je suis disposé à tout faire pour l'érosion en ce qui concerne Montmorency; érosion for ever!

Puisque vous me trouvez dans des conditions aussi favorables à la théorie par excellence, j'espère que vous vous prêterez avec la grâce qui vous caractérise, grâce toute neptunienne j'allais dire, à la demande que je vous adresse de vouloir rédiger pour moi spécialement, dans un moment de loisir, quelques notes, au hasard de la plume, sur les formations et les conditions géologiques générales de la côte Beaupré et de l'île d'Orléans. Vous pourriez y ajouter n'importe quel détail que vous croirez de nature à donner une idée plus complète de ce pays. Donnez-moi donc aussi quelque chose sur la rivière Montmorency, sur la chute, sur sa puissance (en voilà une qui doit en avoir, une fameuse force d'érosion!), enfin sur tout ce qui vous viendra à l'idée. Vous comprenez que je ne vous demande aucun travail, mais seulement de verser à temps perdu ce qui déborde de votre urne; cela me suffira, car il ne me faut pas autre chose que des notions élémentaires, mais précises. Je broderai là-dessus, et je m'engage sur l'honneur à ne faire intervenir aucune force plutonienne quelconque. Je suis déterminé à assimiler Saint-Joachim au rivage du New-Jersey. Une réponse aussi prompte que possible de vous me rendra extrêmement heureux.

Croyez-moi tout à vous,
Arthur Buies

Rimouski

Rimouski, 15 août 1891

Cher Monsieur Laflamme,

Depuis le temps que je cherche des cataclysmes méthodiques, ayant la conscience de leurs actes et ne cherchant pas à nous berner par de vaines apparences, j'ai enfin trouvé mon affaire, et la côte Beaupré comble tous mes vœux.

Ce que vous me dites à propos des notes est parfaitement juste; ce qu'il me faut, c'est vous-même me conduisant et me donnant la démonstration instantanée, la confirmation de visu et sur les lieux mêmes des faits géologiques. Cela seul reste dans la mémoire, s'y incruste et a toute la force convaincante du flagrant délit. Est-ce que nous ne pourrions pas trouver quelques jours à passer ensemble; il s'agit peu de moi, remarquez-le bien, je n'ai ni ne saurais avoir aucune prétention scientifique, mais je veux néanmoins être convenable, écrire des choses qui en valent la peine et contribuer pour ma part à faire sortir nos ouvrages canadiens de l'enfance interminable et des puérilités grotesques qui les affligeront indéfiniment, tant que leurs soi-disant auteurs ne voudront pas étudier aux sources mêmes, recourir à la méthode expérimentale.

Ce qu'il me faut, c'est uniquement quelques notions précises, un point de départ scientifique, afin d'en finir avec les enfantillages et les calques sempiternels des uns sur les autres, sans critique, sans contrôle. Je veux une donnée, mais une donnée que les hommes de science pourront appuyer après l'avoir vérifiée. Je me charge du reste; le reste est mon affaire; là j'ai le champ libre et ce champ m'appartient; j'y ferai pousser ce que je voudrai, mais il faut que ce soit un champ et non pas une fondrière.

Vous voyez le hic et le hoc. Je vous aurai une reconnaissance infinie si vous arrivez à distraire quelques jours de ceux que vous devez à l'Univ., à la Com. Géo. et au public en général pour les employer à parcourir avec moi la côte Beaupré. Sinon, il faudra bien que je me contente des notes que vous voulez bien crayonner pour moi, et j'en tirerai tout le parti possible en parcourant de nouveau les lieux. Mais, tâchez, tâchez, si faire se peut.

Recevez l'expression de mes
meilleurs sentiments.
Arthur Buies

Répondre à cela[221]! Comment? Je ne vois pas que cette correspondance-là s'adresse à moi plus qu'à tout autre. Répondre à un homme qui ne signe pas, qui ne se nomme pas, qui procède par insinuations, est absolument indigne d'un homme qui se respecte et qui a la certitude de posséder l'estime générale. S'il fallait m'amuser à répondre à tous ceux qui débitent sur mon compte tout ce qui leur passe par la tête, il ne me resterait pas une heure pour moi-même, une heure pour mes études et pour accomplir des choses utiles. Je n'ai pas l'habitude de brûler ma poudre aux moineaux, et il faut que les roquets aient longtemps jappé sur mes talons pour que je me décide à me retourner et à donner un coup de dent.

En outre, il m'est impossible de croire que cette correspondance m'ait en vue, attendu que je ne puis croire qu'il existe un homme assez sottement téméraire pour avancer des choses aussi ridiculement fausses, si toutefois elles s'adressent à moi, des choses qui feraient pouffer de rire les gens de Québec, s'ils avaient connaissance de la correspondance <u>Vendetta</u>[222]. Aussi n'ai-je pas l'intention d'y répondre, mais ce qui est essentiel, c'est d'empêcher une monstrueuse légende de s'accréditer sur mon compte.

Or, cette légende monstrueuse, dont je dois au public et à mes nombreux amis d'empêcher la vulgarisation, consiste à me représenter comme l'obligé de M. Mercier et, par suite, comme un ingrat pour avoir écrit la page d'histoire

---

221. «Un collaborateur de *la Patrie* qui signe A. B. et qu'on dit être M. Arthur Buies, écrit dans le numéro du 10 novembre que quand il parle de M. Mercier il dit "Mercier" tout court, comme on dit Gladstone, Carnot, Cleveland.
Au mois d'août dernier, M. Buies a fait de l'ex-chef libéral un portrait qui peut en effet le dispenser d'observer les règles de la politesse au point de ne pas dire: "Monsieur Mercier", tout comme on dit Ravachol à Paris, Bedon à St-Hyacinthe ou Grelot à Québec.» Anonyme, «Pas Monsieur», *le Courrier de Saint-Hyacinthe*, 12 novembre 1892, p. 1.

222. Dr C., «La Vendetta», *la Patrie*, 25 octobre 1892, p. 1. Dr C. est le pseudonyme d'Ernest Choquette (1862-1941), collaborateur de *la Patrie*, *la Presse* et *les Débats*, auteur de *Claude Paysan* (1899) et *Les Ribaud* (1898).

publiée dans la PATRIE, il y a quatre mois, sous le titre: «Le coup d'État Angers et la chute de Mercier»[223].

C'est là au moins un comble.

Avoir à subir le reproche d'ingratitude envers un homme de qui je n'ai reçu, pendant quatre ans, que des humiliations et des injustices et des rebuffades honteuses pour lui, c'est taxer au-delà de toute borne ma réserve dédaigneuse.

On croit, généralement, que j'occupais une situation sous le gouvernement Mercier.

Pas une heure.

Je ne relevais <u>absolument</u> que du curé Labelle, qui m'a <u>imposé</u>, entendez-vous bien, qui m'a imposé et qui a dû me prendre strictement à sa charge, M. Mercier se refusant obstinément à faire quoi que ce fût pour un écrivain qui, pendant vingt ans, avait consacré tout son talent, toute son énergie, tous ses efforts à faire valoir son pays et à le décrire le plus avantageusement qu'il était en son pouvoir.

Loin que les amis aient serré leurs rangs pour me faire place, je n'ai rempli aucune fonction dans aucun département, mais j'ai été chargé, par le curé Labelle, qui avait exigé de pouvoir m'utiliser comme une condition <u>sine qua non</u> de sa participation au gouvernement, j'ai été chargé, dis-je, de parcourir les diverses régions de la province et de faire des travaux que moi seul pouvais faire comme le curé Labelle les voulait.

Ensuite, dans toutes les occasions et chaque fois que je me suis trouvé en cause, j'ai eu à me buter contre l'hostilité sourde, implacable, aveugle et inexorable du premier ministre qui, lui, ne se gêne pas d'écraser les gens quand c'est lui qui a le pouvoir en main, et cela sans raison aucune, ce qui pis est, sans avoir eu le moindre reproche à m'adresser, le moindre grief à satisfaire contre moi.

---

223. Article paru dans *la Patrie*, 6 août 1892, p. 1-2. Rappelons que Mercier avait été réélu aux élections de 1890, mais que le lieutenant-gouverneur Angers le renvoya en 1891, suite à des révélations relatives à des transactions financières douteuses de Pacaud, trésorier du Parti libéral et de plusieurs ministres. De Boucherville lui succéda et remporta les élections provinciales l'année suivante.
De Boucherville donna sa démission en décembre 1892 et fut remplacé par Taillon qui demeura Premier ministre jusqu'en 1896.

Cette hostilité persistante et odieuse de M. Mercier à mon égard a été un scandale pour tous les bons libéraux de Québec, qui l'avaient sous les yeux et qui en gémissaient sans pouvoir se l'expliquer. Aussi se sont-ils tous donné la main pour réparer, chacun d'eux dans la mesure de leurs moyens, le mal que me faisait l'inimitié du premier ministre. D'eux tous, sans exception, j'ai obtenu tout ce que je pouvais raisonnablement espérer.

Qu'on lise ma brochure «au Portique des Laurentides[224]» et l'on verra en quels termes je parle de ceux qui m'ont réellement fait du bien. On y verra ce chapitre que je consacre au curé Labelle. Si M. Mercier en avait mérité un semblable, j'aurais été enchanté de pouvoir l'écrire pour lui! Mais il n'a droit aujourd'hui, strictement, qu'au langage de l'histoire, et c'est le seul que j'ai employé à son égard, malgré toutes les raisons que j'aurais pu avoir d'être agressif ou même cruel.

Enfin, pour terminer, puisque l'occasion s'en offre encore, je m'empresse de rendre un témoignage de reconnaissance à tous ceux qui, durant le cours de l'administration Mercier, m'ont aidé, encouragé, soutenu de leur mieux, m'ont ainsi mis en mesure de pouvoir élever ma petite famille et offrir au pays les plus beaux enfants dont jamais célibataire marié à quarante-sept ans ait été capable de faire don, même au pays le plus renommé pour ses productions callipédiques [sic].

Ces véritables amis, c'était M. Gagnon, qui a dû laisser le ministère, c'étaient M. Robidoux[225], M. Marchand[226], l'Orateur, M. Sheyhn[227], M. Arthur Turcotte[228] et enfin M. Charles Langelier[229], celui-là même qui a porté le poids de bien des

224. Paru d'abord sous forme de chronique dans l'*Électeur* du 9 décembre 1890, p. 1.
225. Joseph-Emery Robidoux (1843-1929), député de Châteauguay de 1884 à 1892. Secrétaire de la Province de 1897 à 1900. Voir *Réminiscences. Les jeunes Barbares*, p. 30-32.
226. Orateur de la Chambre.
227. Joseph Sheyhn (1829-1918). Député provincial de Québec-Est de 1875 à 1900.
228. Député de Trois-Rivières et Procureur général dans le Cabinet Mercier. Défait aux élections de 1890, il fut nommé protonotaire à Montréal.
229. Charles Langelier, député de Montmorency, avait été nommé Secrétaire provincial après les élections de 1890. Il était le plus compromis des ministres du gouvernement Mercier dans le Scandale de la Baie des Chaleurs.

accusations, mais de qui personne n'a pu dire qu'il n'a pas le meilleur cœur du monde, et dont le pire défaut est d'ouvrir un peu trop ce cœur-là à tous ceux qui frappent à la porte.

Croyez-moi, M. le rédacteur,

Votre dévoué,

ARTHUR BUIES

la Patrie, 16 novembre 1892, p. 1-2.

CORRESPONDANCE

Monsieur le Directeur de la PATRIE.

Monsieur,

Dans le dernier amas d'injures débitées contre moi par le petit docteur C[230]..., je suis obligé, comme je l'ai déjà été une fois, de relever des imputations insensées et calomnieuses, que je ne permettrai pas de passer à la faveur des polissonneries ordinaires.

Je me flatte que vous voudrez bien faire droit sans retard à une réclamation que je suis très humilié d'avoir à présenter, mais qui est nécessaire.

Le docteur C... me représente comme recevant des allocations de M. Pelletier[231] au pouvoir et disant alors de celui-ci: «C'est la tête la plus habile qui ait jamais pris la direction d'un département au parlement de Québec.»

Et plus bas: «M. Pelletier, chassant Buies, par conséquent ne donnant plus d'allocations:

«C'est la plus triste canaille qui ait jamais souillé un fauteuil de ministre.»

Or, s'il est un fait de notoriété publique, c'est que, depuis l'avènement du cabinet du 8 mars[232], je suis étranger à toutes les allocations possibles et imaginables.

En second lieu, je n'ai pu avoir été chassé par M. Pelletier, attendu que je n'ai jamais relevé de lui.

230. Dans «Nec plus ultra. Un monument», *la Patrie*, 4 février 1893, p. 4-5, repris dans *Réminiscences. Les Jeunes Barbares* (1893), p. 77-102, Buies met en charpie un texte du docteur C. intitulé «Comme dans la vie», publié dans *la Patrie* du 6 décembre 1892.

231. Louis-Philippe Pelletier, Secrétaire provincial dans le cabinet Taillon.

232. 8 mars 1892, date des élections provinciales qui ont confirmé de Boucherville dans son poste de Premier ministre.

Les imputations pitoyables du docteur C. tombent donc d'elles-mêmes.

Mais ce petit bonhomme, depuis qu'il a été réduit à sa juste valeur, qu'il était si loin de soupçonner, est devenu fou de rage et il débite tout ce qui lui passe par la tête.

C'est ainsi qu'il s'adresse directement à moi et affirme que c'est moi qui suis l'auteur de l'article «<u>Ars longa, vita brevis</u>», signé Henri Roullaud[233].

Il le voudrait bien, mais que voulez-vous que j'y fasse? Il me semble que c'est déjà bien assez que des badauds m'imputent des écrits signés de simples initiales, sans qu'on m'impute encore ceux qui portent des signatures responsables, et écrites tout au long.

Non seulement je n'ai pas inspiré l'article de M. Henri Roullaud, mais je n'y ai pas eu la plus petite participation, j'y suis resté étranger de la <u>manière la plus complète et la plus absolue</u>.

M. Roullaud, en sa qualité d'ancien journaliste français, a été révolté des bêtises quotidiennes que des ignares, jeunes ou vieux, publient sous prétexte de littérature. Il a eu surtout une <u>rancœur révoltée</u> à la vue des audaces du petit docteur qui parle de langue et de grammaire comme s'il était là chez lui, avec l'aplomb de ceux qui ne doutent de rien, et qui, ne doutant de rien, disent n'importe quoi.

Comme qui dirait un chiffonnier s'essayant à bâtir une cathédrale!

Quant au reste, le petit bonhomme, dont je ne veux même pas connaître le nom, peut continuer à m'injurier tant qu'il le voudra, à son aise, sur le long et le large. Je m'en occupe comme d'une boule de neige.

Mais je veux lui donner un conseil charitable, qui lui épargnera peut-être à l'avenir de faire de nouveaux faux-pas et de s'embarquer dans toute espèce de choses dont il ne connaît pas le premier mot.

Il doit avoir quelque ambition puisqu'il a infiniment de prétention, et une effronterie qui le met à l'épreuve de tous les scrupules et de toutes les pudeurs. Eh bien! alors, qu'il se détourne du merciérisme, dont il se bat les flancs à tirer un parti impossible.

---

233. L'article parut dans *la Patrie* du 25 février 1893, p. 4. Son auteur prenait la défense de Buies et attaquait le docteur C...
Henri Roullaud, qui écrivait aussi sous le pseudonyme de Jean Bâdreux, était né en France. Journaliste, il fut l'auteur de plusieurs brochures: *Les trois crimes* (1897); *Tom Nulty sur l'échafaud* (1898); et *Erreur judiciaire* (1895).

Cette plaie a fait son temps, et si nous n'en sommes pas encore complètement guéris, du moins elle ne fera plus de ravages, voilà qui est certain.

Notre malheureuse province, si longtemps dupe et victime de funestes légendes, commence à ouvrir singulièrement les yeux. Nous avons assisté à la chute du charlatanisme politique; celle de l'imposture et du charlatanisme littéraires se prépare. Un besoin énorme d'assainissement de toute notre atmosphère se fait sentir. Les esprits restés sains dans la décomposition générale, les hommes éclairés et judicieux le comprennent, et c'est avec eux que l'avenir se réformera.

ARTHUR BUIES

la Patrie, Montréal, jeudi, 9 mars 1893, p. 1-2.

Québec, 14 février 1894

[À Alfred Garneau]

Mon cher Alfred,

J'ai reçu ta lettre hier et je m'empresse de te dire combien je reconnais tes bons offices. Je sais à quel point ces commissions-là sont ennuyeuses et je n'en ai que plus de gré. Vois-tu, il me faut absolument savoir d'avance où aller en descendant à Ottawa, et m'épargner la plus petite dépense inutile. Pour cela, je suis obligé de m'en rapporter entièrement à toi, qui es sur les lieux, et de te laisser tout le fardeau sur les épaules.

La maison de Mme Duhamel m'irait assez, je le pense bien, mais je t'avouerai en passant que je préfère aller chez des Anglais. Ceux-ci ne s'occupent pas de ce que vous faites; ils ne vous posent pas vingt-cinq questions par jour et vous ignorent entièrement. En outre ils font très-bien le porridge, ce que le grand canadien Fréchette appelle du «potage américain» (l'idiot!...)... Or, il me faut du porridge tous les matins avec deux œufs à la coque, jamais de viande, et une tasse de café comme le Khédive seul en boit. Il n'est pas possible d'être plus ou moins exigeant. Ma femme, qui m'arrive juste en ce moment, me dit que Mme Duhamel doit tenir exactement la maison qui me convient. Alors, va pour Mme Duhamel. J'ignore combien de temps je resterai à Ottawa. Il faut que j'y fasse des affaires sérieuses, à tout prix. Si ça mord, j'y ferai aussi une con-

248

férence. Comme mon séjour ne pourra pas être long, je ne trouve pas trop cher le prix demandé par Mme Duhamel; seulement, je ne puis encore exactement fixer le jour de mon arrivée à Ottawa; je ne le saurai que la veille et, alors, je te télégraphierai afin que tu aies le temps de prévenir mon hôtesse.

À moins que les messagers du Sénat ne t'aient indiqué d'autres maisons, je te prierai de ne plus te donner de mal à ce sujet; écris-moi seulement s'il y a du nouveau, et j'aviserai sur le champ. Dans tous les cas, je ne pourrai partir d'ici avant la semaine prochaine. J'espère bien qu'on n'aura pas d'objection à m'attendre jusque là.

À bientôt donc et amitiés,

Arthur Buies

Montréal, 18 avril 1894

[À sa femme]

Chère petite,

Quoique mort de fatigue, je t'écris un mot pour te demander en grâce de ne pas perdre la tête, comme tu le fais, pour des accidents sans portée. À l'âge de Poucet[234], il m'est arrivé vingt fois de me perdre et l'on m'a toujours retrouvé, même toi... Allons, pas d'enfantillage, n'est-ce pas? N'en parlons plus, ou je rirai de toi, et tu ne l'auras pas volé.

J'ai fait $ 12.75 dans ma journée. Les horizons s'ouvrent, grandissent et se multiplient tous les jours. Il y a énormément à faire dans une ville comme Montréal, pour un homme connu comme je le suis, mais il faudrait y rester deux ou trois mois.

Aujourd'hui mon ami Moïse Dufresne, qui fait un immense commerce d'épiceries, en gros et en détail, dans trois maisons différentes (le chiffre de ses affaires a atteint l'an dernier douze cent mille dollars, penses-y!) m'a offert de me faire gagner, à lui tout seul, au moins $ 200 par année, pour tenir compte des progrès de sa maison dans les journaux... Et combien y en a-t-il, comme cela, qui me demandent de venir à Montréal!

---

234. Jules-Arthur, né le 30 avril 1892.

Je n'ai pas reçu ce matin la lettre que j'attendais du D'Lavoie; je l'aurai sans doute demain. J'espère pouvoir t'envoyer $ 30.00 demain aussi.

N'achète rien, ni au marché, ni ailleurs, sans le payer. As-tu pris de nouveau à crédit chez Pâquet, le boucher? J'irai chez le D'Alexander demain. Je pense que je serai extrêmement occupé, dès que commencera l'impression de la brochure. Pour te donner une idée des gens de Montréal, figure-toi que mon ami Gustave Drolet[235] a trois dollars à moi depuis l'automne dernier, dans une lettre qu'il devait m'envoyer tous les jours, et qu'il n'y a jamais pensé! Je les aurai demain, et je ferai bien au moins encore neuf dollars, ce qui en fera encore douze. Tu vois que ce sont de bonnes journées. Tant que mes jambes me le permettront, j'en ferai comme cela.

Nous avons eu chaud ici aujourd'hui, un temps de fin de mai. Tiens, décidément, Québec avec ses petites rues, son petit monde, son petit toute espèce de choses n'est plus endurable, et je m'en détache terriblement[236]. Un séjour de trois ans à Montréal nous ferait énormément de bien à tous, outre l'argent... Si tu savais comme tout le monde méprise Taillon[237] ici! Il est de toute impossibilité qu'il puisse finir l'année. Tout le monde le dit ici et tout le monde le désire. Mon cas[238] soulève une indignation générale et pas du tout affectée. J'entrevois toute une énorme campagne à faire pour placer mon stock. Si j'ai la santé et le courage d'aller jusqu'au bout, de supporter l'absence, je suis certain d'un gros magot. J'irai toucher Québec, et repartir, et ainsi de suite alternativement, jusqu'à ce que mon stock soit écoulé aux 2/3.

Que j'ai hâte de te serrer dans mes bras et d'embrasser mes chers petits bien-aimés! Ne dis rien, tu me béniras pour avoir eu le courage de me sacrifier ainsi pour toi et pour eux.

À revoir, ma petite femme,

A. Buies

---

235. Voir *Réminiscences. Les Jeunes Barbares*, p. 22-33.
236. Bien qu'amoureux de Québec, Buies s'est plaint maintes fois de son caractère provincial. «Québec, dit-il [...] où fleurit le cancan dans les prés toujours verts», «Chronique», *l'Électeur*, 30 juillet 1887, p. 1 et 4.
237. Louis-Olivier Taillon (1840-1923). Premier ministre du Québec pendant quatre jours en 1887, ministre sans portefeuille dans le cabinet de Boucherville en 1891; Premier ministre à nouveau de 1892 à 1896. Devint ministre des Postes à Ottawa en 1896.
238. Buies avait perdu son poste d'agent de la colonisation en juillet 1892, à la suite de l'arrivée au pouvoir des Conservateurs. Voir «Guerre aux hommes de lettres», *l'Électeur*, 14 juillet 1892, p. 1.

[Lettre ouverte à caractère publicitaire]

À la Compagnie de Médecine Anchor[239], Québec.

MESSIEURS. — C'est avec un extrême plaisir que je m'empresse de reconnaître publiquement et de proclamer les vertus vraiment étonnantes de votre Anchor Weakness Cure.

Je suis peut-être un des exemples les plus frappants des effets bienfaisants qu'il peut produire. Depuis de longues années, je souffrais d'une irritabilité et d'une débilité nerveuse qui ne me laissaient aucune trêve. J'éprouvais les sensations les plus étrangères et les plus variées, se succédant avec une rapidité incroyable; j'avais des malaises indéfinissables, des inquiétudes et des angoisses subites qui me donnaient l'impression de la mort imminente. C'était un supplice de tous les instants, et un supplice varié.

Des accès d'hypocondrie étaient bientôt survenus comme le résultat naturel de cette condition misérable. Les plus petites contrariétés m'étaient insupportables, et je grossissais à l'infini mes maux, sans me rendre compte que leur excès même était en raison directe de l'affaiblissement de mon système nerveux. J'avais fini par prendre en grippe l'humanité entière, et jusqu'à mes compatriotes, les hommes les plus charmants du monde, d'après ce qu'on dit et ce qu'ils croient. J'en étais venu à ne plus pouvoir rien endurer, pas même la présence d'un membre de la Société d'Admiration Mutuelle de Québec.

Ayant lu un jour cette pensée qu'il n'y a qu'un remède, un seul qui convienne au tempérament particulier d'un individu et qui le guérisse sûrement de même que pour un estomac délabré, incapable de supporter toute autre nourriture, il n'y a qu'un seul et unique aliment qu'il puisse s'assimiler sans peine, je me demandai s'il m'arriverait jamais de trouver ce remède unique. J'étais à bout de patience et je n'avais plus aucune confiance dans aucun spécifique les ayant à peu près tous essayés sans résultat.

J'étais arrivé au dernier terme de l'énervement et prêt à tout faire pour en sortir.

Sur ces entrefaites, j'entends parler de la Liqueur phosphatique Anchor et je m'en procurai une bouteille,

---

239. «*Anchor Weakness cure*, spécialement recommandé contre la dyspepsie, maladies des nerfs, maladies du sang, l'anémie et la débilité générale.»

non pas avec l'idée qu'elle me ferait le moindre bien, mais plutôt avec emportement et pour me bien convaincre que je chercherais en vain toute ma vie le remède unique qui convenait à mon organisation et à mon état particulier.

Mais cette fois je l'avais trouvé. C'était bien <u>LUI</u>.

Vous dire ce que ce médicament m'a fait de bien serait presque impossible. Il faudrait décrire mes dépressions antérieures pour bien faire comprendre l'apaisement, la fermeté et la solidité du système nerveux qui leur ont succédé; il me faudrait décrire l'état pitoyable de mon estomac et ce que cet organe si cher et si ingrat, auquel nous sacrifions tout, est devenu depuis pour moi. Mais comme cela est impossible ici, veuillez simplement accepter mon témoignage en faveur de votre spécifique, témoignage que je considère comme étant de mon devoir de vous offrir et que je vous offre avec infiniment de plaisir et de reconnaissance.

ARTHUR BUIES
la Patrie, 19 mai 1894, p. 6.

Montréal, 16 mai 1894

[À sa femme]

Impossible de rien t'envoyer encore ce soir, ma chère petite femme, je suis trop en retard pour le bureau de poste. Je n'ai pas voulu perdre une minute pour les affaires, vois-tu, et cela vaut bien mieux. Ma brochure marche magnifiquement; elle sera extrêmement jolie, et mes <u>boss</u> seront enchantés. Samedi matin, tout sera fini et je pourrai sans faute filer à Ottawa, où je ferai une énorme moisson. Malgré tout le travail que m'a donné ma brochure depuis mon arrivée ici, j'ai réussi néanmoins à faire $ 20.00 en deux jours.

Je t'enverrai demain soir très certainement une douzaine de dollars. Je vais pouvoir maintenant travailler un peu moins vigoureusement et faire un peu de lecture, ce qui me reposera et m'alimentera le cerveau, en attendant que j'aille faire à Ottawa une campagne sans relâche, qui nous rapportera énormément de monacos.

Je suis content de voir la tournure que les choses prennent à la maison. Je t'avouerai que les rapports de nos voisins me paraissaient quelque peu extravagants; je suis fort aise que tu aies évité une exécution trop précipitée; Catherine, je le crois, aura toujours envie de partir au mois de juin, et il vaudra bien mieux que les choses se fassent tranquillement.

Gustave Drolet m'a remis mes trois dollars. Ma santé est excellente, mais mes jambes roidissent. Ce soir, si je le puis, j'irai entendre le grand tragédien Mounet-Sully[240]; c'est quelque chose de merveilleux. J'ai hâte d'avoir ta bonne lettre de demain. Enfin, ce mois-ci va voir décider bien des choses; dans tous les cas, il nous paiera tout de bon. Je t'embrasse de tout mon cœur, chère petite; toute mon âme est à toi et à nos bébés adorés. Je suis décidé à ce que tu sois heureuse, à ce que rien ne te manque et à ce que tu puisses jouir de la vie, et en faire jouir à leur fantaisie nos chers bien-aimés petits.

À demain, chère,

A. Buies

Québec, 19 mai 1894

[À Louis Fréchette]

Mon cher Louis,

J'admire le mouvement généreux auquel tu ne peux résister. Mais moi, je suis placé aujourd'hui dans des conditions telles que je dois commencer à me faire la charité à moi-même. Cela veut dire que je ne suis pas en mesure d'écrire pour rien des vingtaines de pages.

Du reste, j'ai une confiance très limitée en général dans les œuvres philanthropiques, même celles qui ont pour objet des veuves de nos meilleurs amis.

En outre, pour aucune raison au monde je veux voir mon nom accolé à celui de ces soi-disant écrivains canadiens dont on ne peut s'empêcher de sourire et dont la coopération gâterait la plus louable des entreprises[241].

---

240. Jean Sully, dit Mounet-Sully (1841-1916), célèbre comédien français qui interpréta les grands rôles du répertoire classique et romantique. «Monnet-Sully. Le grand tragédien, que tout Montréal, ira sans doute applaudir à l'Académie de Musique la semaine prochaine», la Patrie, 11 mai 1896, p. 1.

241. Allusion à la Société royale du Canada, dont Lusignan avait été membre.

Crois m'en; il y a une manière bien plus expéditive de faire du bien à la veuve de Lusignan, pour ceux qui en ont les moyens, sans en rejeter le fardeau sur une quinzaine d'épaules absolument impropres à la tâche.

Crois-moi ton dévoué,
Arthur Buies

Ottawa, 9 juin 1894
Samedi matin, 9 h

[À sa femme]

Deux jours sans pouvoir t'écrire, ma pauvre petite femme! Tu as dû être bien inquiète! Enfin, ce matin, je me suis levé de bonne heure exprès pour toi. Tu comprends; je viens ici avant tout pour agir et pour arriver à un résultat le plus tôt possible. Or, je t'assure que c'est difficile à arracher ici. J'ai vu depuis mon arrivée je ne sais combien de personnes, que j'ai plus ou moins intéressées à ma situation. T'écrire le détail de toutes mes démarches, de mes opérations accumulées en deux jours serait interminable. J'ai tant fait que je n'ai pu trouver un moment pour t'écrire; cela t'en dit assez long. Je ne me suis pas occupé de faire de l'argent tout de suite, mais bien plutôt de trouver des travaux sérieux et durables, de jeter des bases d'avenir. Sous ce rapport, je suis déjà arrivé passablement loin, mais il a fallu que je sorte du monde officiel, strictement parlant. Je ne puis néanmoins rien t'annoncer de positif encore, mais j'ai de grandes espérances. Remarque que je ne suis ici que depuis deux jours, et que bien des gens y passent des semaines et des mois sans arriver à rien ou à fort peu de chose; tel, par exemple, l'ami Hughes qui est ici depuis un an et qui vient seulement d'arracher son affaire ces jours derniers. Si je m'amusais à avoir toute sorte de pudeurs et de délicatesses puériles au lieu d'aller droit aux gens et de leur dire: «Vous savez, je viens ici pour telle ou telle chose, et il faut que cela se fasse, si c'est faisable. Je ne lâcherai pas; ainsi ne me renvoyez pas au lendemain, car mon temps ici est limité, et vous m'aurez sur le dos d'une manière ou d'une autre; vous avez donc tout intérêt à me seconder immédiatement...». Si, dis-je, je ne m'y prenais pas de cette façon, tu serais encore des semaines sans revoir l'irrésistible Buies.

Je compte faire beaucoup aujourd'hui. Il ne fait que commencer à faire un peu de chaleur. Après avoir gelé toute une journée à Montréal, je suis arrivé grelottant à Ottawa et j'ai pris un rhume remarquable, qui me fait tousser à tout bout de champ. Eh <u>amarce</u>, comme dit Catherine.

J'ai couché le mercredi soir chez ton papa, et je suis venu prendre une chambre dès le lendemain, chez Mme Duhamel, près du parlement et de Clémentine, sur la rue Albert, après avoir fait un discours pathétique à ta maman et à ton papa pour les convaincre de l'impossibilité pour moi de faire des affaires à une aussi grande distance du parlement et surtout de Clémentine. Clémentine for ever m'a dit «Mon bien-aimé, rapproche-toi de moi» et je me suis rapproché; mais si près, si près!... ...Aimons-nous, aimons-nous tout bas, tout bas... Hier soir j'ai dîné chez papa Catellier, et je compte y aller tous les soirs. Le dit papa Catellier est allé ce matin même voir le père Harnois[242], supérieur du noviciat des Oblats, afin d'obtenir de lui que le collège me prenne au moins une couple de douzaines de mon <u>Outaouais</u>. J'aurai de lui une réponse tantôt. Decelles doit également me dire aujourd'hui ce qu'il peut faire; mais c'est très difficile. J'ai vu Angers[243], qui me fait l'effet d'un homme enfoui à tout jamais; je n'ai rien pu en obtenir. Il a épouvantablement vieilli; il ne compte pour rien.

Tout le monde semble admettre ici, et même ton papa, que Laurier sera premier ministre dans un an. Ça se voit et ça se sent partout. Je lunchais au Russell avant hier avec des amis libéraux. Laurier est arrivé et, en m'apercevant, il est venu au devant de moi les deux bras ouverts et en s'écriant «Oh! grand Buies, viens-tu nous aider à en finir?» Ce transport d'un homme si réservé d'habitude a créé tout un émoi dans l'hôtel.

Je couche et je prends mon déjeûner chez Mme Duhamel à raison de 50 centins par jour, ce qui est très raisonnable.

Je t'écrirai demain les résultats de ma journée. Aussitôt que j'aurai quelque chose d'assuré pour l'avenir, je m'en retournerai, car ce sera là le point essentiel; néanmoins, je

---

242. Maxime-Ephrem Harnois (1844-1919), professeur à l'Université d'Ottawa (1872-1884).
243. Auguste-Réal Angers (1838-1919), lieutenant-gouverneur du Québec (1887-1892), renvoya le Premier ministre Mercier (1891); ministre de l'Agriculture à Ottawa en 1892, il démissionna à propos de la question des écoles du Manitoba (1895).

ferai toujours un certain magot tout de même, de façon à rencontrer toutes les dépenses d'ici au 10 juillet.

J'ai écrit hier une lettre poivrée à la compagnie Anchor: j'en aurai une réponse mardi, je pense bien.

Garneau est surchargé de traduction; il a obtenu de pouvoir donner de l'ouvrage au dehors, et il m'en donnerait tant que j'en voudrais; mais ce n'est payé qu'un dollar la page; j'ai refusé.

J'ai une chambre superbe, au premier, avec balcon à moi tout seul; c'est charmant. Les oiseaux gazouillent, mais je n'ai pas encore entendu chanter Mlle Duhamel, ni l'ai-je aperçue. O diva, montre-toi.

Je cours voir ton auteur, puis Ouimet et enfin Caron[244]. Money, you understand.

10 ¹/₂ h. Je viens de voir ton père. La réponse du père Harnois est négative, parce que tous les prix sont achetés. Je m'y attendais un peu.

Je ferme ma lettre, et t'écrirai de nouveau ce soir.

Je t'embrasse de tout mon cœur, avec les enfants.

A. Buies

Ottawa, 12 juin 1894

[À sa femme]

Chère petite,

Ne te chagrine pas et ne m'en veux pas surtout si je ne t'écris pas tous les jours; il n'y a pas moyen. Je mène de front quatre à cinq affaires, dont deux très importantes, et j'ai besoin d'être constamment sous le harnais et le qui vive. Il n'en est pas ainsi comme à Montréal où, une fois six heures venues, ma journée était finie et je pouvais t'écrire à discrétion jusqu'au départ de la malle, à 9 heures du soir; ici, j'ai autant à faire à 10 h du soir qu'à 10 h du matin. Il ne m'est pas permis de perdre mon but ou mes buts de vue un instant, si je veux que ça marche. Tu comprends... il y a bien d'autres affaires que les miennes, et chacun doit soigner la sienne propre sans aucune trêve s'il veut réussir. Or, puisque j'ai pris la peine de venir jus-

---

244. Aldéric Ouimet (1848-1916), député fédéral de Laval de 1873 à 1896. Adolphe Caron (1843-1908), député aux Communes de 1873 à 1900, ministre de la Milice et de la Défense au moment de l'insurrection de Riel en 1885. Ministre des Postes en 1892 et de 1894 à 1896.

qu'ici, que je me suis armé de courage et qu'il m'en faut beaucoup tous les jours pour résister à une envie folle d'aller te retrouver, puisque j'ai décidé d'arracher le morceau cette fois afin d'en finir et n'être pas obligé de recommencer, je veux, pendant que j'y suis, aller jusqu'au bout et récolter tout ce qui est possible sur le champ où je me débats, où je sue et où je peine. Ah! les pauvres et bien-aimés petits enfants! Ils ne sauront jamais tout ce que leur père a dû s'imposer et accepter de sacrifices, d'heures d'angoisse et de pénible attente pour leur assurer une existence tranquille! Presque toujours séparé d'eux et de leur mère, depuis deux mois, seul et souvent prêt de me décourager, je n'ai d'autre consolation et d'autre soutien que le bonheur et l'orgueil du devoir accompli, sans fléchir. Sois tranquille, ma bonne petite femme; cette fois sera la dernière où nous nous séparerons pour si longtemps, et ce sera grâce à la persévérance que j'aurai eue d'aller jusqu'au bout de mes tentatives.

Tous les soirs je dîne chez ton papa. Ta maman partira, je crois, le 21 d'ici, et dès le 22, elle se mettra en route pour Rimouski, après avoir seulement couché à Québec, chez Mme Bélanger. Dans la matinée du 22, elle viendra nous voir.

Dimanche, la chaleur a pris tout à coup; elle était intense et j'en ai énormément souffert, d'autant plus que je suis loin d'avoir ce qu'il me faut ici. Je t'assure que ça ne me déplairait pas du tout de vivre à Ottawa avec ma famille. Nous pourrions y passer une couple d'années très fructueuses, pendant lesquelles je ferais de l'argent; mais je crois fermement que les choses vont s'arranger pour moi comme il faut à Québec. Je trouve Ottawa une ville charmante[245]. Tu n'as pas d'idée comme les promenades au loin, en tramway, sont délicieuses! C'est le plus grand agrément de la ville; aussi les Outaouachiens sont-ils fiers de ce service et se le paient-ils avec enthousiasme. J'aime énormément l'atmosphère et la physionomie d'Ottawa. Decelles s'est donné bien de la peine pour moi, mais il m'est impossible, tu le comprends, d'entrer dans les détails; qu'il te suffise de savoir que je réussirai au moins dans la moitié

---

245. Telle n'était pas son opinion en 1887: «Ottawa est la ville des pièges, de la duperie, du mensonge, des atermoiements, des artifices, des réticences, des ajournements, des renvois, des fins de non-recevoir inexplicables et enfin des refus les plus sots et les plus inattendus pour les choses les plus justes et les plus utiles. [...] Il faut avoir vécu un mois dans cette pestilence, comme je l'ai fait, et avoir reçu en pleine figure les atteintes les plus brutales pour se faire une idée de cette gangrène purulente», «Chronique», l'Électeur, 30 juillet 1887, p. 1 et 4.

des affaires que je brasse, et que cette moitié sera considérable; l'autre moitié viendra plus tard. J'en aurai un récit intéressant à te faire! Je n'ai pas revu Clémentine, parce que je ne veux pas me distraire un instant de la poursuite de mon but. J'ai rencontré son mari hier soir avec Lucile; la petite cocotte! Elle a l'œil terriblement allumé et je la crois tournée en véritable combustible. Fiferlinzin, fiferlinzaine. Clémentine a énormément engraissé, et le jeune Ibrahim vit en pacha à cinquante queues.

Ton père se porte à ravir, mais grossit toujours; il emplit tout son bureau; c'est une affaire pour lui que de se lever quand il est assis; il n'y réussit pas toujours; on est obligé parfois de l'aider.

Je dois toucher de l'argent tantôt; si oui, je mettrai $ 15.00 dans ma lettre; tu paieras le petit Turcotte et tu garderas le reste pour Mme Denis et les besoins de la maison. Dans une couple de jours j'aurai l'argent du loyer et du lait; enfin, sois tranquille, rien ne traînera.

Maintenant, ma petite, je t'embrasse de toute mon âme et je cours prendre la destinée au collet. J'ajouterai quelque chose à ma lettre tantôt. Embrasse bien nos chers petits pour leur pauvre tit popa.

A. Buies

P.S. Je viens de toucher mon argent. Je compte avoir une lettre de l'Anchor[246] cette après-midi. T'écrirai sans doute demain.

[À sa femme]

La Compagnie de Navigation
RICHELIEU ET ONTARIO
LIGNE DU SAGUENAY

Québec, vendredi matin 1894
À bord du Carolina

Il est 8 h 35 m, et nous ne sommes pas encore partis; nous attendons le bateau de Montréal; il n'est pas probable que nous partions avant 18 h. J'en profite pour en-

---

246. Anchor Weakness Cure.

voyer un mot à ma petite femme bien-aimée. Je n'ai pas lieu de regretter d'être venu à la ville hier. Rencontrant Lesage[247] dans le couloir de la Chambre, j'ai appris de lui que Nantel[248] était à la ville. Immédiatement, j'ai logé une demande de $ 50.00 pour des «Out. Supérieurs»; Lesage a pris la peine d'appuyer immédiatement ma demande et de l'envoyer à Nantel au Conseil des ministres en séance. En outre, son secrétaire particulier, Rodier, un de mes vieux amis, devait appuyer lui aussi ma demande dès la fin de la séance. J'ai toutes les raisons de croire que je vais réussir. Je verrai Nantel tout à l'heure à bord; il doit prendre le bateau pour la Riv.-du-Loup. Son secrétaire me dit qu'il veut couper l'herbe à Beaubien[249] et se lancer tête baissée dans le mouvement de colonisation qui s'accentue énormément de plus en plus. Il m'assure que Nantel va avoir besoin de moi. Je t'enverrai une carte-poste dès mon arrivée à la Malbaie pour t'apprendre le résultat. S'il est favorable, comme tout l'indique, je serai de retour à Québec jeudi pour que Nantel m'expédie mon affaire illico. Nantel vient régulièrement à la ville toutes les semaines, pour le Conseil. Chapais[250] sera de retour ici lundi pour rester définitivement. Si ton papa achète la maison, je crois qu'il se chargera volontiers, sans retard, des réparations nécessaires; il n'y a donc pas lieu de rien faire sous ce rapport pour le moment.

Je reviendrai avec un magot, ma bonne petite femme chérie; je crois tenir la position et nous allons passer un bon hiver.

Embrasse bien nos chers petits pour leur pauvre tit papa.

Tout mon cœur à toi,

Mari adoré,

A. B.

247. Siméon Lesage (1835-1909). sous-ministre des Travaux publics à Québec de 1867 à 1907. Collaborateur de la *Revue Canadienne*.
248. Guillaume-Alphonse Nantel. ministre des Travaux publics et des chemins de fer.
249. Louis Beaubien (1837-1915). ministre de l'Agriculture à Québec de 1892 à 1897.
250. Nommé au conseil législatif de Québec en 1892. ministre sans portefeuille dans le cabinet Taillon en 1893.

[À M. Albert Laberge[251]]

Beau jeune homme, votre lettre m'arrive au Sault Montmorency où je suis en villégiature. Je n'ai pas actuellement un seul exemplaire de la Lanterne, et n'en aurai pas avant le mois de septembre. À cette époque je me ferai un plaisir et un devoir de vous en réserver un exemplaire. Elle n'est à vendre nulle part.

Croyez à mes meilleurs sentiments,

A. Buies

Québec, 1ᵉʳ octobre 1894

À l'Honorable L. O. Taillon
Premier Ministre de la Province de
Québec.

Monsieur le Premier Ministre,

Ayant vu dans l'Électeur de samedi dernier que vous aviez besoin d'un trésorier pour administrer les finances de la Province, et qu'il fallait s'adresser à vous pour être nommé à cet emploi, j'ai l'honneur de vous adresser une demande officielle pour qu'il vous plaise de jeter les yeux sur moi dans les circonstances ennuyeuses où vous vous trouvez placé.

Inutile de vous dire combien je suis qualifié à remplir les fonctions que vous voudrez bien me confier.

Depuis nombre d'années, j'ai l'habitude d'administrer des affaires en déconfiture et de trouver toute espèce de moyens de faire face aux plus redoutables éventualités.

Sauver la Province ne serait qu'un jeu pour moi.

J'ai toutes les qualités et les ressources d'un homme providentiel. Vous pouvez me regarder dès aujourd'hui comme un véritable sauveur.

---

251. Albert Laberge (1871-1960), auteur de la Scouine (1918). Il était, à l'époque, commis dans un bureau d'avocats.

Il ne faut pas que la question des émoluments vous embarrasse. Ce serait faire preuve de mauvais goût. Quant à moi, elle ne m'embarrasse nullement. Je suis prêt à accepter le traitement de mon prédécesseur et même à le voir augmenter, et je m'engage même à ne pas faire naître de crise ministérielle avant un laps de temps que je déterminerai moi-même.

Je crois vous avoir exposé suffisamment, Monsieur le Premier, dans les quelques lignes qui précèdent, les raisons de ma demande, et surtout les conclusions qui sont claires comme le jour.

Quoique la clarté ne soit pas absolument une recommandation chez un trésorier essentiellement provincial, j'ose tout de même m'en prévaloir pour le cas où vous croiriez pouvoir en tirer parti dans des circonstances inattendues.

Je compte bien, M. le Premier, que vous vous ferez le plaisir de me faire une réponse conforme en même temps que prompte et agréable. Et veuillez me croire le plus dévoué de tous les trésoriers futurs.

Arthur Buies

Lettre publiée dans *la Revue moderne*, 4ᵉ année, n° 6, avril 1923, p. 12.

CANADA POST CARD

20 novembre 1894

Madame Arthur Buie.
Sault Montmorency.
P. Q.

Chère petite,

Voilà une journée à peu près passée. J'ai travaillé comme un homme et suis parvenu à remettre mon estomac en place. L'imprimeur est aux oiseaux de me voir ici. Ça va marcher sur des roulettes, et juge de ce que cela va me rapporter! J'ai puisé en toi et dans notre amour pour nos chers petits le courage de faire un nouveau petit sacrifice; mais, qu'à cela ne tienne! tout ira si bien et si rapidement que nous ne pourrons que nous en féliciter. Je te promets d'observer un régime rigoureux et de te revenir à peu près angélique. Montréal est très triste et sombre. Pas de neige. Te serre sur mon cœur avec les enfants.

A. B.

9 février 1895

Révérend Monsieur,

Si ça ne vous fait rien, j'aime autant vous faire savoir tout de suite que j'abandonne aujourd'hui même les hauteurs inclémentes où plane mon génie depuis six mois pour rentrer de nouveau dans cette Babylone empestée par le théâtre moderne qui s'appelle l'Athènes[252] de la Province de Québec à cause du séjour dans ses murs d'une demi-douzaine d'idiots qui s'appellent entr'eux «grands écrivains,» et à qui il ne manque absolument que d'être couronnés. — Veuillez m'en croire et m'adresser directement à Québec votre coupable organe.

A. BUIES
le Réveil[253], 9 février 1895, p. 358-359.

---

252. Dans «Un autre scandale», Buies avait déjà qualifié Québec en ces termes: «[...] l'Athènes du Canada, une Athènes où il n'y a pas la plus petite bibliothèque publique et où la lecture du *Courrier des États-Unis* est interdite!», *Canada-Revue*, n° 16, 8 octobre 1892, p. 245.
   Buies fait vraisemblablement allusion dans cette lettre à la condamnation par son «ami» Mgr Bégin de la Compagnie du théâtre de Québec en décembre 1894.
253. *Le Réveil* (1894-1901), organe anticlérical montréalais dirigé par Aristide Filiatrault. «Le but de cette revue — aussi universelle que possible dans la nature des questions qu'elle doit traiter — est de prendre par la main le lecteur qui s'éveille et de marcher avec lui à pas comptés dans la voie du progrès, sous toutes ses formes, du progrès moral comme du progrès littéraire, artistique, scientifique et industriel», *le Réveil*, vol. 1, n° 1, 8 septembre 1894, p. 1.

Ma petite femme chérie,

Je suis arrivé aux Grandes Piles, hier à 3 h. de l'après midi. C'est d'ici que je prends le bateau pour La Tuque, cette après-midi, également à 3 h, heure de l'arrivée du train venant de Trois-Rivières.

Il fait très froid, mais du moins, la pluie a cessé. Nous sommes sûrs de n'être pas incommodés par les maringouins.

Quel beau voyage je vais faire là! Le Saint-Maurice, à partir des Piles surtout, est admirable. Cela me donnera matière à des descriptions phirmatibobes.

Tu recevras la présente demain matin, vendredi; envoie-moi un télégramme ici, dès vendredi après-midi. Je le recevrai à mon retour de La Tuque samedi matin. Aussitôt de retour ici, je prendrai le train, samedi à 1 $^1/_2$ h. de l'après-midi pour m'en retourner à Québec. Il est possible, si je ne puis connecter avec le train du Lac St-Jean, que je n'arrive pas à Québec avant lundi, mais cela n'est pas probable! Dans tous les cas, télégraphie-moi demain aux Piles, ainsi: A. Buies, Grandes Piles, St-Maurice.

Nous allons voyager dans un petit vapeur grand comme la main, et comme je suis «grand comme le monde», je ne sais pas trop où je me mettrai là-dedans.

J'étais attendu ici, la renommée aux vastes ailes ayant précédé l'arrivée de ton non moins vaste mari. Je dis <u>vaste</u>, tu comprends, ce n'est nullement pour empiéter sur ton terrain, mais pour que tu saches que, moi aussi, je puis l'être si c'est nécessaire.

Trouve le moyen de mettre le plus de nouvelles possible dans ton télégramme.

Je pense faire un voyage très fructueux sous tous les rapports.

Je t'embrasse énormément chère petite femme bien-aimée. Je me promets de te rendre encore mille fois heureuse sous mon empire.

Ton époux adoré,
A. Buies

«<u>Je ne relis pas</u>»

PROVINCE DE QUÉBEC
BUREAU DU SECRÉTAIRE

No. 1375 / 95.

Québec, 16 mai 1895

Monsieur,

J'ai l'honneur, par ordre de l'Honorable Secrétaire de la Province, d'accuser réception de votre lettre en date du 10 du courant, avec celle de M. Art. Buies, par laquelle il offre en vente pour donner en prix «L'Outaouais supérieur» & le «Portique des Laurentides».
et de vous informer que le sujet auquel elle se rapporte, ne manquera pas de recevoir toute son attention.

J'ai l'honneur d'être,
Monsieur,
Votre obéissant serviteur,
Jos. Boivin
Assistant-Secrétaire de la Province.

L'Hon. Surintendant de l'Inst. Publique, Québec.

Ottawa, ce 8 juin 1895

Mon cher Buies,

Je m'occupe dans le moment des passes sur l'Intercolonial et sur le Pacifique. Je te communiquerai les réponses que je recevrai.

Crois moi,
Bien à toi,
Adolphe...

Arthur Buies
24 rue d'Aiguillon
Québec, Qué.

Chambord, 11 novembre 1895

Mon cher Buies,

Sais-tu bien que tu as une manière à toi d'assommer tes amis qui te va infiniment? Et moi de mon côté, <u>simple</u>

de nature, j'endure tout avec résignation comme si je méritais le châtiment. Entre bons compagnons, vois-tu, on se pardonne bien des choses; mais, mon vieux, je t'en prie, n'y retourne plus. Cependant, grâce au bon coup d'épaule que tu n'as pas ménagé au <u>Naturaliste Canadien</u>[254], je veux bien te donner l'absolution encore cette fois-ci.

Ce bon M. Huard vaut bien la peine que tu fasses, dans cette circonstance, un exprès pour lui conter ses vérités vraies; mais tout en étant pas convaincu que sa modestie s'en trouve à l'aise, après réflexion, tu lui as tout de même compté son dû correct. Mais à mon sujet, je me connais assez pour savoir que ta franche amitié, sous le coup d'émotions <u>rétrospectives</u> trop prononcées, te joue des tours sans bons cens [*sic*]. Je reste toujours touché de tes bonnes intentions et de tes délicates attentions, et puis, ça me dilate un peu la rate de savoir que tu te «fiches toujours à ta façon de ce bon public». J'envie ton sans gêne, mon vieux et je voudrais être plus souvent témoin de tes rencontres avec cette foule que d'un regard ou d'un geste, tu mésures & pèses sans une ligne ni un grain de moins. Quel homme, Seigneur!

J'ai beaucoup admiré ton travail sur la vallée de la Metapédia. (Merci du volume que tu m'as adressé.) Il est encourageant pour le colon intelligent de savoir à sa portée, toujours prêt à l'instruire, à le renseigner, de ces notions justes & vraies, de ces perspectives pleines de promesses que tu lui prodigues à pleines mains, de ces <u>pieds à terre</u> pleins d'avenir que tu lui indiques du regard dans ces champs vastes & fertiles que personne semble soupçonner, & de fait, que la plupart ignorerait si tu n'étais là le flambeau à la main & le bras dans la bonne direction.

Ma foi! tu <u>m'édifies</u> souverainement! rien ne te lasse. Toujours de l'avant, les obstacles ne comptent plus. Tu arriveras les mains pleines de bonnes œuvres lorsque l'heure sonnera; poussant alors du pied la petite boule ronde qui nous tient, ici bas, dans le remous, tu planeras sans efforts, mais rayonnant, au-dessus de cette foule de <u>fins fins</u> qui chemine les mains vides vers le bon père de famille du nouveau Testament. Le talent que tu as fait fructifier au centuple te donnera voix au chapitre. Tu entreras le front haut sous les portiques éternels, montant d'un pas ferme & fier au faîte de ta destinée.

---

254. *Le Naturaliste Canadien*, «Bulletin de recherches, observations et découvertes se rapportant à l'Histoire naturelle du Canada». Revue fondée par l'abbé Provancher en 1869. En 1894, le rédacteur-propriétaire en est V.-A. Huard.

C'est le bonheur que je te souhaite ainsi qu'à ta chère moitié & aux autres chères parties, fractionnées, qu'il nous a été possible d'opérer. Amen.

À toi,

Horace Dumais[255]

Québec, 29 novembre 1895

Mon cher Dansereau[256],

Permets-moi de te recommander chaudement mon ami Henri Roullaud (Jean Badreux). Il désire quitter le «Monde[257]», où il est indignement traité, pour entrer à la «Presse», où il espère l'être beaucoup mieux, grâce à tes bons offices. C'est un homme d'une valeur sérieuse, comme tu as pu le voir toi-même; il serait une véritable acquisition pour n'importe quel journal. Mais les cuistres du «Monde» ne paraissent pas comprendre cela. Il semble, dans ce pays-ci, qu'un propriétaire de journal ne peut reconnaître qu'il y va de son plus grand intérêt d'avoir des rédacteurs instruits, en état de faire un article sur n'importe quel sujet.

Badreux n'a qu'un tort, mais il est énorme; c'est d'être beaucoup trop au dessus de la plupart de ceux qui font dans nos journaux; s'il ne dépassait pas la moyenne, il recevrait de bons appointements, mais il a une valeur incontestable, tout le monde se met sur lui pour l'écraser et l'affamer.

Si tu veux t'employer pour lui, tu me feras un plaisir non moins grand que si tu me rendais personnellement un grand service et je te serai aussi reconnaissant que me le permettent mon grand âge et ma décrépitude.

Ton dévoué,

Arthur Buies

255. Né à Kamouraska en 1857, ami d'Arthur Buies, arpenteur de profession, fait sa première apparition dans l'œuvre du chroniqueur sous le prénom d'Horace. Voir *Chroniques I*, «Deuxième étape. Le Lac Saint-Jean», p. 441-442.
Une autre chronique lui sera consacrée dans *le Soleil* du 17 décembre 1898, p. 3 et 12.
256. Arthur Dansereau (1844-1918), directeur de *la Minerve* (1864-1880), directeur des Postes à Montréal de 1892 à 1899 et directeur politique de *la Presse* de 1899 à 1912.
257. *Le Monde*, journal de tendance ultramontaine.

[À Arthur Buies]

Cher Maître,

J'ai été excessivement sensible au reproche contenu dans votre carte-postale. J'ai éprouvé la sensation étrange et pénible de l'innocence accusée injustement. Mais cet état d'âme n'est rien comparé aux regrets cuisants que j'éprouve de ne pas avoir reçu votre lettre. Je dois vous avouer pour vous faire comprendre mon amère déception que notre ami commun «Jean Badreux» m'avait annoncé cette lettre que j'ai tant attendue. Je dégustais, par anticipation, ce morceau digne des plus beaux festins intellectuels. Je me préparais à le montrer avec orgueil à mes amis en leur disant: Voyez, le maître a daigné penser à moi. Il a eu la générosité grande de m'envoyer quelques rayons, quelques reflets de sa belle et vaste intelligence comme cadeau de naissance de mon fils! de mon garçon!

Lui qui est entouré de Dauphins, de Czarwithches, d'infants et de Princes de Galles! non seulement éprouve dans toute son intensité le sentiment de la paternité, mais encore il a la puissance du génie pour l'exprimer.

Je me préparais à insérer ce régal littéraire entre les premiers feuillets du livre-souvenir que je remettrais à un héritier quand il pourra apprécier ces belles choses. Jugez de mon désappointement quand, ne recevant rien j'ai été obligé d'en venir à cette navrante conclusion «Le maître a bien pensé à moi, mais quel malheur! il n'a pas emmagasiné ces étincelles, il a laissé s'envoler ces belles pensées.»

Maintenant, je me berce de l'espoir que la lettre perdue finira bien par se retrouver, et que je pourrai léguer à mon fils, non seulement la fortune matérielle de la lettre qui saluait son premier matin, mais surtout cette idée qui s'en dégagera et ne manquera pas de se présenter à son esprit qui fait d'avance mon orgueil: «Mon père a été trouvé digne du plus grand littérateur de notre pays».

Cher Maître, combien je vous suis reconnaissant de cette bonté, mais ne m'infligez pas cette déception, si la pauvre égarée vous revient d'Ottawa après la glorieuse résurrection qu'elle mérite, ne manquez pas de me la faire parvenir. J'y tiens! J'ai essayé de vous faire entrevoir combien et pourquoi.

Ma femme me prie de vous saluer. Il lui tarde comme à moi de vous présenter à votre prochain voyage à Montréal Joseph Camille Lancer Lanctôt. Ils ont tous deux une santé qui réjouit.

Votre humble mais sincère

admirateur,

Husmer [Lanctôt][258]

Évêché de Rimouski, le 29 août 1896

Arthur Buies Ecr.

Rimouski

Mon cher M' Buies,

On m'a remis l'exemplaire de votre ouvrage «Le Saguenay[259]» dont vous avez eu la délicate attention de me faire cadeau. C'est un très-beau livre, à tous les points de vue. Mes sincères félicitations et remerciements.

Votre bien obligé[260],

L.-J. Langis, v.g.

Rimouski, 7 octobre 1896

[À Hector Garneau]

Mon cher Hector,

De retour à Rimouski, j'ai voulu relire l'article que vous m'avez consacré dans «Les Nouvelles[261]», et que je n'avais pu que parcourir à la hâte avant mon départ. Cet

258. Magistrat de police et juge de session à Montréal (1901).
259. *Le Saguenay et le bassin du lac Saint-Jean, ouvrage historique et descriptif.*
260. Mgr Louis-Jacques Langis, né en 1843, professeur au Séminaire de Québec (1868-1869; 1875-1879), au Séminaire de Rimouski (1879-1881), puis supérieur (1881-1883); procureur de l'évêché de Rimouski (1891).
261. Hector Garneau (1872-1954), fils d'Alfred, publiait alors une série de chroniques littéraires consacrées à des auteurs français et québécois. Il en publia une sur Buies, intitulée: «M. Arthur Buies. À propos d'un livre récent», *les Nouvelles*, 6 septembre 1896, p. 8.

article est très remarquable à différents points de vue, mon jeune ami. Il exhale une certaine noblesse d'idées et un sentiment élevé de l'art littéraire qu'on trouve difficilement aujourd'hui même chez des jeunes gens bien doués, mais chez qui la délicatesse, ce sens exquis qui est comme l'arôme de tous les autres, est étouffé par l'âpre et impérieux appétit du lucre, de la jouissance à n'importe quel prix. Vos articles sont comme un souffle frais qui passe sur ce débordement de productions ineptes, prétentieuses, vides, incohérentes et fastidieuses qui encombrent le champ soi-disant littéraire. On s'aperçoit de suite, en vous lisant, que vous avez compris une chose, c'est que pour écrire il faut avoir beaucoup lu, beaucoup pataugé, beaucoup soufflé et sué dans les rudes sillons de l'apprentissage. Vous n'aurez pas craint de mettre ce tablier et de prendre le marteau de forge, pendant de longs mois, avant de polir et de ciseler. Vous serez en même temps un fructueux exemple, un exemple inestimable, hors de prix dans un pays où chacun croit foncièrement avoir inventé le système planétaire avant de connaître même la rotation de notre globe. Vous avez des aperçus, vous avez un sentiment très clair et très précis des nuances, qualités qui dénotent de l'observation et une habitude sérieuse de l'analyse, enfin le jugement et la netteté du coup d'œil.

Cultivez-vous, cultivez-vous sans cesse, vous nous ferez honneur; vous contribuerez à nous débarrasser des imbéciles, même de ceux qui ont attrapé, on ne sait comment, une réputation littéraire durant le dernier quart de siècle, et vous les convaincrez de l'absolue nécessité pour eux de s'engager comme ouvreurs d'huîtres ou casseurs de pierres, ou même faiseurs de faits divers, ce qui est la même chose en Canada, et de laisser à elle la pauvre littérature qui a bien assez de nourrir ses enfants sans avoir encore à faire pâturer les mouches à patates.

Je vous prie ardemment de continuer, nous aurons besoin de vous, recrue précieuse et rare, pour donner à votre génération l'idée de ce qu'est la littérature et ce qu'il faut faire pour prétendre, sans faire rire, en avoir acquis quelque peu: ce quelque peu, c'est déjà beaucoup. Convainquez-vous de plus en plus de l'idée qu'une littérature qui n'est pas utile, qui n'enseigne point, est une littérature perdue, et l'on s'apercevra de plus en plus de l'ineptie, de la sottise, de l'absolue non-valeur de ces barnums littéraires qui n'écrivent que pour voir leur nom figurer au bas d'un article quelconque de deux ou trois colonnes.

Je suis extrêmement heureux d'avoir eu l'occasion de vous lire, même pour ma propre glorification, puisque cela m'a fourni l'occasion de vous apprécier et de reconnaître vos qualités principales, ce que je n'aurais certainement pas pu faire, dans ma retraite de Rimouski, où une bonne partie du mouvement moderne m'échappe. Votre article si sympathique, si plein de chaleur, si vibrant d'affection rétrospective, et en même temps si bien fait comme critique littéraire, m'a touché profondément et m'a donné de nouvelles jouissances de gourmet. Je n'ose vous en féliciter pour moi, car je ne suis plus ici seulement un de vos lecteurs, mais je sais bien ce que je dirais si je n'étais pas en cause.

Fournissez-moi une autre occasion et vous verrez...

Bien affectueusement à vous
Arthur Buies

Rimouski, octobre 1896

À MM. Lamothe, Trudel & Lamothe, avocats
Montréal

Messieurs,

J'ai reçu à Rimouski l'aimable lettre par laquelle, avec force ménagements et adoucissants, vous me mettez en demeure de retirer de la circulation mon livre «Le Saguenay et le Bassin du Lac Saint-Jean.»

Vous me mettez en demeure!... Comme on aperçoit vite dans votre lettre et derrière vous, la main d'un de ces Révérends ignorants, grossiers et violents, qui s'imaginent toujours parler à leurs sauvages!

Il n'y a pas un fait, dans mon ouvrage, qui ne soit appuyé sur une tradition authentique ou du moins fortrespectable, ou qui ne m'ait été communiqué par des personnes particulièrement autorisées. C'est le témoignage que s'est plu à en rendre feu Mgr Dominique Racine[262], toutes les fois qu'il en parlait, et c'est le témoignage qu'en rendent

---

262. Mgr Dominique Racine (1828-1888), premier évêque de Chicoutimi (1878-1888).

aujourd'hui des directeurs de collèges canadiens en s'offrant à placer eux-mêmes cet ouvrage qu'ils apprécient fort, comme vous le pouvez voir par l'article écrit par un prêtre du collège de Chicoutimi, article publié dans l'Oiseau-Mouche[263] du 26 septembre dernier.

Si vos clients n'étaient pas aveuglés par cette passion haineuse à laquelle ils donnent si souvent libre cours, et s'ils savaient de quelle haute autorité ecclésiastique je tiens le fait [illisible], ils auraient réfléchi avant de se jeter dans une aventure comme celle qu'ils méditent contre moi!

Je me suis complu, dans mon livre, à rendre un hommage sincère et empressé aux Pères Oblats, chaque fois que l'occasion s'en est présentée; mais ils ne tiennent nul compte de tant de bien que je leur ai fait par la publication d'un ouvrage subséquent intitulé «L'Outaouais Supérieur» dans lequel j'ai écarté soigneusement une foule d'accusations extrêmement raides, portées contre les Oblats, pour ne voir en eux et ne les montrer au public que comme des missionnaires dévoués. Qu'est-ce que cela me fait, à moi, que les Oblats aient pris ou non l'argenterie de la chapelle de Chicoutimi? Vous ne direz pas que j'ai inventé cela, je suppose, ni que j'aie eu l'étourderie de le dire sans avoir derrière moi des personnes très responsables?

Votre lettre est un tissu d'inventions et de révélations pour moi. En quelle circonstance les Oblats ont-ils compris que j'éliminerais soigneusement de mon ouvrage lorsqu'il serait réimprimé, l'inculpation qui les concerne? Au contraire, j'ai toujours été très affirmatif sur ce point, dans le cas où mon ouvrage serait réimprimé, et je n'ai jamais reçu ni vu de protestation de la part des Oblats autre que ce qu'on en rapportait de bouche en bouche sur la rue. Quand on fait des protestations de ce genre, il me semble que la première chose à faire est d'en prévenir les intéressés et de leur indiquer dans quel organe de publicité cette protestation se trouve.

Le fait dont se plaignent les Oblats est un pur incident noyé dans le corps du volume et que bien peu de gens ont remarqué. Pour moi, je n'y attache aucune importance et je ne m'explique pas même en quoi les Oblats peuvent être si répréhensibles d'emporter l'argenterie des Jésuites,

---

263. Journal (1893-1902), rédigé par des élèves du Séminaire de Chicoutimi.

en leur qualité de successeurs des jésuites, comme j'ai soin de le dire[264]. Est-ce que par hasard il y a là un vol ou un détournement? L'extrême susceptibilité des Oblats ferait y croire, s'il pouvait y avoir autre chose dans ce que j'ai écrit qu'un fait banal, comme tant d'autres auxquels le lecteur ordinaire ne donne aucune importance.

Que les Oblats veuillent faire discuter devant les tribunaux un fait historique dans lequel il faut être «possédé» comme on dit, pour voir l'ombre d'un libelle, j'en suis fort aise. Je [illisible] d'être confondu et de voir la vérité dans toute sa lumineuse majesté, et je serai ravi de la prôner moi-même, je m'y offre d'avance. Mais vous comprenez que devant les tribunaux, il faut aller au fond des choses, avec tous leurs tenants et aboutissants. Ce procès donnera lieu à élucider d'autres points, à porter la lumière sur des situations qui ont paru jusqu'ici singulièrement embrouillées et équivoques. Dans ce procès le public et moi avons tout à gagner, et il pourrait bien se faire que vos clients y trouvent plus qu'ils n'y cherchent.

En outre, mon livre n'est pas du tout dans la circulation, à proprement parler. Je vous défie d'en trouver un seul exemplaire en vente chez aucun libraire, à part Granger et frère, qui n'en ont qu'une vingtaine. Voilà tout ce à quoi se réduit la circulation. Je n'ai eu pour ma part qu'une soixantaine d'exemplaires, que j'ai adressés privément et que j'ai lancés à titre d'essai. Si les Oblats veulent payer mon imprimeur et me donner une indemnité raisonnable, je suis prêt à leur abandonner mon ouvrage jusqu'au dernier exemplaire. Sinon, ils s'exposent à lui donner une vogue immense et un retentissement que, pour ma part, je ne désire pas le moins du monde, n'ayant plus qu'une pensée qui est de vivre en repos.

Qu'un des Révérends Pères Oblats m'adresse à moi personnellement une protestation dans laquelle l'inexactitude de mes renseignements soit démontrée, je m'empres-

---

264. Le passage se lit comme suit: «Cette chapelle contenait en outre une précieuse argenterie que les Oblats ont emportée, en leur qualité de successeurs des Jésuites dans les missions du Saguenay; mais cet acte a soulevé contre eux de vives protestations. À Tadoussac, où ils essayèrent de le répéter, les habitants faillirent faire une émeute. Ils s'élancèrent jusque dans la rivière Saguenay à la poursuite des Oblats, et leur arrachèrent, entre autres objets, la cloche de la chapelle», *Le Saguenay et le Bassin du Lac St-Jean. Ouvrage historique et descriptif,* p. 151.

serai de l'ajouter à mon livre immédiatement, en feuille séparée, dans chaque exemplaire, et de la publier en outre dans les journaux qu'ils voudront. Cette offre est faite afin que tout le monde comprenne que je ne veux que la vérité et la justice et qu'il est absolument inutile de chercher à m'intimider.

Votre dévoué serviteur,

[Arthur Buies]

Montréal, 10 octobre 1896

Cher monsieur Buies,

Mille pardons, d'abord, pour avoir retardé à vous répondre avant aujourd'hui. Je vous remercie du fond du cœur de votre délicieuse & trop flatteuse lettre que j'ai lue & relue avec joie. Vos éloges me touchent profondément et pourtant, j'en demeure tout confus, ne croyant pas les mériter.

Il est vrai que j'ai toujours beaucoup aimé les lettres françaises. J'ai aussi cultivé ma langue avec passion & enthousiasme. Si j'ai pu réussir à écrire au moins correctement, merci encore pour votre témoignage. Dieu sait combien j'ai employé de soirées à lire, à analyser les meilleurs auteurs & à étudier la langue française. Je voudrais, à preuve, vous montrer mes manuscrits. Les mille ratures, changements, & corrections de toutes sortes, les phrases refaites & recommencées jusqu'à dix fois vous diraient assez l'amour & le culte ardent que j'ai pour la langue de mes pères.

Il m'a toujours semblé que pour nous, Canadiens-Français, cachés dans ce coin d'Amérique, notre patriotisme doive consister presque uniquement à bien parler notre langue. Nos pères ont eu tant de luttes à livrer, tant de sang à verser pour nous la conserver! Pourquoi ne la garderions-nous pas pieusement entre nous, en dépit de l'anglais... Et, à ce propos, le mot charmant de Daudet me vient au bout de la plume: «Il faut garder sa langue & ne jamais l'oublier, parce que quand un peuple tombe esclave, tant qu'il tient bien sa langue, c'est comme s'il tenait la clef de sa prison.»

Oui, monsieur, gardons notre langue, non seulement comme un héritage précieux ou comme un bijou choyé, mais gardons-la comme l'arme de notre défense & comme l'espoir réconfortant de notre existence nationale.

Si j'ai mis tant de chaleur, tant de sympathie dans mon article, c'est que j'ai trouvé en vous un beau & fier modèle de patriotisme, un lettré délicat, un écrivain aussi original par l'esprit que noble & généreux par le cœur. Ah! monsieur, je voudrais qu'il y eût dans notre race plus de chevaliers littéraires vous ressemblant... Tandis que d'autres achètent à prix de bassesses & de complaisances une popularité éphémère, tandis qu'ils souillent leur plume pour un peu d'or ou un peu de gloriole, vous, le désintéressé, le probe, le consciencieux, vous faites votre tâche humblement, avec courage, avec constance, vous restez fidèle à votre rêve sublime & à votre idéal.

Bravo! monsieur. Je vous applaudis à chaudes mains. Continuez d'orner notre littérature. Prêchez d'exemple: on vous admire toujours. Et pensez quelquefois qu'il y a à Montréal un jeune fervent des lettres qui vous lit, qui vous aime & qui se réjouit de vous compter parmi ses plus chers amis.

Agréez, cher monsieur, l'expression respectueuse de ma plus vive estime & de ma plus sincère admiration.

Hector Garneau

N.B. Je vous envoie quelques articles que j'ai publiés dans les «Nouvelles». Je les soumets humblement à votre appréciation.

H. G.

Rimouski, 22 novembre 1896

[À Hector Garneau]

Mon cher Hector,

Je vous suis assidûment, croyez-moi bien. J'admire que vous puissiez tenir bon et faire des études comme vous en faites, dans un milieu comme le nôtre. Ah! Comme il faut être jeune pour cela. Ne vieillissez pas, je vous en prie, ne vieillissez pas. Votre œuvre est digne des plus chauds éloges, de la plus énergique approbation. Suivre, comme vous le faites, le mouvement intellectuel en France, initier régulièrement notre public à ce monde toujours aspirant à monter plus haut, et qui présente tous les modes possibles de l'activité humaine, c'est faire preuve d'un esprit élevé et d'une rare détermination. Cela soit dit, en laissant de côté la somme énorme de travail qu'il vous faut accomplir pour poursuivre et mener à fin votre tâche. Au premier moment opportun, je ferai ressortir publiquement, en vous prenant comme exemple, l'énorme progrès qu'a fait la science littéraire chez nous, depuis qu'il a surgi des connaisseurs et des critiques qui se donnent la peine d'étudier et de formuler des appréciations, des impressions et des jugements qui sont de leur cru et qui découlent de leur étude personnelle. Nous allons voir enfin s'évanouir le règne des hâbleurs et des faiseurs de toute espèce qui n'avaient d'autre fonction littéraire que de s'encenser les uns les autres et de tenir à l'écart toutes les valeurs réelles. C'est grâce à l'ascendant qu'avaient pris sur un public généralement sans culture ces charlatans constitués en société d'admiration mutuelle, plus tard développée sous le nom de «Société Royale», que nous avons vu tant de réputations usurpées, tant d'arrêts imposés au public, tant d'exploitation de sa grossière candeur.

Je viens de lire entre autres, à ce sujet, la chronique de Françoise[265] sur la soi-disant dernière œuvre de Fréchette, Véronica Cibo[266], à laquelle elle prédit l'immortalité. À force d'adulations, cette pauvre fille en est [illisible] à croire qu'elle peut juger d'une œuvre théâtrale. Son article, qui fait sourire, est la monnaie d'une pièce de gros calibre, chargée d'un encens étouffant, que Fréchette a fait paraître, moyennant finances, dans la «Revue du Monde Catholique» de septembre 1895, sous la signature achetée de

---

265. Françoise, pseudonyme de Robertine Barry (1863-1910), poète et critique littéraire. Fut la première femme à faire partie de la rédaction de *la Patrie*.

266. Françoise, «Chronique du lundi», *la Patrie*, 16 novembre 1896, p. 1. «Il est bien des choses écrites que les années effacent peu à peu jusqu'à ce qu'il n'en reste plus aucune trace. *Véronica Cybo* n'est pas de celles-là; cette grande pièce, dans ses superbes envolées, atteint des cimes qui la mettent à l'abri de l'indifférence et de l'oubli. Elle vivra toujours à notre honneur et à celui de son auteur.»
Fréchette avait mis en vers les quatre actes d'une pièce du même nom, rédigée par Maurice Pradel.

Camille Derouet[267], et dans laquelle Françoise, présentée comme la femme la plus remarquable du Canada, est comparée à George Sand. Le gros Fréchette est prêt à tout pour conserver au moins autour de lui quelques débris de sycophantes. Il se sent couler de plus en plus, il ne peut pas se résigner à voir que le public n'est plus sa dupe et il a résolu d'étourdir les esprits par un coup épouvantable, dût-il attirer plus tard sur lui tous les ridicules accumulés. Il a bâti une pièce avec des matériaux de Sardou[268], d'Augier, de Victor Séjour, d'Alexandre Dumas, il a collé tout cela ensemble avec du ciment canadien, il a ajouté quelques trompe-l'œil, et il débite sa pièce en petit comité aux naïfs, leur recommandant de dire que c'est un chef d'œuvre, même immortel, que Sarah Bernhardt le lui a demandé elle-même et que ça sera joué sur le premier théâtre de Paris. Et voilà le dernier truc de ce gros pouffeur et imposteur. Nous allons bien nous amuser bientôt.

Vous, mon jeune ami, continuez d'être consciencieux et digne, d'aimer les Lettres comme un fervent et non pas comme un exploiteur, continuez d'être un exemple pour la jeunesse canadienne, continuez à faire voir que sans l'étude et le travail on ne peut pas plus être un homme de lettres sérieux qu'on n'est un médecin ou un architecte, démontrez

---

267. Camille Dérouet, «La littérature canadienne-française», *Revue du Monde catholique. Recueil scientifique, historique et littéraire*, 34e année, tome 123e, tome VII de la sixième série, 1895, p. 462-477.
«Lauréat de l'académie française pour ses *Fleurs boréales* et ses *Oiseaux de neige*, deux chefs-d'œuvre, M. Fréchette fait partie de l'Institut impérial de Londres et possède dans toute l'Amérique une telle notoriété que plusieurs universités des États-Unis ont pris son nom. [...] Bien qu'on ait prétendu le contraire, M. Fréchette, malgré ses opinions libérales, que nous n'avons pas à apprécier en ce moment, est resté un catholique convaincu, comme il est facile de s'en persuader à la lecture des lignes suivantes que j'emprunte à son dernier ouvrage intitulé *Feuilles Volantes*. [...] Maintenant que nous avons épuisé la nomenclature des hommes de lettres canadiens les plus en relief, il est temps d'appeler tout particulièrement l'attention du lecteur sur une femme, Mlle Robertine Barry, qui signe ses œuvres du pseudonyme de *Françoise*, et qui s'est acquis une notoriété considérable au Canada et aux États-Unis. [...] Elle offre une analogie frappante avec George Sand par la richesse de son imagination, l'émotion communicative qui se dégage de ses œuvres», p. 467-468. Il n'est fait nulle mention de Buies dans cet article.
268. Victorien Sardou (1831-1908), auteur de *la Tosca* (1887). Émile Augier (1820-1889), auteur de *Le gendre de Monsieur Poirier* et Victor Séjour (1811-1874), furent trois dramaturges français très populaires en leur temps.

de plus en plus quel grand pas vous avez fait faire, et vous ne tarderez pas à recueillir le fruit de vos efforts dans la portée que vous allez acquérir et dans l'influence que vous allez exercer sur l'opinion de plus en plus éclairée.

Je veux vous dire en terminant que je ne suis pas tout à fait d'accord avec vous au sujet de Zola; je trouve que vous ne rendez pas suffisamment justice à ce cyclope, à cet encelade, à cet énorme penseur, à ce débrouilleur de monde et d'idées; mais qu'importe! Cela est matière de tempérament et aussi beaucoup du point de vue où l'on se place. Sans doute Zola est assez souvent lourd, long, empêtré dans les détails, mais ces défauts ne sont qu'apparents et relatifs; prenez chaque passage en particulier et vous verrez qu'il change de caractère, et peut-être aussi modifierez-vous votre jugement[269].

Avec toutes mes félicitations et mes bons souhaits,

Votre sincère ami
Arthur Buies

Québec, 9 mars 1897

[À Arthur Buies]

Grand et illustre vieillard,

La planète Rimouski que vous daignez habiter devrait être le centre du monde et la lumière que vous [avez] distribuée sous forme de cartes postales est appréciée comme elle le mérite par nous humbles microbes; les petits paquets de journaux que vous nous envoyez sont faits d'une façon ravissante mais ma tendre épouse vous supplie de garder les papiers appelés «science française» où mon frère imprime son nom.

Vous qui n'ignorez presque rien devez savoir que notre province s'est annexée sans guerre un territoire considérable au Nord de ses anciennes limites, je vous suggère

---

269. Allusion au jugement porté par Garneau sur *Rome*: «*Rome* d'ailleurs, n'étant qu'une longue et mauvaise diatribe contre la papauté et le christianisme, blessera profondément les consciences catholiques», «"Rome", par Émile Zola», *les Nouvelles*, 27 juillet 1896, p. 8.

donc comme sujet de travail une étude sur ces contrées nouvelles. Comme vous n'y avez jamais été, ni moi non plus d'ailleurs, vous pourriez en parler avec la plus grande impartialité et notre paternel gouvernement devrait vous encourager financièrement dans cette voie. Il y a là une mine non encore exploitée?

Mes respects à Madame votre épouse, mes amitiés aux petits. Soyez préservé de la grippe et que votre postérité soit moindre que les nombreux grains de sable de la mer.

Votre très humble sujet,

Obalski[270]

Québec, 1ᵉʳ septembre 1897

Mon cher Buies,

Je suis sous l'impression que tu as peut-être été un peu vif à donner ta démission. Carroll & moi avons parlé de la chose à Turgeon[271] & je ne crois pas, du moins il nous l'a affirmé, qu'il ait eu l'intention que tu lui prêtes.

Cet incident peut être vidé facilement si tu consentais à retirer ta résignation. Je suis convaincu que l'on va prendre tes livres. Je verrai Robidoux à ce sujet dès qu'il sera de retour d'Halifax.

Mes amitiés à Mᵃᵈᵉ Buies,

Bien à toi,

Charles Langelier

---

270. Joseph Obalski, né en France en 1852, a étudié à l'École Nationale Supérieure des Mines à Paris; est nommé Ingénieur des mines par le gouvernement du Québec en 1881.

271. Adélard Turgeon (1863-1930), ministre de la Colonisation et des Mines du Cabinet libéral de F.-X. Marchand depuis le 26 mai 1897.

À Monsieur Arthur Buies,
Homme de Lettres.

Monsieur et cher compatriote,

Vous devinez combien j'ai été touché et heureux de recevoir cet intéressant et important ouvrage que vous avez fait sur le Saguenay et le bassin du Lac St Jean. C'est avec plaisir et avec émotion que je l'ai lu. Vous m'êtes bien connu par des amis communs et ce cher livre français, si français d'allure, de vivacité, d'imagination, de gaieté, d'attendrissement, de passion, de poésie, de réflexion, de logique, de bon sens, d'entrain et de ténacité, d'aspirations artistiques, de sentiments généreux et d'idées pénétrantes; ce livre m'a produit l'effet d'une voix amie et chère venant d'un lointain qui se rapprocherait tout à coup, à travers les profondeurs de l'espace et du temps et ouvrant un immense avenir.

Pardonnez-moi d'exprimer ainsi mes impressions, celles d'un frère de race, d'un concitoyen qui se sent attiré vers la noble et grande famille française du nouveau monde, comme vers les hommes auxquels échoit la plus grande tâche du génie français, initiateur passionné, soldat fidèle, travailleur acharné de la civilisation. Nous qui nous débattons depuis si longtemps en Europe, sur un vieux sol encombré de ruines qui font obstacle, au milieu de rivaux et d'ennemis qui nous doivent pour une large part ce qu'ils sont, et qui ne semblent songer qu'à prendre notre place sous prétexte de se faire la leur, nous regardons avec joie le puissant rameau canadien grandir en terres neuves et donner à notre race la sève, la poussée nouvelle, la vitalité indéfinie dont elle a besoin pour continuer sa glorieuse mission.

La nation canadienne a eu longtemps à pourvoir aux besoins en quelque sorte primaires de son développement, — l'agriculture, le commerce, l'industrie, la découverte des richesses naturelles, la conquête et la pénétration de territoires immenses, la mise en œuvre du sol par l'homme, la migration dans les régions inexplorées, la création des voies par où l'homme prend contact avec les richesses à mettre en valeur, la formation des premiers groupements colonisateurs et des centres de travail, de production et d'échange.

Ce n'est pas seulement l'extension d'un peuple, c'est la véritable genèse d'un Pays, c'est-à-dire d'une terre que l'on crée pour la rendre créatrice à son tour, que l'on féconde pour qu'elle soit mère, qui devient civilisée et humaine de sauvage et simplement végétative ou animale qu'elle était. Faire produire les hommes par la terre, c'est vraiment lui donner force intelligente, vie supérieure, âme pensante. C'est faire une création nouvelle.

Aussi n'ai-je pu me défendre d'impressions multiples, saisissantes et orgueilleuses peut-être, en voyant ce tableau que vous faites d'une nature d'abord fruste et comme inconsciente, puis évoluant et s'ouvrant à la vie de l'humanité moderne, grâce au courage, à la patience, à l'endurance, à l'initiative, au labeur, à la foi, à la confiance invincible des chers Français Canadiens.

Soit que vous représentiez ces humbles et ingrats débuts de la prise de possession du sol, cette existence si rude des premiers pionniers, ce régime peu confortable, assurément des missionnaires du 17ᵉ siècle; soit que vous montriez les dangers, les bizarreries en même temps que la grandeur de cette vie demi sauvage, sanctifiée par la grande œuvre à préparer; la disparition graduelle et comme fatale des races primitives, impropres à se plier aux conditions de vie humaine qui ont avec les leurs plus de vingt siècles d'écart; soit que vous fassiez deviner ce que pouvait être la région du St-Laurent dans les périodes préhistoriques, ou que vous fassiez ces belles descriptions, ces tableaux de forêts et de lacs que l'on voudrait voir de ses yeux, précisément parce qu'on croit les voir dans vos pages; vous provoquez dans l'esprit du lecteur la méditation autant que l'émotion, la recherche des solutions positives des grands problèmes de la formation des nations et des sociétés modernes, en même temps que le sentiment poétique des grands spectacles de la nature, le sens du beau et l'amour du bien.

En voyant dans vos récits et dans vos constatations comment procède le mouvement de colonisation, par quelles ondes et quelles poussées successives se forment et se marquent les populations, allant toujours en avant jusqu'à ce qu'elles touchent au bout du domaine de l'homme, en observant l'incroyable transformation de régions entières effectuées en 50 ans (le temps qu'il faut à un individu chez nous pour conquérir sa place au soleil avant de la perdre), en assistant à la croissance des villes nouvelles; en regardant vivre ces vaillants et laborieux colons français, en assistant à la constitution de la nation franco-canadienne, avec l'immense horizon qui s'ouvre à elle et que de généreux esprits avaient deviné, on se sent pris d'espérance et de confiance absolue en l'avenir, et l'on se dit: «Il y a de grandes choses, des œuvres admirables à accomplir par les chers Français, par les compatriotes de l'autre côté de l'eau!»

Et comme l'affection et la pensée effacent la distance et le temps, comme la mer est pour l'homme moderne un chemin et non plus une barrière, comme la vitesse de nos mouvements met Montréal et Québec presque aussi près que l'était autrefois pour nous la ville de Marseille, on a l'impression de se retrouver en communauté de vie, de croyances, d'aspirations et d'idéal, en association impérissable, en famille, en famille faite pour durer toujours entre français d'ici et français de là-bas.

Et voilà comment, cher Monsieur, vous avez trouvé tout simple de m'adresser, et moi tout naturel de recevoir, ce livre qui passe l'océan pour nous mettre en contact de cerveau et de cœur. Voilà comment je vous écris cette trop longue lettre sans trop m'excuser, bien certain que vous trouverez tout naturel aussi que je vous écrive de la sorte. Les hommes ont désormais entre eux un système nerveux qui les fait vibrer à l'unisson d'un bout du monde à l'autre, par quelque pulsation cardiaque ou cérébrale que la main a tracée sur un morceau de papier. C'est le passé de nos ancêtres qui ressuscite en nous et c'est l'avenir de nos descendants qui est en gestation. En quelques secondes on fraternise ou communie, on fait existence et âme mutuelles, entre êtres capables de se comprendre et de s'aimer, à travers toutes les distances du temps et de l'espace.

Ma grande satisfaction est de me trouver en relations, en sympathies vives avec les compatriotes qui viennent ici. Je ne sais si nous pouvons espérer le plaisir de vous avoir, et je voudrais bien me donner celui de venir au Canada[272]. En attendant, c'est une bonne fortune de causer, de si loin que ce soit, avec un homme et un français tels que vous. On n'est pas loin de celui dont on a les pensées sous les yeux. J'ai passé de bien agréables moments en votre compagnie dans les chers Pays canadiens; je m'en venge piètrement, je l'avoue, par une missive qui est beaucoup plus longue en beaucoup moins de pages que vos si intéressants chapitres.

---

272. Louis Herbette fera un voyage au Canada en octobre 1899.

Veuillez exprimer mes sentiments et mes souhaits à ceux de vos compatriotes et amis, dont j'aurais le bonheur d'être connu et laissez-moi, en vous remerciant et vous félicitant encore, vous serrer chaleureusement la main.

L. HERBETTE

M. HERBETTE ET M. BUIES

Québec, 17 février 1898

À Monsieur le Rédacteur-en-chef
de «La Patrie», Montréal.

Cher confrère,

Je ne puis résister à la tentation de vous communiquer la lettre ci-dessous, que je viens de recevoir de Monsieur Louis Herbette, ancien ambassadeur de France à Berlin, et aujourd'hui conseiller d'État.

Monsieur Herbette est certainement un des hommes d'Europe les mieux connus du public canadien, tant à cause de sa valeur personnelle qu'à cause des profondes et inaltérables sympathies qu'il a témoignées pour notre peuple, dans toutes les occasions où il a pu le faire publiquement à Paris, dans toutes les démonstrations où les nôtres ont figuré, dans toutes les circonstances où le plus léger prétexte s'est offert pour parler de nous, pour nous ouvrir son cœur de Français affectueux et dévoué, et pour nous faire valoir avec toute la chaleur, avec toute l'éloquence que l'on ne déploie qu'au service de causes qui sont particulièrement chères.

Monsieur Herbette suit d'un œil de père tous nos développements, nos progrès et notre marche vers l'accomplissement d'une destinée manifestement transcendante, comme cela apparaît, du reste, à d'autres esprits éclairés de France qui sont venus en contact avec des hommes éminents de notre pays. Je pourrais citer à ce propos les lettres d'Onésime Reclus, le célèbre géographe, à celui de nos compatriotes qui a joué l'un des quatre ou cinq grands premiers rôles dans les cinquante dernières années de notre histoire, je veux dire le curé Labelle.

On trouvera dans la lettre que m'adresse Monsieur Herbette ce que l'on constate à chaque paragraphe des lettres de M. Reclus, c'est-à-dire la même affection vivace et active pour notre race, le même sentiment, la même intelligence de sa mission sur le continent américain, et la même prescience des évolutions qui l'attendent avant d'atteindre le terme de sa destinée; ce qui fait voir que les esprits éclairés, larges et droits se rencontrent dans une même communion d'idées et de vues à notre sujet.

La lettre de Monsieur Herbette est très flatteuse pour moi, ce qui est déjà un motif fort tentant pour que j'en désire la publication. Mais ce n'est pas à ce motif que je m'arrête, attendu qu'il y a longtemps que j'aurais pu faire la même chose pour bien d'autres lettres également flatteuses que m'ont adressées des écrivains français, mais dans lesquelles il n'était guère question que de ma personne et de mes œuvres.

Dans le cas actuel, il y a quelque chose de plus, et ce plus est essentiel. Je désire, et j'appuie fortement là-dessus, attirer l'attention sur la manière dont les ouvrages canadiens, recommandables par un mérite réel, sont accueillis par l'élite des intellectuels de France. Ceux-ci ne sont pas entravés dans leurs appréciations par les hideuses petites jalousies qui empoisonnent littéralement certains personnages de notre pays, quand il s'agit de moi, personnages qui se prennent sérieusement pour des écrivains, parce qu'ils battent de leurs réclames tous les sentiers du journalisme, parce qu'ils s'administrent à eux-mêmes, sous des noms réels, d'énormes doses d'admiration qui ne donnent plus aujourd'hui que des nausées au public, après l'avoir longtemps égaré.

Il est grand, grand temps de mettre les choses au point dans ce pays-ci. Notre littérature est infestée par des bousilleurs qui ont acquis une notoriété de faux aloi, à force de mettre leur nom au bas de toute espèce de choses appelées «articles», et de provoquer toutes les occasions imaginables de faire paraître ce nom, comme un gros disque de fer-blanc derrière la lumière, afin de perpétuer l'aveuglement des badauds et d'en faire accroire indéfiniment à un public bon enfant, ou dédaigneux de faire attention aux ficelles.

Vous jugerez par vous-même, Monsieur le rédacteur, combien la lettre de Monsieur Herbette contraste avec l'insouciance et l'apathie qui marquent l'apparition parmi nous de toute œuvre ayant une valeur littéraire. Quand on a fait un simple accusé de réception, on croit généralement avoir acquitté tous ses devoirs envers les ouvriers de la pensée qui consacrent leur vie à illustrer leurs compatriotes. On a été tellement dupé et floué, depuis plus de trente ans, par toute espèce de productions qui ne sont que des plaquages et des copies des œuvres d'outre-mer, qu'on semble avoir pris toute œuvre intellectuelle en dégoût. Cela, c'est très bon et très juste pour ceux qui le méritent, mais on devrait pouvoir faire un autre accueil à ceux qui ne le méritent pas.

Ensuite, on vient me demander: «Pourquoi n'écrivez-vous donc pas, Monsieur Buies?» C'est bien la peine vraiment!

Croyez-moi, mon cher confrère,

Votre tout dévoué,
ARTHUR BUIES

la Patrie, 19 février 1898, p. 23.

Québec, 22 mars 1898

Cher monsieur Herbette,

Je suis confus, en vérité, de n'avoir pas encore répondu à votre si bonne et aimable lettre du 29 janvier dernier. Je suis affligé, tous les hivers, depuis plusieurs années, d'une véritable ankylose des bras et des genoux qui me met dans une véritable torpeur, pendant les grands froids, et qui dure généralement de 4 à 5 semaines. J'en sors avec un redoublement d'énergie et une colère terrible contre la nécessité de souffrir des infirmités aussi inconvenantes qui vous font perdre sans raison aucune, un temps précieux et vous obligent à remettre de jour en jour ce que vous feriez avec tant de plaisir sur le champ.

Vous ne sauriez croire combien je suis heureux de figurer parmi le petit nombre de ceux dont les ouvrages trouvent un écho chez les esprits élevés de la vieille mère-patrie; mais vous ne sauriez croire aussi l'amertume profonde que je ressens à la pensée que des témoignages d'une pareille valeur, que des expressions d'une sympathie aussi ardente pour mes compatriotes éveillent par contre si peu d'écho chez les hommes qui sont à la tête de notre pays et qui devraient diriger ses destinées dans le sens d'une beaucoup plus large expansion du génie français. La politique, la hideuse et sale politique du nouveau-monde pervertit tous les esprits, étouffe toutes les aspirations, détourne les meilleurs penchants de leur voie naturelle et va jusqu'à écarter les affections d'origine, la grande question de race qui, il me semble pourtant, s'impose de plus en plus tous les jours, et ouvre de plus en plus vastes horizons; elle ne s'occupe exclusivement que des questions journalières et de la satisfaction des ambitions passagères; cette politique, dis-je, cette politique inférieure, cette cuisine d'État a tellement rapetissé tous les esprits qu'aucun essor intellectuel, qu'aucune manifestation de la pensée ou de l'art qui a une origine franco-canadienne, ne court la moindre chance de réveiller le plus petit écho dans une masse sourde et ignorante, contrainte de livrer tous les jours le terrible «struggle for life» et qui a bien plus besoin de bûcherons et de charpentiers que d'écrivains.

La vie intellectuelle et la vie morale sont obscurcies et refoulées sous le flot toujours grossissant des appétits matériels, et chacun ne cherche qu'à se faire la place la plus confortable à la table publique sans songer le moins du monde aux intérêts supérieurs ni aux considérations d'avenir dont un travail inconscient et mystérieux prépare cependant l'examen et imposera la solution un jour ou l'autre.

Nous sommes encore dans la période du ventre, nous sommes dans la seconde enfance et nous sentons avant tout le besoin d'essayer et de fortifier nos muscles, de bien emplir notre abdomen. Oui, mais cette période-là est longue et ceux qui ont le malheur de se livrer aux choses de l'esprit chez un peuple en pleine condition rudimentaire sont des déclassés ou, si vous le voulez, des précurseurs qui, comme tous les précurseurs, ont le plaisir de prêcher dans le désert. N'allez pas me prendre pour un misanthrope, quoique j'aurais toutes les raisons de l'être, mais je suis un dégoûté, et je vous assure que j'ai tout autant de raisons de l'être.

Les Canadiens, pris en eux-mêmes, sont un admirable peuple; mais la politique les a terriblement gâtés encore plus que l'ignorance dans laquelle ils ont été systématiquement tenus. Mais comme ce peuple a d'étonnantes ressources vitales, qu'il a une souplesse, une endurance, une capacité de reproduction merveilleuses, il résistera à toutes les influences pernicieuses et finira par conquérir ses destinées, quoiqu'il ne s'en doute même pas aujourd'hui et qu'il s'y achemine par la seule force d'impulsion qui l'a fait passer, depuis l'arrivée sur la terre d'Amérique, à travers tous les obstacles qui s'y opposaient...

Si le gouvernement veut m'aider, l'été prochain je me propose d'ajouter une nouvelle monographie à la série qui en compte actuellement trois ou quatre; cette fois, il s'agira de la Gaspésie[273], la plus admirable et la plus séduisante région du globe; je tâcherai d'augmenter à cette nature quelques unes de ses palettes afin de la peindre dignement et je vous adresserai mon nouveau volume, une fois fini, dans l'espoir que je l'aurai mérité et que vous voudrez bien le reconnaître une fois encore par des encouragements qui sont pour moi un stimulant énergique dans l'œuvre que j'ai entreprise.

Acceptez de ma part une chaude poignée de main, et croyez-moi sincèrement,

Votre tout dévoué,

A. Buies

Québec, 26 avril 1898

Mon cher Buies,

Comment pourrais-je assez vous remercier de votre article si éloquemment sympathique à mon adresse[274]? Vous m'avez traité avec une générosité royale. Je ne suis pas assez vain pour prendre au pied de la lettre tous les éloges que vous m'avez prodigués. Je comprends parfaitement que votre cœur a soufflé votre plume, et je fais largement la part de l'exagération amicale dans tout ce que vous dites de moi et de mon livre. Cependant je n'en suis pas moins sensible à votre cordial procédé. Vous auriez raison de me traiter de poseur si je ne vous confessais bien simplement que votre étincelant article m'a causé une joie très vive et qu'il a: <u>Chatouillé de mon cœur l'orgueilleuse faiblesse</u>.

Veuillez agréer mes remerciements les plus sincères. Présentez, s'il vous plaît, mes respects à madame Buies, et croyez-moi

Votre bien dévoué,

Th. Chapais

---

273. «Dans la Gaspésie. Retour d'excursion», *la Patrie*, 15 octobre 1898, p. 12.

274. Arthur Buies, «Thomas Chapais. Discours et conférences», *l'Événement*, 23 avril 1898, p. 5.

LA COLONISATION
ŒUVRE NATIONALE PAR EXCELLENCE
LETTRE À L'HON. A. TURGEON

À l'honorable Adélard Turgeon, ministre de la Colonisation et des Mines.

Monsieur le Ministre,

Voilà déjà plus d'un an que vous avez été chargé de la direction du ministère de la Colonisation et des Mines. Cet espace de temps, assez long pour vous familiariser avec les rouages et les détails administratifs de votre charge, ne l'a pas été néanmoins pour vous permettre d'en embrasser entièrement et exactement l'esprit et la grandeur. Cela ne vient qu'avec une longue habitude du sujet et des occasions répétées, comme j'en ai eues de voir sur place grandir et s'épanouir les embryons de colonisation semés par vos propres mains. C'est là assurément le spectacle le plus digne d'intérêt et le plus touchant qu'il nous soit donné de contempler: mais il renferme aussi une assez forte dose de philosophie supérieure qu'il s'agit de savoir extraire et que je serais bien aise de mettre sous les yeux du public qui examine et qui réfléchit.

Il y a longtemps que je m'attriste de voir qu'on ne reconnaît pas à la colonisation son grand caractère social et qu'on n'y voit qu'une machine aboutissant uniquement à la création de routes indispensables et à l'octroi de certains privilèges aux défricheurs. C'est rapetisser singulièrement l'œuvre nationale par excellence, l'œuvre féconde qui porte en elle tous les germes de la vitalité et de la perpétuation de notre race, et qu'on pourrait élever presque à la hauteur d'une obligation sacrée, si cela était nécessaire et s'il ne lui suffisait pas d'être profondément humaine et civilisatrice pour nous lier et nous attacher à ce qu'elle réclame de nous.

Le langage que je vous tiens en ce moment, monsieur le ministre, j'aurais pu le tenir à votre prédécesseur[275], homme d'un esprit porté comme le vôtre à voir les choses sous l'angle le plus étendu, mais il ne m'en a pas donné le temps. À peine avait-il pris place au fauteuil ministériel qu'il en était précipité par un coup de foudre et obligé de prendre le chemin de l'exil, chemin si bien battu déjà par tant de ministres incompris et qui ne ressemble en rien à

---

275. Thomas Chapais, nommé ministre de la Colonisation dans le Cabinet conservateur de Flynn le 9 janvier 1897.

un chemin de colonisation. Votre prédécesseur a su du moins laisser sa succession «au plus digne» et je m'empresse de vous communiquer quelques considérations qui me sont venues dans le cours de mes explorations dans les établissements coloniaux nouvellement fondés, afin que nous puissions de concert porter la colonisation à sa hauteur véritable et faire qu'elle devienne le plus grand ressort de notre politique, de même que le but principal vers lequel doivent se porter nos énergies et nos affections patriotiques.

Tous les peuples parvenus à un certain degré de civilisation, après avoir accompli les périodes préparatoires, tel que l'état nomade et l'état pastoral, ont eu l'instinct d'une mission colonisatrice et ont cherché l'expansion extérieure comme une conséquence naturelle du développement et du progrès national. C'est une loi providentielle et salutaire que celle de l'expansion coloniale: elle a été le salut de plus d'une nation qui, sentant déjà les atteintes de la vieillesse, s'est rajeunie en transplantant sur une terre lointaine, dans une atmosphère étrangère, des éléments qui se sont assainis par l'infusion d'un air et d'un sang nouveaux, menacés de devenir morbides en restant stationnaires.

«Croissez et multipliez», a dit à l'homme l'éternel colonisateur qui, sans cesse, à toute heure, peuple l'espace de mondes nouveaux, agrandit sans relâche le domaine des êtres créés et prépare de nouvelles créatures pour des mondes encore à venir. — Coloniser c'est l'action par excellence, c'est chercher de nouveaux champs pour l'exercice de toutes ses forces vitales. «Je voudrais pouvoir aller dans d'autres mondes pour y étendre mes conquêtes» disait Alexandre. C'était, là, l'expression la plus frappante de la volonté agissante. Alexandre ignorait, comme tout le monde l'ignorait du reste de son temps, qu'il y avait sur notre globe même des continents tout entiers où l'activité et l'initiative humaines s'exerceraient pendant une longue suite de siècles sans se lasser ni trouver encore de limites à leur besoin continuel d'utiliser les forces que les hommes ont en eux, d'étendre, de perfectionner celles qu'ils trouvent dans la nature.

Pour nous, en particulier, Canadiens-Français, la colonisation s'impose comme une nécessité patriotique, comme un devoir de race impérieux. Nous avons une mission rendue évidente par le développement inattendu et tout à fait surprenant de notre nationalité, et cette mission consiste à ne plus seulement garder comme un dépôt la langue et l'esprit français, dépôt sacré que nous ont transmis nos ancêtres, mais à les propager, à les fortifier et à leur assurer une place digne d'eux et de celle qu'ils occupent sur le vieux continent européen.

Il faut que la nationalité franco-canadienne compte et soit reconnue comme un élément important de la population américaine. Nous ne devons point assurément céder le pas à aucune nationalité étrangère ni reconnaître la prépondérance d'aucune d'elles. Cette prépondérance cherche à s'affirmer dans les États de l'Ouest par les Allemands et quelque peu dans les États de l'Est par les Irlandais; sans contrarier cette prépondérance dans son ascension naturelle, nous devons tendre à assurer à notre nationalité un rang égal et un développement intellectuel qui en élève incessamment le niveau. Pour cela il faut autre chose que reporter indéfiniment nos regards vers les hauts faits de nos aïeux sans ajouter la moindre variante à un thème qui a été ressassé de toutes les façons. Nous n'avons guère eu d'yeux jusqu'à présent que pour les choses ouvertes, comme si le présent nous était étranger et que l'avenir ne nous intéressait d'aucune manière. Caressés et engourdis depuis le berceau jusqu'à la tombe par d'éternels refrains soi-disant patriotiques, passés aujourd'hui de l'état d'obsession, nous avons cru que nous pouvions nous contenter pour toujours de notre épopée nationale, et que tout avait été dit et fait pour nous à Carillon et sur les plaines d'Abraham.

Sans doute un peuple doit conserver religieusement le souvenir des belles pages de son histoire et les rappeler aux enfants de chaque génération successive; un peuple qui n'a pas le culte du passé est un peuple indigne de vivre car il ne lui reste aucune vertu pour les grandes actions futures; mais il ne faut pas que ce culte absorbe l'esprit tout entier, et le détourne de ses aspirations et de ses ambitions au détriment de l'énergie dont il a besoin pour accomplir ses destinées. Notre époque en est une d'action, et malheur à qui retarde sur la route. Il ne pourra plus rejoindre ceux qui l'ont devancé et qui ont tout à faire eux-mêmes pour en rejoindre d'autres encore plus avancés qu'eux. La littérature elle-même est devenue agissante et vise en premier lieu à des résultats; on le voit à chaque ligne écrite par les écrivains modernes, préoccupés avant tout d'arriver à des conclusions et d'indiquer des solutions, soit sociales, soit philosophiques ou scientifiques, dans des œuvres même en apparence de pure fantaisie.

Avoir les yeux sans cesse tournés vers le passé, et ne se souvenir que de son histoire, quelque glorieuse qu'elle soit, est le fait des peuples vieillis qui cherchent dans le passé une consolation à leur décadence; mais cela ne saurait convenir à un peuple jeune, vigoureux, fécond, qui a devant lui un large avenir qu'il peut porter encore bien plus haut que le passé dont il s'honore. Nous, peuple jeune et vigoureux, ce n'est pas derrière, mais devant nous que nous devons regarder. Nous avons toute une carrière à remplir et des destinées à atteindre. Rempli de cette pensée, je me suis moins occupé de rechercher les origines de l'immense région gaspésienne que j'ai été chargé de reconnaître dans le cours de la saison qui vient de s'écouler; mais je me suis pénétré de ses conditions économiques et sociales; j'ai étudié ses besoins, l'esprit et les mœurs de sa population, son genre de vie, ses aptitudes et quel appoint conscient et volontaire elle pourra apporter aux circonstances qui lui seront favorables.

Nous avons l'étendue et l'avenir, une étendue territoriale où l'on jette en vain ses regards de tous côtés sans apercevoir de limites, un avenir où l'œil plonge dans la suite des siècles sans en trouver le terme. Les forces de la nature, celles que nous pouvons utiliser, sont inépuisables et incommensurables, et dureront autant que la nature elle-même, toujours renouvelées, toujours égales, sans perdre un atome de leur puissance. Il a fallu que le génie humain mît en œuvre toutes ses facultés créatrices pour trouver des instruments et des mécanismes en rapport avec la puissance colossale de nos pouvoirs hydrauliques, dont le nombre, le volume et la force dépassent ceux de tous les pouvoirs d'eau réunis du monde entier. Ces mécanismes et ces instruments ont pu enfin être fabriqués et dorénavant, l'exploitation et la préparation des richesses naturelles forestières ou minérales, va se faire sur une échelle prodigieusement agrandie. D'un seul bond, nous avons franchi les bornes de la zone cultivable, nous avons envahi le domaine des glaces éternelles et le séjour inviolé des monstres pour qui l'air et l'eau se confondent en une même atmosphère; nous allons faire entendre le mugissement des locomotives sur les plages où l'homme, terrorisé d'avance par l'implacable solitude des régions inexplorées par le farouche et inaccessible lointain toujours reculant devant ses yeux sans jamais montrer l'étape finale, osait à peine pénétrer, en se faisant lui-même sauvage comme la nature de ces redoutables solitudes, sauvage comme les êtres qui les habitent. Nous allons, nous allons, sans trouver un instant pour regarder le chemin parcouru, ni pour reprendre haleine... Prendre haleine! Nous n'avons pas besoin de cela; la main du destin nous pousse; autour de nous, sur nos têtes et dans nos âmes, souffle un vent qui nous emporte, qui nous oblige à l'action, au déploiement de toutes nos énergies, si nous ne voulons pas tomber sur place avec les impuissants et les incapables, toutes les voix du progrès résonnent autour de nous et emplissent nos oreilles d'une fanfare victorieuse: «Marche, marche», crient toutes ces voix dans un retentissant accord, et nous marchons, ou plutôt, impatients de l'avenir dont les lueurs séduisantes jouent dans le ciel comme les reflets volant sur le clavier lumineux des aurores boréales, nous nous élançons tous les jours vers de nouveaux espaces, vers de nouveaux domaines, dont chacun devient une nouvelle conquête. Les vieux mondes s'évanouissent, leur civilisation apparaît encore comme un flambeau qui guide les intelligences, mais nos bras, nos reins et nos cœurs restent entiers pour la conquête de cette terre sans limites connues, de ce sol où l'on respire la liberté aussi grande que l'air lui-même, et où l'homme peut essayer sans crainte d'entraver les facultés et les aptitudes qu'il tient du ciel; tous les essais il peut les faire, toutes les expériences il peut les tenter, il n'y a pour lui d'obstacles que ceux que la nature lui oppose afin qu'il connaisse la mesure de ses propres forces et qu'il sache que tout sur ce globe doit être assujetti à son énergie et à sa volonté indomptables.

Nous avons une vaste et longue carrière à parcourir, carrière qui ne se mesure que par la suite des siècles, car c'est presque un continent que nous avons à peupler, et à peine avons-nous commencé encore à faire fructifier les premiers germes que nos yeux ont découverts ou que nos mains ont semés dans un sol exubérant de fécondité. Le climat tant redouté jadis est devenu un auxiliaire, loin d'être un obstacle depuis que l'homme a trouvé tant de moyens d'en combattre les rigueurs, depuis que les progrès de la science, pliés au joug de l'industrie sans cesse agissante et victorieuse, de toutes les résistances, nous ont appris que l'homme devient le maître des éléments aussi bien que des forces, qu'il peut affronter toutes les latitudes, que les hivers n'arrêtent ni ne diminuent en rien la production, le mouvement, la circulation et par conséquent la vie, et que nous leur devons même une partie de la fécondité du sol. La carrière devant nous est immense comme l'étendue qu'elle embrasse, comme le temps qui nous est donné pour la parcourir, comme le livre de la science dont nous sommes encore à épeler les premiers feuillets. Et pourtant que de chemin parcouru! Comparez-le donc un instant à ce qui reste à connaître et à faire! la grande œuvre de la génération qui nous a précédés et de la nôtre a été de déblayer le terrain, de le débarrasser de nombreux préjugés et des forces d'inertie qui apportaient une résistance aveugle à toutes les tentatives de progrès; les générations qui nous suivront rencontreront des obstacles inconnus au fur et à mesure qu'elles avanceront, mais elles seront mieux armées que leurs devancières pour les vaincre, elles seront mieux outillées et elles verront de mieux en mieux dans l'aurore grandissante des jours à venir.

La Gaspésie a suivi la loi du progrès et a été entraînée dans le mouvement général, mais à distance. Jamais comtés de la province de Québec n'ont été plus méconnus, plus dédaignés que les deux vastes et vraiment magnifiques comtés de Gaspé et de Bonaventure qui composent la péninsule gaspésienne, grande à elle seule comme un état moyen de l'Europe. Ce pays n'a eu de communications régulières d'aucune sorte jusqu'aujourd'hui, par le vapeur, si ce n'est un petit service bi-hebdomadaire accompli par un seul bateau dans la Baie des Chaleurs, et pendant les mois d'été seulement. De chemins de fer, voilà longtemps qu'il en est question, mais c'est à peine depuis un an seulement qu'une petite ligne précaire, incertaine du lendemain, obligée de trouver tous les jours de nouvelles ressources, lutte, pas à pas pour garder le terrain acquis, soutenue par la bonne volonté de la population et l'intérêt de la classe marchande, a réussi à traverser une saison pleine de dangers pour elle et à grossir les espérances qu'on avait conçues sur son maintien.

On n'a donné à la Gaspésie ni quais, ni ponts, ni routes suffisantes, parallèles à son développement. On dirait que c'est à plaisir qu'on a retardé le progrès d'une région riche à profusion de tous les trésors agricoles et minéraux qu'on peut demander à un sol comme le nôtre et à un climat qui permet tous les produits de la zone tempérée, malgré ses rigueurs passagères. L'éloignement de la Gaspésie, l'isolement féroce où l'a tenue l'absence de communications, les perfidies d'une tradition obstinée qui enracinait de plus en plus tous les ans dans l'esprit public l'idée que la Gaspésie n'était et ne serait jamais qu'un pays de chasse et de pêche, l'indifférence des politiciens pour des comtés regardés comme demi-barbares et n'ayant pas la moindre place dans la sphère des agitations et des intrigues habituelles, l'impossibilité pour leurs habitants de se faire valoir et de réclamer leur juste part des deniers dépensés en travaux publics dans les autres parties de la province; l'absence de débouchés, résultant de l'absence de communications et n'offrant que la perspective de peines inutiles à ceux qui, désireux d'échapper à l'esclavage de la pêche, industrie rudimentaire, et de plus en plus précaire, étaient déterminés à demander au sol la vie et l'entretien de leur famille; l'ignorance profonde, épaisse, où tout le monde était tenu au dehors sur la valeur et la nature réelle d'une contrée que l'on croyait presque inhabitable et qui jouit, au contraire, d'un climat exceptionnellement régulier et tempéré, à l'exception peut-être de certaines parties abruptes du littoral du golfe, etc., et ces quelques causes et d'autres encore que je ferai connaître à l'heure utile auraient paralysé jusque dans leurs germes toutes les tentatives de colonisation et de culture, si la destinée n'avait pas été plus forte que les causes stérilisantes, si le combat pour la vie n'avait pas armé bon gré mal gré de la hache, de la pioche et de la bêche une population menacée d'inanition sur place, par suite du dépérissement rapide de l'industrie et de la pêche, si une terre généreuse, féconde encore, plus même qu'on la croyait improductive, n'avait royalement récompensé les premiers efforts des défricheurs et ne montrait de plus en plus chaque année, à mesure qu'on l'entr'ouvre, combien notre ignorance nous avait coûté cher et combien peu de temps et de travail il nous faudrait aujourd'hui pour racheter tout un passé perdu.

La Gaspésie comprend au moins la moitié de cette zone fertile qui, partant du Témiscouata, se continue par la Matapédia et vient aboutir à l'extrémité de la péninsule gaspésienne, constituant à l'intérieur, à une distance à peu près égale des deux rives de la Baie des Chaleurs et du fleuve St-Laurent, cet admirable plateau de cent lieues de longueur sur une largeur moyenne de quinze lieues, couvert de forêts aux trois quarts inexploitées, à peine explorées même, et guère connues dans toutes les directions que par les Indiens qui y passent l'hiver, à la poursuite des animaux à fourrure.

Comme en général, sur les bords de notre grand fleuve, quoique le sol, le long de la côte maritime, ou des rivages de la Baie des Chaleurs, offre tous les indices d'une rare fertilité, c'est peu de chose encore en comparaison de ce que l'on trouvera quinze ou vingt milles plus loin dans l'intérieur, dès qu'on aura dépassé les hauteurs plus ou moins montagneuses qui semblent donner à la péninsule un double rempart, l'un au nord, l'autre au sud, pour préserver des intempéries trop violentes la belle et riche zone intérieure. À mesure que les saisons se suivent, le défricheur et le laboureur se rapprochent de plus en plus de cette zone, mais ils sont arrêtés dans une expansion rapide et complète par les causes que j'ai énumérées ci-dessus. Ces causes, on l'a vu, sont presque toutes le fait de l'homme, de son ignorance, de son inertie, de ses préjugés. Il y a longtemps, par exemple, que la pêche, en tant qu'industrie prépondérante et presque exclusive, a disparu de la Baie des Chaleurs proprement dite, pour faire place à une culture qui s'améliore et se développe incessamment. Le comté de Bonaventure, qui s'étend depuis la Métapédia jusqu'à l'extrémité de la Baie des Chaleurs, a abandonné presque entièrement la pêche; il est vrai que la zone cultivée n'est guère encore qu'une lisière sur le littoral de la Baie et ne dépasse pas trois à quatre milles de profondeur, quelquefois même moins, mais c'est un spectacle bien attrayant et bien inattendu pour le voyageur que celui de cette série de cultures florissantes qui s'étalent dans les paroisses de Carleton, de Maria, de New Richmond, de Caplan, de New-Carlisle et de Port-Daniel.

Quels sont les habitants des villes et de nos vieilles paroisses qui sont au courant de cette situation? Eh quoi! l'on ne sait même pas que la fameuse maison Robin, qui a si longtemps tenu le sceptre de l'industrie pêchère dans la Gaspésie, et dont l'établissement principal est à Paspébiac, en plein comté de Bonaventure, ne peut plus se procurer le poisson que sur les bancs du golfe, les eaux de la baie ne pouvant plus en fournir qu'une infime quantité, suffisant à la consommation locale et au commerce interprovincial, mais absolument insuffisante pour l'exportation. On ignore des faits de cette importance-là, bien entendu; j'étais le premier à les ignorer moi-même avant le séjour de plusieurs semaines consécutives que je viens de faire dans la Gaspésie; et lorsqu'on lit dans les journaux que la pêche a manqué dans telle ou telle partie des comtés de Bonaventure ou de Gaspé, on croit apprendre un fait nouveau ou, du moins, qui ne se présente que périodiquement et l'on est effrayé à l'idée d'une véritable calamité, d'une famine en règle pour les infortunés habitants de ces plages «désolées». Mais c'est un bonheur providentiel que la pêche fasse défaut, et si cette calamité pouvait arriver plusieurs années de suite avec circonstances de plus en plus aggravantes, la Gaspésie serait sauvée et la colonisation en ferait une bienfaisante et fructueuse conquête.

Non seulement la morue et le hareng ne viennent plus s'ébaudir, comme autrefois, en troupes serrées, dans les eaux de la Baie des Chaleurs, mais encore les conditions économiques et commerciales de cette partie intéressante de la Gaspésie sont complètement changées, et cela malgré qu'on en ignore et à l'insu de ce bon parlement fédéral et de cette bonne législature de Québec qui ne peuvent pas tout savoir, on comprend cela.

Jadis la pêche était extraordinairement abondante. Concentrée pendant longtemps entre les mains d'une ou deux maisons puissantes qui en avaient le monopole, elle constituait une industrie extrêmement lucrative. Les gens au service de la maison Robin[276], la première qui a exploité en grand l'industrie du poisson dans la Gaspésie, étaient limités par le nombre; de plus ils n'étaient pas libres, ils appartenaient, corps et âme, à la maison qui les exploitait encore plus que le poisson dont elle faisait le commerce. Du produit d'une saison de pêche tous ces hommes, quoique horriblement tondus par la maison Robin qui manœuvrait invariablement pour être leur créancière, en leur vendant des provisions à trois cent pour cent de bénéfice, tous ces hommes, dis-je, n'en vivaient pas moins avec leurs familles tout un long hiver, sans souci du lendemain, sans préoccupation de l'avenir, sans la moindre intelligence de ce que leur rapporterait un travail libre ou une culture régulière, sans le moindre capital, du reste, pour essayer de briser leurs liens.

Personne donc ne faisait la pêche dans les eaux de la Baie des Chaleurs et du golfe St-Laurent que la maison Robin, et, plus tard, la maison Le Bouthilier qui n'a eu que pendant un temps des jours prospères. Mais le poisson, après avoir mordu avidement, pendant de longues années, aux appâts des filets perfides, a fini par se désabuser et par se retirer, avec un empressement dont on ne saurait le

---

276. Voir *Chroniques II*, p. 304-305.

blâmer, des eaux de la Baie des Chaleurs devenues évidemment inhospitalières pour lui. Il se réfugie maintenant presque en totalité sur les bancs de Miscou, sur ceux de Terreneuve et dans les parages étendus du golfe St-Laurent. En outre, circonstance décisive, les pêcheurs se sont affranchis, peut-être sans le vouloir, mais par la force des choses et par l'ascendant du progrès qui s'est accompli tout autour d'eux, avec leur participation souvent inconsciente. Des commerçants des provinces maritimes ont imaginé de faire concurrence à la maison Robin; ils envoient leurs agents acheter et payer comptant aux pêcheurs le produit entier de leur pêche, et ceux-ci, délivrés de leur servitude aiment mieux de beaucoup traiter directement avec des gens qui les paient au jour le jour avec de l'argent que d'abandonner les produits de leurs peines à une maison qui ne les paie qu'en marchandises, à des taux onéreux. D'autre part, la culture a fait d'étonnants progrès, comme j'aurai occasion de le faire voir en traitant des différentes localités que j'ai parcourues; la zone défrichée s'est agrandie dans des proportions surprenantes pour ceux qui visitent ce pays avec les préjugés que la plupart d'entre nous nourrissent, surprenantes surtout si l'on veut bien se rappeler que le progrès des communications est loin d'avoir marché de pair avec celui des aptitudes agricoles et de l'esprit de travail.

Mais je m'arrête; je m'aperçois que je m'abandonne à une exposition de faits qui prend un peu librement les devants sur les choses que j'aurai à dire plus tard. Il me tardait de faire une rapide introduction au tableau de la Gaspésie en substituant à des impressions fausses, longtemps nourries dans le public, des notions exactes, d'autant plus agréables à répandre qu'elles font connaître enfin l'endroit d'une médaille dont on n'avait guère vu jusqu'ici que l'envers. Si je peux réussir, monsieur le ministre, dans l'exposé que je présenterai au public de mes investigations sur place et des considérations que m'a inspirées un séjour attentif sur les plages de la Gaspésie, à fournir une pièce de plus à la construction de l'édifice national que nous devrons par dessus tout à l'expansion colonisatrice, je ressentirai une vive joie d'avoir si bien rempli des jours qui deviennent pour moi de plus en plus courts et fugitifs; et si, de votre côté, vous pouvez réussir, dans le cours de votre ministère, à déterminer un courant de colonisation vers la Baie des Chaleurs; si vous pouvez réussir, grâce au prolongement du chemin de fer, depuis New-Carlisle, son point d'aboutissement actuel, jusqu'à la baie de Gaspé, à diriger un autre courant de colonisation dans l'intérieur de la Gaspésie et à relier cet intérieur par des routes suffisantes, au double littoral de la Baie des Chaleurs et du golfe Saint-Laurent, vous aurez accompli une grande, très grande œuvre patriotique, vous aurez fait un fort beau discours, à une époque où les beaux discours sont des actes, vous aurez écrit votre nom dans le cœur des canadiens-français, qui est un excellent bronze pour commémorer les actes mémorables.

Je serais particulièrement heureux pour ma part, Monsieur le ministre, que cette belle œuvre fût la vôtre. Vous êtes jeune, populaire et sympathique, heureux dons dont un seul vous fera défaut, hélas! quelque bon jour, sans que vous vous en doutiez; l'avenir vous sourit et vous multiplie ses caresses, rendez-les lui en vous faisant l'instrument du plus noble but qu'un canadien-français puisse ambitionner, celui d'agrandir la sphère de développement et d'influence de sa nationalité. Vous serez à la hauteur de cette mission, et quand, à votre tour, vous toucherez au terme d'une carrière dignement remplie, vous jetterez les regards autour de vous et contemplerez les vastes champs ensemencés par nos compatriotes en pleine possession de leur territoire, d'un bout de la province à l'autre, vous pourrez dire en les montrant du doigt: «voilà en grande partie mon œuvre», et deux millions de canadiens-français garderont de vous un long et heureux souvenir.

ARTHUR BUIES

la Patrie, 1ᵉʳ octobre 1898, p. 12.

Québec, 26 novembre 1898

[À Alfred De Celles]

Mon cher Alfred,

Je voudrais bien savoir pourquoi tu t'es permis de publier «À la conquête de la liberté en France et au Canada», dans la «Bibliothèque Canadienne», sans m'en envoyer un

297

exemplaire. Je ne sais pas du tout ce que c'est que la Bibliothèque C', ou du moins je l'ai ignoré jusqu'à il n'y a qu'un instant. Je vais essayer de me procurer la dite chez Roy, à Lévis. Quand on fait des coups comme cela, on prévient ses amis.

Malgré ta conduite répréhensible à mon endroit, je ne t'en veux pas au point de ne pas te carotter encore une fois, si c'est faisable. Croirais-tu que Fisher[277] ne m'a encore rien demandé pour l'exposition de 1900? Je me rabats entièrement sur le «local», et je crois pouvoir faire bien mieux. En tout cas, j'ai beaucoup de besogne à l'heure qu'il est et cela me suffit.

Tu m'avais dit dans le temps que tu prendrais probablement 25 «Outaouais» à l'automne. Je ne mets jamais de semblables paroles sur le compte de la distraction; aussi ai-je préparé illico un petit compte, que tu ne devras pas garder plus de trois mois par devers toi. Si tu l'approuves, comme tu en es bien capable, fais-moi adresser un chèque, préviens-moi subito et aussi subito tu recevras mes volumes. Donnant, donnant, pas de blague.

Tu sauras qu'une tireuse de cartes m'a appris que j'étais sur la voie de la fortune. «C'est fort bien», ai-je répondu dans un transport d'allégresse.

Mon cher Alfred, je raffole de toi, mais envoie-moi un chèque.

Celui qui sera toujours pour toi,

Arthur [Buies]

Québec, 29 décembre 1898

[À Alfred De Celles]

Mon cher Alfred,

J'ai attendu avant de te remercier de ta bonne camaraderie, de pouvoir te féliciter en même temps au sujet de ton petit opuscule[278]. C'est un véritable soulagement, dans

---

277. Sydney Fisher, ministre fédéral de l'Agriculture.
278. *À la conquête de la liberté en France et au Canada* (essai), Lévis, P.-G. Roy, 1898, 85 p.

ce pays-ci, de mettre la main sur un écrit fait en français et contenant des idées et des aperçus. Je suis heureux de me trouver avec toi dans une parfaite union d'idées sur les distinctions à établir entre Français et nous et sur les voies différentes que nous avons suivies pour parvenir à conquérir la liberté. Aussi, comme tu le fais remarquer, quelle différence dans le résultat! Mon vieil ami, c'est très bien fait et c'est surtout extrêmement juste, ton petit machin qui n'a l'air de rien du tout à le regarder. En un très petit nombre de pages, tu as su éclairer un point fort délicat, élucider une question assez difficile à présenter et découvrir des aperçus qu'indiquent tout de suite l'habitude de la pensée et la formation studieuse du jugement sur un sujet. Dieu du ciel! Si l'on pouvait donc une fois comprendre combien il faut avoir médité et appris pour arriver à des conclusions, on ne se presserait pas autant pour nous fourrer de cette littérature appelée canadienne et qui est plutôt aléoutienne, et nous n'en serions pas encore à mettre tout le monde sur le même pied, des griffonneurs sans style, sans études, sans esprit, sans pensées, avec de véritables écrivains dont chaque page nous invite à réfléchir et à nous rendre compte.

J'espère que le pénétrant et subtil Philippe a reçu les volumes que je lui ai fait adresser par l'un de mes gens. Si je ne puis lui écrire aujourd'hui, dis-lui que je le ferai sans faute demain.

Mon cher Alfred, à tout prix, quand bien même tu devrais épuiser ton budget, procure-toi un exemplaire du livre que vient de faire paraître Ch. Baillargé[279], ci-devant ingénieur de la cité. Il est impossible de l'avoir en librairie; il paraît que les parents sont intervenus pour en empêcher la vente. De Cazes vient de m'en lire quelques passages, c'est inouïsmifisme. Si je peux mettre la main sur une couple d'exemplaires, je t'en adresserai assurément un.

Je te serre dans mes bras et te nouvelleannéesouhaite avec profusion. Contemplons sans amertume les mauvais jours passés et croyons que tous les jours à venir seront parfaitement heureux.

Arthur Buies

---

279. Charles Baillargé (1826-1900), fit paraître, sous le pseudonyme d'Egrialliab, *Divers ou les Enseignements de la vie. Style familier.*

Mon cher Dansereau,

Je t'envoie un morceau qui fera rudement du train. J'espère que tu le publieras sans hésitation. Je serais fort aise de recevoir les épreuves, car il y aurait peut-être quelques modifications à faire.

Il y a un monde énorme qui sera enchanté de mon article.

Écris-moi un mot sans retard à cet égard.

Publie mon article aussi vite que possible[280].

Arthur Buies

60 rue d'Aiguillon

Québec

M. ARTHUR BUIES

Homme de lettres

Québec, 11 avril 1899

Mon cher Langlois[281],

Je vous avouerai que je réponds à votre appel avec un certain mauvais gré. Rien ne me paraît plus inutile et même plus dangereux que ces sortes de consultations qui ne font connaître que des goûts personnels, sans aucun profit pour la science ou pour la culture intellectuelle. Qu'est-ce que cela fait au lecteur en bonne vérité, que j'aie telle ou telle prédilection pour tel ou tel auteur? Il faudrait la justifier et me voilà de suite entraîné à faire un chapitre, un traité littéraire en miniature. Inutiles encore ces consultations, parce qu'elles n'ont aucun objet autre que faire parade de sa signature, elles entraînent inévitablement à des comparaisons et à des affirmations qui n'ont pas de sens et qui déroutent le lecteur peu versé dans les lettres. Quant à moi, je n'aime pas à voir figurer mon nom à moins que ce ne soit pour obtenir un résultat ou pour atteindre

---

280. Nous n'avons pu retrouver cet article.

281. Godfroy Langlois (1866-1928), rédacteur en chef de *la Patrie* et animateur de la loge maçonnique l'Émancipation. Fondateur de *l'Écho des Deux-Montagnes* (1890).

un but. En vérité, j'ai trop à faire pour m'amuser à des exercices de collégien et chercher des occasions de flatter mes petites vanités.

Au reste, je n'ai pas de préférences, je me garderais bien d'en avoir, et je trouve absurde qu'on en ait. Chaque auteur est grand à sa manière, et il existe tant de manières de l'être qu'il est vraiment impossible d'en marquer une de préférence à d'autres.

Quand j'ouvre Pascal, je me demande si ce n'est pas un très grand poète que je lis en prose.

Quand je lis Bossuet, je me dis que jamais la pensée humaine n'a revêtu une pareille grandeur ni une pareille splendeur d'expression. On a bien appelé Bossuet «l'Aigle de Meaux», parce qu'il plane tout le temps. Il n'a pas et ne saurait avoir de défaillances, pas plus que n'en a le vol de l'aigle montant toujours, de plus en plus, vers les cieux.

Quand je lis Voltaire, je me dis: c'est là le génie français par excellence. Limpide comme de l'eau de roche, une clarté lumineuse, le bon sens avant tout, une netteté de vue prodigieuse; avec cela du pathétique, une chaleur débordante et la plus haute éloquence, comme dans «Zaïre» et la défense des Calas.

Diderot! Voilà assurément le prosateur le plus agréable et le plus séduisant. Diderot est délicieux. Il ne faut pas dire cela aux petites pensionnaires.

Quand je lis Lamartine, j'assiste à un concert où la nature entière réunit ses voix; jamais pareille musique n'est tombée du ciel.

Quand je lis Musset, je me dis que jamais poète n'a remué de pareilles fibres dans d'aussi beaux vers. C'est l'«expression» poétique par excellence.

Quand je lis Victor Hugo, je reste hypnotisé. Tous mes sens sont pris. Je ne sache pas que la poésie ait jamais atteint de pareilles hauteurs. On n'arrivera plus à un tel degré; c'est d'au-delà.

Quand je lis Augustin Thierry, je crois tenir Lamartine transformé en [illisible].

Mais quoi! Que fais-je? Où vais-je? Rien que dans la littérature française il y aurait des centaines de [illisible] à citer, et vous demandez une consultation générale! Pour moi, pauvre petit canadien, un peu patagon, un peu aléoute, et cherchant à former la chaîne entre ces deux extrêmes, je trouve que la littérature française seule offre déjà un champ beaucoup trop vaste pour une consultation comme celle que vous me demandez. Quand vous voudrez savoir mes préférences parmi tant de grands poètes, historiens, philosophes, prosateurs... et le reste, qui nous ont honorés de leurs productions, depuis Homère jusqu'au rédacteur en chef de «La Patrie», vous m'en préviendrez cinquante ans d'avance, afin que j'aie le temps de parcourir à la vapeur tous les auteurs connus, et même les inconnus, qui sont souvent très forts, je vous l'assure, et qui allongeraient singulièrement la liste, même des préférés.

Croyez-moi, bien à vous,

A. Buies

«Quels sont leurs auteurs favoris. Une enquête littéraire. Réponses des Honorables Edgar et Taschereau, de messieurs Buies, Fréchette, Sulte, Barthe, Nantel, Drolet, Corbeil, Tardivel, Desaulniers, Saint-Pierre, Grignon, Choquette, Larochelle», la Patrie, 15 avril 1899, p. 10.

Québec, 3 août 1899

[À Charles ab der Halden]

Cher et très estimé confrère,

Permettez-moi d'y aller tout de suite avec vous en ami de longue date. Pour être amis, il n'est pas nécessaire de s'être vus ni de se connaître; les rapprochements naturels suffisent et à ce titre, je me sens votre ami.

Je voudrais bien causer un peu longuement avec vous, mais j'ai à peine le temps de respirer, et c'est entre deux voyages d'exploration — exercices auxquels je consacre mes étés — que je trouve chez moi votre lettre accompagnée de votre charmante petite plaquette La Veillée des Armes, dont je n'ai encore pu lire que trois à quatre pages, mais qui m'a l'air de dégager un arôme étrange de mélancolie, de résignation, de volonté, de souvenir et d'espoir qui en font une production extrêmement piquante.

Je cours faire une foule de petites affaires et je reviendrai à la maison préparer de nouveau ma malle, à la hâte. C'est ainsi que mes étés se passent.

J'aurais voulu vous adresser les Anciens Canadiens et les Mémoires de P.-A. de Gaspé, mais ces livres sont devenus très rares et on ne peut se les procurer que difficilement. Néanmoins, je mettrai bien la main dessus, mais pas avant mon retour, cela est impossible.

M. l'abbé Casgrain m'a plusieurs fois parlé de vous en des termes tels que j'aurais bien aimé vous serrer la main cordialement, séance tenante. Cela viendra, je le sens, les distances sur notre planète vont finir par n'être qu'un souvenir.

L'essentiel c'est que j'ai pu mettre la main à la plume pour accuser réception de votre bien trop aimable lettre et vous dire combien je serai heureux de voir nos relations non seulement continuer, mais encore se resserrer de plus en plus vivement.

À mon retour, j'aurai peut-être du nouveau à vous communiquer, et je le ferai avec empressement, si les gouvernements pour lesquels je travaille à l'heure actuelle, me permettent de prendre souffle.

Acceptez, mon cher confrère, l'expression de mes meilleurs sentiments.

Arthur Buies

Revue d'Europe et d'Amérique, avril 1908, p. 254-255.

CORRESPONDANCE
UNE LETTRE DE M. ARTHUR BUIES

À Monsieur ERNEST PACAUD[282],

Mon cher directeur,

Bon nombre de personnes me demandent pourquoi je n'ai pas déjà fait paraître au moins un deuxième article sur Anticosti[283]. Je réponds que j'ai beaucoup d'ouvrage, de ce temps-ci, pour le gouvernement provincial, qui m'a chargé d'une brochure, tout simplement sur la province de Québec tout entière[284].

Ça n'est pas une mince besogne.

Néanmoins, j'en ai fait une très grande partie, à l'heure actuelle, mais il m'en reste encore à faire qui presse, dont il faut absolument que je me débarrasse d'ici à quelques semaines, afin de pouvoir veiller ensuite aux travaux de l'impression, effectuer les modifications, les corrections et

---

282. Ernest Pacaud (1850-1904), dirige *l'Électeur*, puis *le Soleil*. Trésorier du Parti libéral, il fut impliqué dans le scandale ferroviaire de la Baie des Chaleurs, qui entraîna la chute du gouvernement Mercier.

283. Le premier, intitulé «Anticosti», parut dans *le Soleil* du 23 septembre 1899, p. 1-2.

284. *La province de Québec*, Québec, Publication du Département de l'agriculture de la Province de Québec, 1900, XIV, 352 p.

les augmentations nécessaires, etc., ce qui prend ordinairement un temps considérable.

D'un autre côté, d'autres personnes me disent que si je n'avais pas dû continuer immédiatement avec Anticosti, j'aurais mieux fait de ne pas commencer et de remettre à plus tard tout ce que j'avais à dire sur ce sujet, pour le dire sans interruption.

Reste encore mon père. Il faudra lui donner son tour, aussi lui, puisque le proverbe dit qu'on ne peut contenter à la fois tout le monde et son père.

En attendant que le vent me ramène vers Anticosti, je vous envoie le commencement d'un chapitre qui devra paraître dans ma brochure, et que j'intitule: «Études sur la colonisation», etc. etc.

J'espère qu'on ne m'en voudra pas de cet intermède, car j'ai écrit ces «Études» avec le plus grand soin et avec la même extrême sollicitude que j'apporte au plus humble de mes paragraphes.

Croyez-moi bien à vous,

ARTHUR BUIES

le Soleil, 30 septembre 1899, p. 2.

Québec, 20 octobre 1899

Mon cher confrère,

Je viens de recevoir les numéros de «l'Opinion publique» que vous avez eu l'amabilité de m'adresser.

J'en ai parcouru deux à la hâte, pour me rendre compte de ce qu'est votre journal.

Laissez-moi vous féliciter. Réels progrès dans la presse franco-américaine depuis quelques années! Votre journal est extrêmement instructif. On voit que vous êtes aux États-Unis. Vous ne faites pas du journalisme pour utiliser des reporters et pour faire du commérage. Vous le faites dans un but, et pour obtenir des résultats.

Soyez béni pour votre campagne contre l'Angleterre et contre l'américanisme religieux. Nous sommes assaillis de tous les côtés, mais aussi les jours de triomphe de nos ennemis sont comptés.

L'Angleterre est mortellement atteinte aujourd'hui: elle ne se relèvera jamais de son dernier attentat[285]. La conscience des peuples est éveillée désormais: la publicité est trop grande et le nombre des yeux ouverts trop grand aussi pour que sa diplomatie hypocrite et son arrogance couverte de mille manteaux trompeurs n'aient pas crevé en quelque endroit et fait voir au monde entier ce qu'il y avait dessous.

Continuez cette noble campagne: les hommes de cœur d'ici la suivront avec ardeur et vous aideront lorsque le jour sera venu.

Envoyez-moi donc régulièrement «l'Opinion publique».

Croyez-moi votre très dévoué confrère.

Arthur Buies

Anonyme, «M. Arthur Buies», *l'Opinion publique* (Worcester, Mass.), 24 octobre 1899, p. 1.

Québec, 26 octobre 1899

[À Alfred Garneau]

Mon cher Alfred,

«L'Opinion Publique» de Worcester, Massachusetts, vient de publier une lettre insensée dans ses termes et dans son esprit que j'aurais écrite, dans un moment d'hallucination évidente, et qui peut avoir les conséquences les plus graves. Sois donc assez bon pour voir à ce qu'aucun journal d'Ottawa ne la reproduise, en ayant soin toutefois d'attirer le moins possible l'attention sur elle. Agis le plus discrètement possible et tu me rendras un service dont je te serai pour toujours reconnaissant.

Donne-m'en des nouvelles.

Si le journal en question est reçu à la Chambre des journaux du Parlement, vois donc à prendre toutes les mesures possibles pour que la dite lettre n'éveille pas l'attention.

Je te serre la main affectueusement,

A. Buies

---

285. Allusion à la Guerre des Boers.

[À Charles ab der Halden]

Mon cher confrère,

Décidément, vous n'êtes pas raisonnable de me gâter comme vous le faites. Je suis en train de sortir de vos mains à l'état monumental; je n'aurais jamais espéré que mes écrits, si humbles, si effacés à l'origine, bornés à notre petit monde canadien, dussent un jour traverser l'océan avec l'éclat que vous leur donnez, avec l'auréole dont vous les entourez. Je voudrais répondre dignement et longuement à tant d'amabilité de votre part, à un si flatteur accueil, mais le souffle des ans qui déjà me glace, des maladies invétérées, des infirmités même, et un surcroît d'ouvrage qui m'arrive précisément cette année, m'interdisent de m'épancher comme j'en aurais l'extrême désir, et de vous exprimer combien j'ai été sensible à vos appréciations et touché des témoignages déjà nombreux de votre sympathique estime. Je ne puis que vous exprimer mon intention personnelle de ne pas démériter tant que je resterai debout et de conserver longtemps une aussi précieuse amitié que la vôtre.

Vous pouvez voir combien nous sommes faits pour sympathiser ensemble, nous avons eu chacun le bras droit abîmé presque en même temps; seulement ce qui aggravait votre cas, c'est que c'est en Allemagne que l'accident vous est arrivé. Quant à moi, je me suis contenté de mesurer le sol national de toute ma longueur, sans le trouver beaucoup plus tendre peut-être que je n'aurais trouvé celui de la patrie de Werther.

Qu'importe! L'essentiel, c'est que nous ayons été éclopés simultanément et à des distances appréciables; c'est là un triomphe unique pour la télépathie. Quand vous aurez envie de recommencer, comme je ne puis pas compter rigoureusement sur des messagers invisibles, soyez assez bon pour me prévenir afin que j'emboîte.

L'abbé Casgrain est beaucoup plus visible, je crois, à Paris qu'à Québec; je ne l'aperçois qu'à de très rares intervalles. Du reste, je ne vois personne moi-même ou à peu près; je mène une vie d'autant plus retirée qu'elle a été plus agitée jadis et je me réserve pour la postérité qui me prendra en bloc, n'ayant plus rien à offrir aux regards de mes compatriotes que d'attristants débris, épaves vivantes du naufrage lent où s'engloutissent petit à petit mes membres et mes idées.

Vous verrez un jour quelle horrible chose c'est que de vieillir; tâchez que ça ne vous arrive jamais. Prenez, pour cela, vos précautions contre les infirmités; quant à l'âge, il n'y en a pas pour les âmes bien nées.

Il est question quelque peu pour le gouvernement, de m'envoyer à Paris l'an prochain, du moins on me l'a dit indirectement, mais je ne le crois guère. Au demeurant, resterait la question de possibilité; or je suis malade, j'ai femme et enfants qui sont plus que ma vie et d'autres avec, quoique ma femme prétende que je ne l'aime pas, ô puissance de la tradition qui conserve toujours le langage pour les choses évanouies; et, en outre, je ne sais pas comment j'arriverais à me transporter en France avec armes et bagages pour un espace d'un an environ, car je n'irais certainement pas seul. Si vous êtes capable de me donner quelque indication à cet égard, veuillez le faire et j'en tirerai parti, croyez-le bien.

Nous avons énormément hâte de voir votre ouvrage sur la littérature canadienne. Je vous assure qu'à part ses qualités d'observation, de jugement et de style, il sera tout un événement pour les Canadiens qui, malheureusement, sont privés de tout ouvrage de critique, vu la difficulté d'en faire dans un monde restreint comme le nôtre, et vu surtout le peu de matière sur lequel pourrait s'exercer une véritable critique littéraire. Vous allez ouvrir énormément les yeux à notre public et mettre au point bien des sujets débattus, corriger des jugements tout faits, rectifier de pures conventions et des légendes désastreuses pour le progrès de la littérature et qui ont un cours obstiné chez les badauds et les indifférents.

Je vais m'efforcer encore de me procurer les *Anciens Canadiens* pour vous les transmettre; si vous ne les recevez pas, c'est qu'il m'aura été impossible de les décrocher quelque part.

Maintenant, je prends congé de vous, après cette petite causerie qui aura été pour moi un véritable délassement. Hélas! ils sont rares aujourd'hui ceux que je peux me permettre. Je vous remercie de m'en fournir l'occcasion et le sujet.

Si je vais à Paris, nous ferons plus d'une promenade ensemble, je l'espère, et si vous venez au Canada, je vous ferai respirer l'arôme de nos grandes forêts.

Acceptez de moi une cordiale poignée de main.

Arthur Buies

Revue d'Europe et d'Amérique, avril 1908, p. 255-257.

Québec, ce 28 juin 1900

L'honorable P. Boucher de La Bruère[286]
Surintendant de l'instruction publique
Québec

Monsieur,

Je suis chargé par le Secrétaire de la province de vous transmettre, pour paiement, à même l'item 27 du budget de l'année courante, un compte au montant de $ 98.00, de M. Arthur Buies, de la cité de Québec, pour soixante et dix-neuf exemplaires de son livre «Saguenay et le Bassin du Lac St. Jean».

J'ai l'honneur d'être, monsieur,

Votre obéissant serviteur,

Assistant secrétaire de la province.

[sans signature]

Québec, 15 janvier 1901

[À Mme Madeleine Gleason-Huguen*in[287]]

Je suis bien malade ce temps-ci, ma petite amie. Depuis un mois je n'ai pas quitté la maison. Ma faiblesse est très grande, les ressorts plient et cèdent de tous côtés. Pour pouvoir vous écrire, j'ai attendu d'avoir pris un peu d'aplomb, et de pouvoir tenir ma plume.

Chère petite, quand vous vieillirez, vous saurez ce que c'est que cette énervante maladie que l'on sent dans toutes les parties de son être et pour laquelle il n'y a pas de définition possible.

Tout effort m'est interdit; je me couche à neuf heures tous les soirs et je vois se dessiner le spectral bonnet de coton que je trouverai quelque bonne nuit posé de lui-même sur ma tête.

Singulier effet de mon état: j'aime à passer de longues heures dans ma grande berceuse, à penser à cette ombre que je fus pendant soixante ans, et à cette poussière que

286. Pierre Boucher de la Bruère (1837-1917), surintendant de l'Instruction publique de 1895 à 1917.
287. Chroniqueuse à la Patrie.

308

je serai bientôt. Les images de mon passé s'obscurcissent, s'effacent, se rapetissent, tandis que je vois s'ouvrir devant mes yeux d'immenses éclaircies vers un monde nouveau qui semble être ma première étape.

Par moment, je voudrais me dégager entièrement les pieds de cette terre de boue, où je suis enlisé depuis si longtemps. Qu'elle est donc ignoble cette terre! Et comme en vérité les êtres inférieurs seuls peuvent s'y trouver satisfaits!... Je suis devenu malade en grande partie d'impuissance de ne rien faire. Quand je me suis vu revenir à Québec après une misérable vacance, et que là j'aurai encore à attendre huit mois dont six d'hiver, avant de pouvoir retourner à Rimouski, et suivre le progrès de ma maison, le courage m'a manqué. Ajoutez que j'étais déjà très souffrant, et que je n'avais aucun travail à faire pour apporter quelque digression à mes idées; que les jours diminuaient sans cesse; que le tombeau hivernal s'ouvrait, que la nature épaisissait son deuil, s'enveloppait de plus en plus dans son implacable linceul qui couvre tout ce qui existe, et qu'il me fallait passer des journées entières avec ce seul spectacle funèbre sous les yeux, et vous vous demanderez comment je pouvais arriver à la fin de mes journées. Aussi en ai-je fait une maladie, dont je ne prévois ni l'adoucissement ni le terme. Et j'ai voulu vous écrire, dans la pensée que je ne pourrais peut-être pas le faire d'ici à longtemps.

J'ai lu votre petite chronique du jour de l'an; nous avons été, ma femme et moi, très touchés de votre bon souvenir. N'oubliez pas, si vous venez à Québec avant la fin d'avril, que vous trouverez ici des bras tout grands ouverts pour vous recevoir.

Nous vous embrassons avec la plus louable émulation.

A. BUIES

Madeleine Gleason-Huguenin, «Arthur Buies», *la Revue Canadienne*, vol. 49, n° 2, 1905, p. 259-260.

CORRESPONDANCE

Notre confrère M. J.-A. Favreau, de Worcester, Mass. nous communique le joli article que voici, paru dans l'«Opinion Publique» du 30 janvier:

Mon cher confrère,

«Je vous écrirai ces jours-ci. Suis très malade; garde la maison depuis quatre semaines; rien de sérieux néanmoins; bronches et foie en déconfiture. Vous écrirai longuement.»

Ce billet, qui était signé: Arthur Buies, et qui nous apprenait la maladie qui vient d'avoir son fatal dénouement, nous le reçûmes il y a juste quinze jours.

Ne s'y révèle-t-il pas tout entier, celui que nous pleurons aujourd'hui? N'est-ce pas bien là Buies, qui plaisante jusque sur son lit de mort? Vous qui l'avez connu dans l'intimité, dites, ne retrouvez-vous pas dans ce billet laconique le maître qui, sur le seuil même de l'éternité, a encore une pensée pour celui qui ne l'a connu que par ses œuvres?

Il y a deux mois, il avait écrit:

«Quelque chose me dit que je ferai probablement connaissance personnelle avec vous à Worcester, dans le courant de l'hiver. D'ici là, croyez que je suis très heureux de vous avoir connu par correspondance...»

S'il eût vécu, — hélas! l'homme propose, mais Dieu dispose! — nous n'aurions pas été le seul à faire sa connaissance, car nous croyons savoir qu'il allait mettre à exécution un programme qu'il nourrissait depuis longtemps: venir, comme il le disait: «faire une visite à quelques-unes des villes du Massachusetts, du Connecticut et du Rhode-Island, où nos compatriotes sont en nombre... Je trouverais fort intéressant d'étudier nos nationaux sur place et de leur exprimer dans des conférences mes idées à ce sujet, et peut-être aussi sur d'autres sujets «palpitants d'actualité». Attendons.»

Ce sujet, vous ne vous en doutez pas, amis lecteurs? Lisez encore: «Décidément le niveau des Canadiens émigrés monte de façon remarquable.»

Et c'est après nous avoir fait l'honneur de lire «L'Opinion Publique», «régulièrement depuis dix-huit mois», selon ses propres paroles, que le plus élégant écrivain français que le Canada ait encore produit traçait ces lignes, si pleines de vérité et qui sont pour les émigrés et les fils d'émigrés, comme l'éclatante réparation des injures lancées naguère par des écrivailleurs de là-bas!...

le Soleil, 4 février 1901, p. 7.

À Sa Grandeur Monseigneur Hamel
Québec

Monseigneur,

Je prends respectueusement la liberté de recourir à votre obligeance et à vos souvenirs, au sujet de M. Arthur Buies, auquel je consacre dans mon prochain ouvrage sur les Lettres Canadiennes[288] une étude que je voudrais faire aussi exacte et aussi définitive que possible.

M. Ernest Gagnon a bien voulu me prêter les trésors de sa documentation, et M. LeMoine répondre à diverses questions que je m'étais permis de lui poser au sujet de son beau-frère.

J'ai également mis à contribution M. le Commissaire Général Fabre, et diverses autres personnalités, voulant éviter de distraire quelques minutes de votre temps si précieux, et de vous importuner par mes demandes indiscrètes.

Cependant, un travail de quelque valeur et de quelque précision sur Buies ne peut être mené à bonne fin sans votre précieux concours, et nul n'ayant mieux connu Buies que vous pendant son passage à Paris, je désire vous poser quelques questions à son sujet, certain que vous excuserez mon importunité en pensant que le seul profit des lettres canadiennes m'inspire.

J'ai pu retrouver à Saint-Louis la trace de la scolarité de notre héros. Puis-je vous demander dans quelles circonstances vous étiez devenu son correspondant, et ce qu'il a fait en sortant du Lycée, en août 1859?

A-t-il passé le baccalauréat? Je n'en retrouve pas de trace à la Sorbonne. Il n'a donc pas été reçu. Mais fut-il candidat?

Je trouve dans un article de Madame Gleason Huguenin[289], publié dans la Revue Canadienne de septembre 1905 que Buies fit son droit à Paris, et passa le baccalauréat en droit en 1860.

---

288. Charles ab der Halden, *Nouvelles études de la littérature canadienne-française*, Paris, F. R. de Rudeval, 1907. Voir Marie-Andrée Beaudet, *Charles ab der Halden: Portrait d'un inconnu*, Montréal, l'Hexagone, 1992.

289. Madeleine Gleason-Huguenin, «Arthur Buies», *la Revue canadienne*, vol. 49, n° 2, 1905, p. 246-261.

Cela me semble tout à fait inexact. D'abord — et la raison est je crois suffisante, les registres de la Faculté ne mentionnent point le nom de Buies, à ce que m'écrit M. le Secrétaire de la Faculté de Droit. Ensuite, pendant l'été 1860, je trouve Buies, compagnon d'armes de M. Ulric de Fonvielle parmi les Garibaldiens des Deux-Siciles. Il est peu vraisemblable qu'il ait mené de front la conquête du royaume de Naples, et celle d'un parchemin universitaire.

Donc, je suis assez perplexe au sujet de ce qu'il est advenu de mon personnage entre août 1859 et juin 1860. Je veux croire qu'il était auditeur bénévole au quartier latin, et qu'il fréquentait plus le monde de la Bohème que celui de la Sorbonne.

J'ai fait porter un réel effort d'enquête sur Buies en Italie. J'ai ramassé quelques documents intéressants et inédits. Mais je n'ai pas trouvé le document décisif, officiel, sur son retour en France. Je sais en effet qu'il a quitté Naples vers le 15 septembre, et que par conséquent il n'a jamais été compromis dans les entreprises de Garibaldi contre les États Pontificaux. Je n'ai pas besoin de vous dire quelle importance j'attache à rendre cette démonstration lumineuse et précise. Or, ni les archives des Affaires étrangères, ni celles de notre Consulat Général à Naples, ni enfin les registres de l'Inscription maritime à Marseille, que j'ai fait consulter par des personnes sûres, ne m'ont donné trace de Buies en septembre 1860, comme passager de Naples en France.

J'ai des témoignages formels, comme ceux de MM. Foursin et de Fonvielle, des pages inédites des Mémoires de M. de Fonvielle, écrites en 1860, et relatives au rapatriement de Buies par les soins de la Légation de France à Naples[290]. Mais on ne peut officiellement retrouver aucun nom, et je vous serais infiniment obligé de toute communication que vous pourriez me faire relativement au séjour de Buies à Paris, et aux années 1860-62.

Toute communication de votre part relativement à ce si curieux et si remarquable écrivain que fut Arthur Buies, serait, je le crois, Monseigneur, précieux aux lettrés. Et si vous voulez bien répondre aux quelques questions que je

---

290. Selon Ulric de Fonvielle, Buies aurait réussi à se faire rapatrier aux frais de l'État français, après avoir enguirlandé le Consul de France (cité par ab der Halden, dans *Nouvelles Études de la littérature canadienne-française*, p. 174-177).

vous soumets, et m'éclairer dans la nuit où je me trouve encore parfois au sujet de mon personnage, je vous en serai profondément reconnaissant.

Il va sans dire que j'userai des renseignements que vous voudriez bien me communiquer avec toute la discrétion que l'on doit à la mémoire d'un homme dont la famille immédiate vit toujours, et en sorte que vous n'ayez point à regretter la confiance que vous me témoigneriez.

Je n'ai pas jugé utile, Monseigneur, de me faire introduire auprès de vous. J'aurais pu faire accompagner ma lettre de telle ou telle introduction, ou bien prier un de mes amis de Québec de bien vouloir vous la transmettre. Vous me pardonnerez de vous écrire directement ainsi, même si mon nom n'a pas eu l'honneur de tomber encore sous vos yeux.

Daignez agréer, Monseigneur, l'hommage de mon profond respect.

Charles ab der Halden
Professeur à l'École Normale de Lyon

Lauréat de l'Académie Française (pour son volume
d'Études de littérature Canadienne-Française)

ANNEXE

[Fragments de lettres et lettres non datées]

s.l.n.d.

[À Alfred Garneau]

Si j'allais être doublement père, il y aurait de quoi accuser la Providence de prodigalité à mon égard.

Et toi, comment te portes-tu? Je veux que tu m'écrives une lettre pleine de détails, en te rappelant combien je t'ai toujours aimé et combien tu me feras plaisir de me dire le plus de choses sur ton compte.

Mon beau-père, qui disait à sa fille «j'aimerais mieux te voir morte que de te voir épouser Buies», m'adore aujourd'hui. Le Père Gendreau, enchanté de mes travaux sur le Témiscamingue[291], m'a pressé sur son cœur à son passage ici, et m'a promis de faire tout pour moi, pour notre œuvre commune.

[...] points, mon ami, et je t'en serai obligé! Je me rendrai certainement à Ottawa dans le cours de mai; combien de temps encore devra durer la session? Il est important que je le sache. Je te débarrasserai, à mon prochain voyage, des «Saguenay» qui te restent encore.

Le Père Fillâtre, qui était découragé d'avoir prêté la main à mon mariage, vient de m'écrire une lettre où il m'exprime tout le bonheur qu'il ressent de voir les choses tourner comme elles tournent.

Enfin, il ne me manque plus qu'un bon mot de toi qui, sans doute aussi, devais te dire: «Mais où diable cet animal-là a-t-il l'idée d'entraîner avec lui cette pauvre enfant dans l'abîme?»... Je dus te paraître une espèce de monstre. Maintenant, fais amende honorable; précipite-toi à ton tour dans mes bras, et signe Alfred Garneau, le meilleur de tes amis.

A. Buies

---

291. Il est vraisemblable que cette lettre date du printemps 1888. Voir «L'établissement du Témiscamingue», *l'Électeur*, 17 mars 1888, p. 1; 20 mars 1888, p. 1 et 4; 21 mars 1888, p. 1; 23 mars 1888, p. 1 et 4.

P.S. Distribue donc en la manière suivante les argents que
je t'incruste dans la présente.

À Achille Fréchette $ 2.00
À Toussaint Courcelles $ 1.00

Tu feras ce que tu voudras du dollar restant, pourvu
que ça ne soit pas comme j'ai fait du tien.

Maintenant, présente mes bonnes amitiés à ta famille, et considère-moi comme un ange.

AB

s.l.n.d.

[À Alfred Garneau]

Mon cher Garneau,

Continue de donner de la copie à l'imprimeur; je ne
puis partir d'ici avant une huitaine encore, et, du reste, il
me faut absolument faire imprimer encore une feuille afin
de pouvoir toucher $ 60.00 dont j'ai un besoin canaque et
papou, tout ce qu'il y a de plus féroce. À l'heure qu'il est,
il n'y en a que trois d'imprimées, à part les 112 premières
dont j'ai reçu le prix. Il est convenu d'appeler cela un prix.

Quel diable de besoin as-tu de mettre poste restante
sur l'adresse de tes lettres? encore une fois, je te dis que
j'ai une boîte au bureau de poste; ne m'agace donc pas
— tu es bête comme un cheval.

Nous recevons ici ce matin des nouvelles terribles
d'Ottawa. Où va-t-on commencer à mettre le feu? Est-ce
au Sénat ou à la Chambre que va commencer le pillage?
Pauvre petit marquis!... Il va être obligé de me faire appeler. Je crois que le lien colonial... oui, tu sais, j'ai une peur
terrible d'en dire plus long. Écris-moi donc un mot.

Comme toujours
Ton meilleur ami
A. Buies

316

[À Alfred Garneau]

Cher,

Je t'envoie une douzaine d'exemplaires pour ton Cormoran. Pourvu qu'il ne les avale pas!

Tes petites lettres me plongent dans des extases séraphiques. Par toi je gravis le 3me ciel. Les pattes de mouche qui sont la base de ton écriture ont quelque chose d'ailé, qui m'éthérise. Je te dois des sensations olympiques. Jupiter pissant sur un brouillard peut seul t'en donner une idée.

Si tu as écrit à Rouleau comme tu m'écris à moi, avec cette forme gothique, des lettres comme des flèches, tu as dû lui aller jusqu'à la moëlle des os.

Il est évident qu'un beau désespoir t'anime car on ne se donne jamais tant de mal que ça pour un ami. Je présume que tu n'as pas grand chose à faire de ce temps-ci; donc, je voudrais que tu m'adresses une pièce de vers qui servira d'introduction à mon 2me volume, sur le frontispice duquel j'ai déjà résolu de graver cette épigraphe

«Celui qui, de nos auteurs

«A toujours eu le plus d'humeurs».

Après cela, je pourrai dire toutes les folies possibles.

Je t'embrasse

A. Buies

P.S. Je reçois à l'instant les $ 2.00 pour Rouleau.

A. B.

s.l.n.d.

[À Alfred Garneau]

Je t'envoie inconti subitos une demi-douzaine [...] pour ton aplati de [...] avec espoir qu'ils ne seront [...] comme les autres que je pleure encore. Si ce marchand de nos pensées

voulait m'expédier $ 4.80 pour les premiers 6 par ton en-
tremise, il m'amadouerait agréablement.

Je t'embrasse

A. Buies

Adresse-toi de suite à Pantaléon Pelletier[292] à qui j'adresse
les volumes.

s.l.n.d.

[À sa femme]

[...] et à Monsieur Lafontaine, hôtelier, même adresse.
Bonjour encore une fois, ma petite femme bien-aimée.
Sois tranquille, sois rassurée; tu n'as rien à craindre; le ciel
est bon pour moi et je suis le plus beau des mimis. Dis à
ta maman que son gendre se permet de l'embrasser.
Tu voudrais bien faire une p'tite frôlerie, là, hein!
Beaucoup aimer, moi, ma p'tite femme.

A. Buies

s.l.n.d.

[Extrait de lettre envoyée à sa femme]

Poiré	$ 20.00
Loyer	16.67
Garneau	16.00
Mountain	12.00
Mlle Labrèque	4.00
et à moi	20.00

ce qui déduit de $ 148.67
          laisse $ 60.00 ronds

Comme tu le vois, tu ne seras pas à pied, tous
comptes du mois payés. En outre, je me propose de demander 50 dollars au curé, dans ma prochaine lettre. Je
suis convaincu qu'il ne refusera pas.

---

292. Pantaléon Pelletier (1837-1911), sénateur en 1877 et président du
Sénat (1896-1901). Lieutenant-gouverneur du Québec de 1908 à 1911.
De tendance libérale.

Mon cher Buies,

Je ferai ta commission.

J'ignore qui a pensé à toi le premier. Un jour j'ai rencontré dans la rue [illisible], qui m'a arrêté pour me dire: Sais-tu si Buies est à Québec? Non, mais je puis m'en assurer. C'est, ajouta-t-il, que j'ai des brochures à faire faire pour l'Exposition[293]. Penses-tu qu'il veuille s'en charger? Mais oui, j'en suis sûr. Tu ne pourrais avoir la main plus heureuse, &c.

Veux-tu lui écrire? Avec plaisir.

Voilà tout ce que je sais, mon cher vieux.

Amitiés,
A. G. [Alfred Garneau]

Québec, 16 avril

[À Honoré Mercier]

Mon cher Premier,

Fais donc ton possible, je te prie pour trouver un quart d'heure ou même une demi-heure à me donner pour que je puisse t'entretenir d'un grand travail que je prépare depuis plusieurs mois et qui te sera extrêmement agréable, j'en suis convaincu.

Il s'agit d'une étude approfondie, divisée par chapitres spéciaux traitant chacun d'une matière distincte que j'élabore sur toute la partie de la province, entre l'extrême ouest ou Témiscamingue et la vallée du Saint-Maurice pour faire suite à mon ouvrage sur le Saguenay. Je donne à cet ouvrage[294] déjà considérablement avancé la forme littéraire afin de le faire lire à l'étranger et rendre notre pays intéressant. J'en fais une œuvre capitale, une œuvre d'avenir pour moi et d'illustration pour ton gouvernement qui inaugure enfin l'ère si longtemps attendue des idées, de

---

293. L'Exposition Universelle tenue à Paris en 1900. Buies écrivit pour cette occasion La province de Québec.

294. Vraisemblablement L'Outaouais supérieur. On peut présumer que cette lettre a été écrite en 1888.

l'action, des réformes, des horizons nouveaux pour ce pays si longtemps emmailloté. J'y mets tout ce que j'ai dans la tête et dans le cœur. Le Père Gendreau et le curé Labelle à qui j'en ai fait connaître des passages m'ont écrit de longues lettres pour me donner des renseignements nouveaux et me témoigner le plaisir et la satisfaction orgueilleuse pour notre race qu'ils en ont ressentie. J'avais eu l'idée d'abord d'élever ce monument pour l'exposition de '89: mais il me faudra absolument en diminuer les proportions, si je n'ai pas au plus tôt un entretien pour que tu m'exprimes tes idées et pour que tu m'aides à déblayer la voie. J'apporterai avec moi si tu le crois bon, une lettre du curé Labelle qui contient des suggestions très pratiques et propres à faciliter, à hâter l'accomplissement de l'œuvre.

Une chose importante encore que je voudrais te soumettre, c'est la nécessité de me confier la révision des rapports de commissions ou autres qui sont présentés chaque année au gouvernement. Mon Dieu, il est temps de sortir du galimatias inintelligible dans lequel sont barbouillés tous ces documents ou pièces quelconques. Avec ton avènement au pouvoir, ayons aussi une tenue convenable devant l'étranger, des formes et un habillement qui nous fassent honneur.

Je veux apporter ma pièce à l'édifice et tu trouveras en moi un ouvrier dévoué autant qu'ambitieux de faire des choses durables outre que ma part spéciale de travail facilitera la marche des choses et apportera une physionomie nouvelle dans les parties essentielles de l'ensemble.

Je sais combien peu de temps tu pourras me donner. Aussi, je ne t'ennuierai pas avec des histoires de ma grand'mère, mais je t'exposerai clairement où j'en suis, jusqu'où je voudrais aller, et j'espère de mon ouvrage [*sic*].

Je suis convaincu que cela te sourira. Aussi j'attends impatiemment que tu veuilles bien te rendre à mes instances et me faire connaître l'heure d'un bon et solide entretien avec toi.

En attendant, je te prie de compter sur une collaboration active et dévouée.

Arthur Buies
Départ. des Terres

[Carte postale à Louis Fréchette]

Cher,

N'oublie pas de m'envoyer l'<u>Abeille</u>, je te prie, joins-y l'édition du <u>Dimanche</u>, du <u>Courrier</u>[295], et tu me rendras heureux.

Je me gonfle d'effluves rurales et salines[296]. Le noir souffle du nord m'est distant. Je cultive le sud-ouest avec passion. Je contemple le grossissement des épis et celui des vagues vertes comme les poireaux, ce qui ne veut pas dire blondes comme les blés. Tu auras soin d'indiquer cela dans «l'Une par jour».

Te serre la main,

A. Buies

Mon cher Labab[297],

Ce n'est pas tout de fonder un journal; il faut absolument que ce journal ait une physionomie à lui, propre, 2° qu'il instruise d'une manière spéciale et se meuve dans une sphère d'action particulière. Il faut qu'il se détache sur le fonds commun des publications qui inondent déjà notre pays livré si jeune encore, aux bousilleurs de tout genre qui écrivent dans toutes les langues, excepté la leur.

Nous en sommes déjà au genre décadent, dans un pays qui naît à peine à la vie intellectuelle, sans avoir passé par aucun des états antérieurs du style.

Je ne parle de ceux de ma génération qui ont la prétention d'écrire ou qui croient avoir écrit. Chez ceux-là ce n'est plus du décadentisme. Ils ne sont pas décadents, ils sont des ramollis.

Heureusement que votre publication ne sera que mensuelle! Néanmoins, vous aurez l'occasion d'être à court d'articles indigènes, même dans ce cas. Aussi, je vous conseille fortement de voir à vous en passer.

Puisez uniquement dans votre propre fonds, pour les articles d'intérêt local; pour le reste, faites des coupures, encore des coupures, toujours des coupures.

---

295. *Courrier des États-Unis.*
296. Buies séjourne vraisemblablement à Rimouski.
297. Nous ignorons l'identité du destinataire.

Je connais des ouvrages soi-disant canadiens, faits tout entiers avec des coupures d'auteurs français. D'autres sont simplement plagiés du commencement jusqu'à la fin, avec des petites lignes «du cru» dans les intervalles des pages dérobées. Ces petites lignes «du cru» se reconnaissent immédiatement; elles se trahissent comme des articulations de bois, dans une machine en acier.

C'est là ce qu'on appelle de la «littérature nationale». Oh! oui, elle l'est, <u>nationale</u>, je vous en réponds.

[Arthur Buies]

Paris, 10 juin

[À Arthur Buies]

Mon cher ami,

Si tes jeunes gens consentent à louer pour jusqu'au 1ᵉʳ avril prochain, ils trouveront encore assez facilement leur affaire d'ici à quinze jours ou trois semaines, — spécialement chez mon ancienne propriétaire Mme Rivet, née Brière de Boismont, 68 Grande-Rue. Il me paraît donc tout à fait inutile d'engager ma petite responsabilité, d'autant plus que Mme Rivet m'en ayant voulu de l'avoir quittée moi-même, j'aurais lieu de craindre qu'une nouvelle anicroche ne nous brouillât de nouveau définitivement.

Il y a une autre maison meublée avenue du Bel-Air à droite après l'Hospice. Peut-être les appartements y sont-ils plus confortables. Mais ils sont sûrement beaucoup plus cher. Chez Mme Rivet on trouvera trois pièces et une cuisine pour 9 mois au prix de 5 ou 600 fr. au plus.

Avenue de l'Étang, en face du Lac, avec entrée par la place, il y a un appartement soi-disant meublé de 2 chambres, joli salon et cuisine. La situation est délicieuse, la maison très convenable, à côté de la gare, avec sortie sur le bois. Mais le mobilier est insuffisant. J'avais pensé à te le montrer parcequ'il était d'un prix vraiment modique: 400 fr. par an, ce qui faisait 300 fr. pour les 9 mois restants à couvrir à partir de juillet. Je croyais que c'était pour toi, et je pensais qu'avec deux fauteuils et un tapis sur une table que tu apporterais tu pourrais en faire un joli appartement de campagne. Mais, pour des étrangers, il n'est pas vraiment assez meublé. Au surplus, ils pourront le voir.

Je suis tout à toi,
Léon Walway[298]

s.l.n.d.

Personnelle

Cher Monsieur,

J'accuse réception de votre lettre du 31 mai. Je n'ai ni le désir ni le temps d'entrer dans des discussions oiseuses sur un sujet qui n'a pour moi aucun intérêt d'actualité — j'ai dit pourquoi — et surtout avec quelqu'un qui semble considérer le notoire Buies comme un chef ou un modèle à suivre. Si M. Gascon[299] a jamais pensé que mes opinions pouvaient avoir quelque chose de commun avec celles de l'ancien garibaldien auteur de la «Lanterne» et Correspondant de la Minerve, et l'hypocrite insulteur de Mercier sur son lit de mort[300], il n'en est pas à se tromper pour la première fois sur mes idées et le sens à donner à mes écrits. Par parenthèse le patriote qui se nomme L. O. David n'est pas plus flatté que moi de l'association de son nom avec celui du plus cynique dénigreur que notre pays et notre race aient jamais eu. Il me semble que lorsqu'on est né libéral et qu'on a vécu libéral, il n'est guère naturel de se joindre à la «famille heureuse» des Tardivel, des Buies, des Bourassa, de certains jeunes écervelés des «Débats[301]», et des pornographes dissolvants de la «Petite Revue[302]», pour préconiser le régime de moines, de bedeaux, de calotins et de

---

298. Nous n'avons pu identifier ce correspondant.
299. Wilfrid Gascon, fondateur de l'*Avenir du Nord* de Saint-Jérôme (1897). Libéral radical.
300. Fréchette fait peut-être allusion à la chronique, très dure à l'endroit de Mercier, intitulée «Le coup d'État Augers et la chute de Mercier», *la Patrie*, 6 août 1892, p. 1.
301. *Les Débats*, hebdomadaire libéral fondé en 1899, en pleine agitation nationaliste causée par la guerre des Bœrs.
302. *La Petite Revue du Tiers-Ordre*, fondée par le jésuite Cazeau en 1884. Propriété des jésuites (1884-1889); des sulpiciens (1889-1890) et des franciscains (1890).

«Castors» dont nous doterait cette fameuse république de Canayens encroûtés, bornés au Nord, au Sud, à l'Est et à l'Ouest par tout ce que le moyen âge a produit de plus ignorant, de plus intolérant et de plus réactionnaire. On peut comprendre cela chez Tardivel et au «Trifluvien[303]», mais pas chez M. Gascon! J'ai toujours foi dans l'avenir des Canadiens-français — à la condition toutefois que les partisans d'un pareil régime soient arrêtés dans leur œuvre aussi néfaste qu'impraticable. S'il devait en être autrement, j'échangerais volontiers notre sort futur pour celui des nègres de la Virginie. Je termine, cher monsieur, en vous offrant mes très amicales salutations. Comme M. votre père, dont je m'honore d'être l'ami, je sais différer d'opinion avec quelqu'un tout en le respectant quand il est respectable.

Louis-H. Fréchette

s.l.n.d.

[À Alfred De Celles]

Mon cher Alfred,

Je t'écris en ce jour mémorable où tous les cœurs doivent s'unir et tous les employés s'absenter de leurs bureaux pour te demander si tu vas continuer indéfiniment de me traiter comme un cloporte et de briser ma vie. J'attends un mot de toi depuis un mois. Il me semble toujours voir arriver une demande de 25 «Saguenay», de 25 «Outaouais», de 25 «Portiques des Laurentides», de 25 n'importe quoi, et chaque malle qui m'arrive est muette à cet égard, si j'ose m'exprimer ainsi.

Pourquoi m'abandonnes-tu, Alfred? Il faut que je parte avec mes descendants pour la Baie des Chaleurs, la semaine prochaine; ne pourrais-tu pas me donner un coup de main illico, pour faciliter le transport? Voyons, tâche de profiter des loisirs que te font les dieux bienfaisants, dans cette pluvieuse saison, pour m'envoyer une commande que

---

303. *Le Trifluvien* (1888-1909), hebdomadaire conservateur ultramontain.

324

j'éxécuterai avec une promptitude dont tu ne te fais pas l'idée.

Arthur Buies

A. D. De Celles, «Arthur Buies», *la Presse*, 16 fév. 1901, p. 4.

s.l.n.d.

[À Madeleine Gleason-Huguenin]

«Je dois au souvenir de votre père de vous donner tout ce que je pourrai de sollicitude et de protection. Je vous ai à peine vue quelquefois, et cependant il me semble que je vous connais depuis toujours.

Vous ne vous doutez pas combien nous vous aimons, ma femme et moi, et combien vous nous êtes sympathique. Les sympathies sont d'un ordre supérieur, elles nous viennent à notre insu, comme un aimant naturel entre des intelligences ou des âmes qui se comprennent.

Autant j'ai hâte de vous voir, autant je suis certain que vous goûterez vous-même les heures que vous passerez avec nous. Ma femme se propose bien de vous rendre votre séjour non seulement agréable, mais encore profitable et fructueux autant que possible. Elle vous associera à toutes les distractions intelligentes que les circonstances présenteront ou que nous ferons naître. Vous serez une des nôtres et notre intérieur deviendra pour vous un foyer, de même que nous serons pour vous des amis heureux d'avance de tout ce que vous pourrez sentir de plaisir d'être au sein d'une famille qui sera la vôtre et d'inspirer une cordiale et chaude affection. Je suis très occupé cet hiver, mais toutes nos mesures sont prises pour que les heures que je vous donnerai soient pour moi un délassement et un rayon de fraîche lumière sur mes travaux. Une affinité mystérieuse s'établit entre certaines âmes, même entre celles que sépare une grande différence d'âge. Vous serez la fleur égayant et parfumant de son voisinage le tronc déjà rugueux mais dans lequel coule encore une sève généreuse!»

Madeleine Gleason-Huguenin, «Arthur Buies», *la Revue canadienne*, vol. 49, n° 2, 1905, p. 254-255.

[À Cécile Boroughs]

Mademoiselle,

Je me fais précéder de mon portrait qui vaut beaucoup mieux que moi — c'est ce que tout le monde dit — afin d'avoir au moins un titre à votre indulgence pour ce que je risque d'écrire dans votre album.

Vous m'excuserez en voyant mon image, et, dans ce regard qui a l'air inspiré, vous trouverez celui que je dois avoir en cherchant une pensée à vous offrir.

Mon photographe m'a flatté outre mesure; mais dès lors que vous voulez bien prendre mon portrait pour ce qu'il vaut en lui-même, et derrière lequel je dissimule ma personne, croyez que je suis heureux de vous en faire hommage et fier de ce que vous l'acceptiez,

Arthur Buies

---

304. Cette lettre datée a été retracée en cours d'impression du livre. Nous la reproduisons donc ici, pour cette raison. Nous n'avons pu identifier cette correspondante.

Bibliographie sommaire

Buies a écrit des centaines de chroniques et d'articles dont on trouvera la liste dans *Chroniques I*, Presses de l'Université de Montréal, 1986, p. 631-638 et *Chroniques II*, Presses de l'Université de Montréal, 1991, p. 455-457. Parmi ses principales œuvres, mentionnons:

— *Chroniques canadiennes, Humeurs et caprices*, Montréal, Eusèbe Sénécal et fils, vol. 1, 1884, IX, 446 p., dont *Chroniques I* est l'édition critique.

— *Chroniques, Voyages, etc., etc.*, Québec, Darveau, 1875, vol. 2, 338 p. et *Petites chroniques pour 1877*, Darveau, 1878, XXXVI, 162 p., dont *Chroniques II* est l'édition critique.

— *Lettres sur le Canada. Étude sociale, 1ʳᵉ et 2ᵉ lettres*, Montréal, Imprimé pour l'auteur, 1864, 26 p. et *Lettres sur le Canada. Étude sociale (3ᵉ lettre)*, Montréal, Imprimé pour l'auteur aux ateliers du *Pays*, 1867, 23 p., rééditées par Réédition Québec (1868), et l'Étincelle (1978).

— *La Lanterne canadienne*, Montréal, Imprimerie du journal *le Pays* (1869), 448 p.

— *Conférences. La presse canadienne-française et les améliorations de Québec*, Québec, Darveau, 1875, 21 p.

— *Le Saguenay et la Vallée du Lac Saint-Jean. Étude historique, géographique, industrielle et agricole*, Québec, Côté & Cⁱᵉ, XVI, 339 p.

— *L'Outaouais supérieur*, Québec, Darveau, 1889, 312 p.

— *Récits de voyages. Sur les grands lacs. À travers les Laurentides. Promenades dans le vieux Québec*, Québec, Darveau, 1890, 271 p.

— *Au portique des Laurentides. Une paroisse moderne. Le curé Labelle*, Québec, Darveau, 1891, 96 p.

— *Réminiscences. Les Jeunes Barbares*, Québec, Imprimerie l'Électeur, s.d. [1893], 110 p.

Index des noms propres

Correspondants d'Arthur Buies

I. Destinateurs

Buies, V. (Mme Édouard Le Moine), 165, 166, 169, 170

Catellier, M. (Mme Arthur Buies), 223
Chapais, T., 286
Charlebois, J.-A., 124
Cortambert, L., 122
Cortambert, R., 96, 98

David, L.-O., 123
d'Estimauville, A., 99, 100, 102
Désy, J.-É., 146, 204, 206
Doutre, J., 124-126, 130
Drapeau-Casault, L. G., 25, 26, 28, 40, 65, 69, 132
Dumais, H., 264

Garneau, A., 319
Garneau, H., 273

Hamel, T.-É., 44, 49
Herbette, L., 279

Labelle, A., 142, 160, 189, 191, 197, 201, 203, 213, 215, 217, 237
Laframboise, M. D., 94
Lanctôt, H., 267
Langelier, C., 131, 278
Langis, L.-J., 268
Le Moine, G., 130

II. Destinataires

Identification des fonds

Fonds Bégin	AAQ	(31-17A, vol. I-A)
Fonds Brodeur	AUL	(209-1)
Fonds Buies	ANQ	(034-P18)
Fonds Casault-Hamel	ASQ	
Fonds Dansereau	S.A.UQAM	(22-P)
Fonds Duchastel de Montrouge	BNQ	(MSS-421)
Fonds du ministère de l'Instruction publique	ANQ	(E-13)
Fonds Désy	ASJCF	(B-0-78-28, 21)
Fonds Douville	ASN	(F004, C3, 21)
Fonds Fréchette	ANC	(MG29, D40, vol. I et II)
Fonds Gagnon*	AVM	(920, 21, B93C0)
Fonds Labelle	ANQ	(034-P124)
Fonds Labelle	AVM	(325, 714L116 C0)
Fonds Laberge	C.R.C.C.F.	(P-6, I3)
Fonds Lamontagne	C.R.C.C.F.	(P263)
Fonds Lusignan	ANC	(MG29, D27, vol. I)
Fonds Malchelosse	AUL	(P-121)
Fonds Papineau	ANC	(MG24B2, vol. IV)
Fonds Papineau	ANQ-M	(P7, 2-29)
Fonds Parkman (Massachusetts Historical Society)	M.H.S.	
Fonds du Secrétariat provincial	ANQ	(E-4)
Fonds Sulte	ANC	(MG29, D5)
Fonds Tessier	ANQ-R	(P1-2-71119)

---

* Ne contient que des copies dactylographiées de lettres.

Table des matières

Annexe (Lettres non datées)

Ce livre,
format Colombier in-octavo,
composé en Bookman corps 10
a été imprimé à Montréal
en l'an mil neuf cent quatre-vingt-treize
sur les presses des ateliers Lidec inc.
pour le compte de
Guérin littérature
grâce à l'aimable collaboration
de ses artisans.